本书受到贵阳市财政支持贵阳学院学科与硕士点建设项目【JK – 2019】资助

教育部人文社会科学研究青年基金西部和边疆地区项目
"乡村教师的课程知识理解对教学方式的影响研究"
（项目批准号 17XJC880011）研究成果

课程知识的文化性研究

CULTURAL STUDY OF CURRICULUM KNOWLEDGE

张金运 著

社会科学文献出版社
SOCIAL SCIENCES ACADEMIC PRESS (CHINA)

序

在课程与教学的基本理论中,课程知识是一个重要且棘手的研究论域。一方面在理论上,人们已经认识到课程知识的重要性。作为课程的核心构成要素,对课程知识的理解自然影响到对课程的整体理解,同时影响到教学品质的提升。另一方面,由于现代知识观的强势影响,课程知识的知识属性日渐固化,知识与课程知识成为同义语,使得理论界对课程知识的前提性批判变得无从下手、无路可去。

然而,理论研究常常是在这种绝境中寻找可能,正如叶澜教授所言,"思维在断裂处穿行"才可能获得新生。在教育理论中进行新的尝试往往就是一种探险过程,是对课程知识理解话语的一种新的建构。张金运博士对课程知识的文化性研究,便是属于这种理论探险。作者试图在理论和实践、历史和现实之间勾勒出课程文化性的整体图景。这种探索不仅仅是一种理论构想,也植根于现实,它是对"文化中国"的回应,更是"文化育人"这一时代精神的具体体现。

就教育学史而言,基于文化的视角思考教育问题并非当前的专利,它有着悠久的历史,并且积累了较为丰富的成果。19世纪末文化教育学派的兴起,狄尔泰、斯普朗格等人将教育与人的精神唤醒紧密地结合在一起。批判教育学对现代课程知识的反思批判,实则是在个体解放过程中进行的文化批判。而现象学教育学将课程知识还原到生活世界中,试图从个体生命历程中激活课程知识的生命意义。而在国内学术界,学者石中英教授的《知识转型与教育改革》、郭晓明教授的《课程知识与个体精神自由》、李召存博士的《课程知识论》都间接涉及课程知识文化性这一问题,但尚未进行明确系统的研究。为了弥补这一不足，张金运博士的《课程知识的文化性研究》在吸收国内外研究成果的前提下，对课程知识文化性的概念内涵、历史演变和实践路径进行了系统的论述。在我看来，该书具有以下特点：

第一，指向人文意义的价值关怀。该书通过考察不同教育学派的理论主张，明确提出了课程知识文化性表征的是"课程知识与人的精神意义之间的互动关系，体现了人类在教育实践中对意义的追求"。这里的文化性，不是宽泛意义上的知识是文化表征的文化性，而是具有"以文化人"的教育学意义的实践的文化性，这在一定程度上坚守了教育学研究的学科立场、价值定位与功能实现。教育学作为一门人文学科，其人文意义的价值关怀正是基于人的内在需求，是对人之"类"存在的价值确认。正是由于这种人的存在，使得课程知识理解超越知识论范畴，为激活课程知识的教育性提供了理论视角。基于人文意义的价值关怀，是人文研究的显著特征，它不是作为一个旁观者去研究一个客观的课程现象，而是置身在教育世界中对课程知识的体察与追问。这种致思的路径需要作者不仅仅是对事实性知识进行了解与归纳，也需要其感同身受地去理解这个时代的变化，能够站在教育之中去理解和体认课程知识的时代困境。

时代困境往往是一种根本性的生存困境。该书直面了课程知识在现代性过程中蜕化与异化的现象，试图将课程知识重新拉回到文化育人的轨道上。因此，对课程知识文化性的追问，不是从功利的角度去追问"什么知识最有价值"，也不是从权力的角度追问"谁的知识最有价值"，而是从存在的角度去探究"什么样的课程知识才是有意义的知识"。本书对课程知识的文化性研究，是在文化转向的背景下进行的一种课程理解，是对课程知识何以成为教育概念的一种理论探索。这种探索不仅仅是对实然现象的回答，更是一种人文意义的价值守护与阐释。

第二，基于历史视角的过程分析。课程知识的文化性，不是一种固化的实体，而是一个历时性的存在。该书以现代为界，对课程知识的文化性进行前现代、现代与后现代的阶段划分，整体性概括了文化性的变迁过程和不同地方课程知识的文化性特征和相貌。在此基础上，结合本土文化背景对课程知识文化性疏离进行了实践考察。这种考察是将课程知识放在社会文化场域中进行的，它意味着课程知识的理解不完全是客观的认识，同时也受到社会文化系统的影响。

在这里，课程知识的文化性疏离是现代性的产物。在现代性的改造下，课程知识不断被改造为科学的知识，使得课程知识营造的生活世界远离了原初的文化世界，造成了教育世界的"祛魅"。文化性疏离就其根本而言是人的存在为知识所遮蔽，进而造成了"有知识，没文化"的困境。

第三，面向未来教育实践的变革需求。教育实践作为一种文化实践，中国的教育改革需要植根于文化深处才会获得根性的力量。进入新时代以来，我国在教育改革中对优秀传统文化的重视，对文化自信的倡导，都意味着理解课程知识的文化性将成为我国变革教育教学改革实践的重要的观念之一。在这里，教育实践不仅仅是现实的，也是理想的，联系现实与未来正需要理论的思考与筹划。

作者在书中不仅仅追溯了历史、反思了现实，也关注到课程知识文化性的未来走向。课程知识文化性的回归，不仅仅直接体现为在教材上增加一些文化符号，更重要的是唤起师生对课程知识的文化意向，让课程知识建构过程成为一种文化传承与创造的意义实践。

该书由张金运的博士论文修改而成，也是对其四年博士学习的一个总结。作为他的指导教师，我见证了他长期以来思考、写作的过程，欣喜地看到了一个青年学子逐渐成长的历程。我相信，该书的出版有助于推进课程研究的深化。

是为序。

张立昌于陕西师范大学田家炳书院
2019 年 6 月 19 日

前　言

　　教育研究是在时代精神的观照下对教育世界的一种理解与探究。置身于教育改革的背景下，纷繁复杂的教育现象让人困惑，同时也对每个教育理论工作者提出了挑战。现实中的问题固然需要回答，但无法直接回答。作为社会问题的教育难题背后总是牵连着复杂的因素，"牵一发而动全身"的教育逼迫着我们转向现实的背后去思考。

　　这种转向意味着对现实问题进行理论的回答，成为理解教育现实、建构教育意义的一种路径。这种研究来源于学者石中英《知识转型与教育改革》一书的影响，书中提出的"文化知识型"成为一种理解教育改革的重要理论。本书对课程知识的文化性研究，是在文化转向的背景下进行的一种课程理解，是对课程知识何以成为教育概念的一种理论探索。这种探索不仅仅是对实然现象的回答，更是一种教育价值的守护与阐释。

　　本书对课程知识的文化性研究，遵循历史与逻辑相统一的原则，对课程知识在概念内涵、历史演变和实践路径方面进行了探索。

　　首先，从思想来源上梳理了文化教育学、批判教育学和现象学教育学对课程知识进行研究的历史进程，分析其内在旨趣与研究内涵。在此基础上，对课程知识文化性在价值指向、内容表征、实施过程三个层面进行界定。这种界定主要从理想型课程知识入手进行，并将课程知识的文化性与政治性、经济性进行比较，以彰显其对人的精神意义的追求。

　　其次，从历史角度分析课程知识文化性的演变过程。这一过程既包含有"在世界"的历史发展趋势，同时包含有"在中国"的本土遭遇。在一定意义上，文化性是历史凝结的，是人类实践的时间性表达。没有对人类文明历史和本土历史的理解，就无法体认文化性的具体存在。从文明的进程而言，课程知识"在世界"的演变过程经历了前现代文明、现代文明和后现代文明三个历史阶段。在前现代文明时期，世界范围内产生了三种典型的课程知识：中国课程知识（主要是儒家课程知识）、西方课程知识、印度课程知识。这三种课程知识代表不同的文化传统，是在轴心文明时期形成的文化性格。在现代性的转化中，工具理性和世俗化共同塑造了现代课程知识。后现代课程知识作为一种对现代性的弥补与修复，正在以萌芽形态在理论中进行筹划，反映了文化融合与革新的趋势。

课程知识的文化性疏离作为现代性的产物，不仅在西方发达国家教育中体现出来，也影响和波及课程知识在中国本土的发展。进入近现代以来，科举制度的废除、洋务运动的开展、新式学堂的建立，使得儒家课程知识的垄断性不断丧失，同时让西方科学课程知识得以合法的进入学校课程之中。经过"五四运动"的思想洗礼，儒家课程知识被批判进而作为一种边缘性知识出现在课程知识之中。中华人民共和国成立以来，"三大改造"的进行、"文化大革命"的影响，实际上将课程知识纳入政治改造的过程之中，是教育政治功能的直接体现。改革开放初期，以经济建设为中心的国家战略使得课程知识不断嵌入经济改革中，课程知识的经济性受到重视，知识学习跟物质生活的联系更加紧密，知识商品化开始出现。课程知识的政治性与经济性的强化，造成了文化性疏离这一本土困境。具体而言，文化性疏离的倾向不仅仅体现在文本的课程知识上，更体现在教学过程之中。这种疏离以文化遮蔽、文化锁定、文化装点的形式出现，它使得教学中文化意蕴逐渐减少，甚至走向文化的反面。这种影响具体表现为教学时间的规制与教学空间的区隔。文化性疏离最终通过教学改变了师生的生存，使得教学生活出现观念的杂多与精神平庸的困境。这一困境同时作为一种改革的契机，正在成为我国新时代教育改革的突破口。

最后，针对课程知识文化性疏离产生的生存困境，提出以变革性实践来实现文化性的回归。变革实践是一种复杂性实践，需要在理念、制度、角色三个层面来筹划可能的路径。具体而言，在理念层面理解"作为文化存在的课程知识"，确认文化的意向性存在、倡导"文化回应性教学"；在制度层面通过进行课程供给制改革，强化国家课程知识、地方课程知识、校本课程知识的文化指向；在角色层面让师生成为文化实践者，使得课程知识与师生的相遇成为文化意向的交流与融合的过程。

  本书对课程知识的文化性研究还只是一种理论尝试，文中的很多不足还希望读者和专家批评指正。

张金运

2019 年 5 月 1 日

目 录

绪 论 ……………………………………………………………… 001
 一 研究缘起与意义 ……………………………………………… 002
 二 已有研究的回顾与评述 ……………………………………… 011
 三 核心概念辨析 ………………………………………………… 025
 四 研究设计 ……………………………………………………… 027
 五 研究的创新与不足 …………………………………………… 031

第一章 理解课程知识的文化性：历史考察的视角 …………… 033
 一 作为精神存在的课程知识：文化教育学的课程理解 ……… 034
 二 作为权力博弈的课程知识：批判教育学的课程理解 ……… 041
 三 作为生活体验的课程知识：现象学教育学的课程理解 …… 052
 四 作为存在意义的课程知识："文化存在论教育学"的
   课程理解 ……………………………………………………… 061
 小 结 …………………………………………………………… 067

第二章 课程知识文化性的内涵分析 ………………………… 068
 一 价值指向的文化性：课程知识的价值分析 ………………… 068
 二 内容表征的文化性：课程知识的要素分析 ………………… 098
 三 实施过程的文化性：课程知识的过程分析 ………………… 114
 小 结 …………………………………………………………… 118

第三章　课程知识文化性的演变历程 ……………………… 120
　一　前现代文明时期的课程知识：文化传统的形成 ……… 120
　二　现代文明时期的课程知识：文化性疏离引发的文化危机 …… 145
　三　后现代文明时期的课程知识：文化融合与革新的可能 …… 158
　小　结 …………………………………………………………… 171

第四章　课程知识文化性疏离的实践考察 ……………………… 172
　一　课程知识文化性疏离"在中国"的产生过程 …………… 172
　二　课程知识文化性疏离在教学实践中的表现 …………… 185
　三　课程知识文化性疏离对教学过程的影响 ……………… 193
　四　课程知识文化性疏离对师生生存的影响 ……………… 200
　小　结 …………………………………………………………… 203

第五章　促进课程知识文化性回归的可能路径 ……………… 204
　一　理念引领：建构新的课程知识理解范式 ……………… 205
　二　制度建设：促进文化性回归的课程"供给侧改革" …… 212
　三　角色塑造：作为文化实践者的教师和学生 …………… 218

结语　走向文化意义建构的课程知识理解 ……………………… 224

参考文献 …………………………………………………………… 227

后　记 ……………………………………………………………… 244

> 文化不仅是我们赖以生活的一切，在很大程度上，它还是我们为之生活的一切。①
>
> ——〔英〕特里·伊格尔顿

绪　论

教育研究离不开对人的思考，同时离不开对知识的思考，正如教育哲学家索尔蒂斯（J. F. Soltis）所言，"从根本上说，知识的概念与教育的概念是无法分离的，因而，我们对关于知识和认识方面可能存在的许多问题的回答，对我们教育者如何思考和行动将有重大影响"②。由于"知识与教育之间有着内在关联"③，这使得课程变革的过程中总是包含人们对课程知识理解的变化。

在现代社会中，课程知识与经济生活之间的联系逐渐紧密。"知识经济"时代的到来更是将课程知识视为一种资本，而原本具有的文化育人功能在教学中逐渐隐匿。科学知识的作用不断凸显，不仅表现为一种改造现实的力量，而且作为一种"知识型"（episteme）改造了课程实践。这种改造引起了部分学生的"厌学"、"逃学"等问题。对这些问题的反思，学者石中英试图以文化知识型为基础进行课程改革④、郭晓明从"教化"的立场进行课程知识观的建构⑤。本书延续了文化的思考进路，试图从源头厘清

---

① 〔英〕特里·伊格尔顿. 文化的观念 [M]. 方杰, 译. 南京：南京大学出版社, 2000: 10.
② 〔美〕索尔蒂斯. 教育与知识的概念. 参见瞿葆奎、施良方、唐晓杰选编. 教育学文集·智育 [M]. 北京：人民教育出版社, 1993: 62.
③ 石中英. 知识转型与教育改革 [M]. 北京：教育科学出版社, 2001: 1.
④ 石中英. 知识转型与教育改革 [M]. 北京：教育科学出版社, 2001: 80-84.
⑤ 郭晓明. 知识与教化：课程知识观的重建 [J]. 华东师范大学学报（教育科学版）, 2003 (06): 11-18.

课程知识与文化之间的关系，以拓展课程教学改革的理论空间和实践可能。

一　研究缘起与意义

课程知识的文化性研究，意在提醒人们将其理解为认识符号之外，还需要注重课程知识的文化育人指向，进而将知识含义的认识过程提升为精神意义建构过程。课程知识的文化性研究，这一论题的提出是对"人—知识"关系的理解，是对课程知识如何成为属人知识的一种教育反思。

（一）研究缘起

对课程知识的文化性进行研究，是进行课程理解的一种尝试，是对课程知识属性的一种认识。从文化性的角度理解课程知识，是对其教育性认识的一种深化，更是对"文化中国"[①]兴起的回应。具体来说，这一论域的形成跟国际课程理论研究背景与我国世纪之初进行的课程改革行动密不可分。一方面课程理解的范式带来的理论探寻的空间，为新视角的形成提供了可能，另一方面本土的课程改革经验、困境以及个人的文化兴趣也影响着研究立场的确立。

1. 研究的理论背景

（1）知识论立场的强化带来的课程危机

从知识论立场思考课程知识，有着深刻的哲学根源，其研究成果在一定程度上抑制了课程知识的理解空间。在现代教育中，知识论确立的标准先在于教育实践，造就了知识话语的强大、教育话语的相对弱势。

现代教育中的课程知识理解主要是从知识论中延伸出来的。相对于中国传统哲学中知识论思维的缺乏[②]，对知识问题的关注是西方哲学的传统。

[①] 哈佛大学杜维明教授在1989年提出了"文化中国"（Culture China）这一个概念。这一概念有别于"政治中国"或者"经济中国"的概念。参见杜维明. 体知儒学 [M]. 杭州：浙江大学出版社，2012：13.

[②] 参见成中英. 中国哲学中的知识论（上）[J]. 安徽师范大学学报（人文社科版），2001：5-7. 中国哲学没有明确的知识论传统，直到20世纪，中国哲学家张东荪在《认识论》（1934年）中进行了知识论的尝试，而金岳霖的《知识论》（20世纪40年代写成，1983年商务印书馆正式出版）首次构建了完善的知识论体系。

知识论的核心是证成（justification），是对确定性的寻求。传统知识观认为，知识是"确证了的真信念"①，"任何知识都是以命题语言表述的符号系统"②。从苏格拉底对概念知识的认识，到柏拉图对现象世界与理念世界的二元划分，后经由笛卡尔确定性知识的建立，一直到康德那里确立先天综合判断保障知识的可靠性，知识论的研究作为一种哲学传统不断发展，彰显了人对世界的认识能力，成为现代教育哲学的认识基础。19世纪末，物理学的革命性影响使得科学知识获得权威性的认可。科学知识进入学校课程，并获得巨大成功，"知识在人类历史上第一次是为了传播而不是为了人的成长而存在着——知识的传播目的取代了知识的本质，这是知识的一种现代暴力形式，也是知识的异化"③。

知识论立场在教育实践中的渗透，使得人类将认识结果作为教育教学最重要的内容。现代教育对人的认识、理性能力片面强化，导致人的存在的忽视。这种忽视使得教育价值发生了颠倒，科学知识占据课程的中心，形而上学的知识逐渐退场。在知识论立场的影响下，课程知识成为教学的内容，教学过程成为一个知识传递过程，教育中的教化关系化约为一种单向的认识关系。这种简单化的课程理解方式虽然让课程知识被纳入规划与控制的轨道，但却忽略了教育教学中最重要的精神意蕴。

事实上，现代课程知识注重的是知识论的构造逻辑，即"一方面强调用理性来控制心灵，而另一方面则把理性出卖给非理性，这是知识论思维的一个典型倾向"④。在知识论视野中，知识是以命题形式出现的，是作为一种认识的结果而出现的，它可以提高人的认识能力和改造社会的能力，但认识过程如果不考虑文化的要素就可能外在于人的存在成为一种"入侵"。

（2）课程研究范式的转换给课程知识理解提供了可能

20世纪70年代以来，美国课程研究开始从"课程开发"范式到"课程理解"范式转向，这给课程知识研究带来了新的契机。课程理解作为一

---

① 陈嘉明. 知识与确证：当代知识论引论 [M]. 上海：上海人民出版社，2003：44.
② 胡军. 知识论 [M]. 北京：北京大学出版社，2006：前言 3.
③ 高伟. 知识论的批判：一种教育哲学的反思 [J]. 自然辩证法研究，2012（04）：98.
④ 赵汀阳. 心事哲学（之一）[J]. 读书，2001（03）：110.

种新的研究范式，为理解课程知识与人之间的关系提供了可能。在这一范式的影响下，课程研究不再只是关注如何开发课程，而开始从不同的视角理解课程"文本"，解读其存在的意义。

从课程理解的视角审视课程知识，不仅仅将其看作是一种被学生记忆与掌握的知识符号，更重要的是考虑师生理解课程知识过程中精神意义的唤起。从源头而言，课程知识的诞生，是作为一种教育性知识而存在的，是为了人的成长。课程知识不仅仅在于将其作为使用的内容或者活动的材料，更重要的是如何借助于知识实现个体精神的养成。"人类之所以把知识特殊化为课程知识，期待它能够作用于人的发展，主要在于知识的内在结构与人的成长的契合。"[①] 因此，课程知识是经过转化的知识。转化的过程，是一个文化实践的过程，它使得课程知识获得文化的浸润，更加适合个体精神结构的需要。

进一步而言，课程知识之所以不同于知识论意义上的知识，原因在于它让学生获得的不仅是一种认识的结果，更重要的是在教学过程中通过其唤起并建立精神意义。精神意义使得个体对"此在"敞开，进而获得对类的理解与世界的认同。这种精神意义的获得，不是为了占有或分配某种利益，而是在精神世界中实现与人类的"共在"，进而使个体在生存过程中获得对人类意义的理解。

理解课程知识的文化性是在反思知识论教育哲学之后的一种选择，是对教育学自身学科立场的一种坚守。当下，教育学取得了飞速的发展，教育问题的研究借助其他学科视角的现象也在不断发生。这种转移虽然可以获得科学方法的庇护，但作为"分析教育领域独有的实际问题"的课程论与教学论，不能放弃教育学立场，否则就可能丧失教育学存在的必要性。教育学立场直接体现为人的立场，是审视、理解与建构教育问题的"学科之眼"[②]。因此，对课程知识的文化性研究正是在教育学立场下的一种思

[①] 赵荷花. 人知融生互动——论课程知识观的应然走向 [J]. 河北师范大学学报（教育科学版），2012（06）：46.

[②] "学科之眼"是由学者吴康宁在2005年《社会学视野中的教育丛书》代序中提出的概念，"学科之眼乃是学科赖以相对独立的一个首要的基本条件"。参见胡金平. 学术与政治之间的角色困顿——大学教师的社会学研究 [M]. 南京：南京师范大学出版社，2005：代序2.

考，是对课程知识得以存在的前提性反思，它试图摆脱知识论教育哲学的影响，使课程知识恢复其作为文化存在的重要维度。

2. 研究的现实考量

研究课程知识的文化性，不仅仅源于理论背景的影响，更来自对教学现实中具体问题的思考。相对于理论的纯粹而言，教学现实是复杂的，但能够反映人与知识相遇过程中交织着的理想与现实中的"挣扎"。

课程改革以来，教学中的知识传递倾向受到教师们的普遍反思，但在现实中知识教学固有症结仍然存在。自从20世纪中叶以来，世界教育进入了一个不断改革的时代。在20世纪末我国教育开启了第八次基础教育课程改革①。这场改革无论在理论上还是实践中都影响深远，但也产生了一些争议的声音。在改革中，各种新的课程改革理念得以广泛传播，在一定程度上改变了过去以知识传授为主的教学形式。伴随着对知识传授教学形式反思的是对知识的批判，由此形成了后来被称为"轻视知识"的思潮②。改革过程中，教师通过各种培训认识到原有知识教学的危害，暂时认可了新的理念，但一旦回到教学过程中，知识教学的固有习惯仍然改变很少。

> 学生越来越不好教，学生对课本的兴趣不高，让他们背的课文都背不下来，作业不认真完成。上次期末考试成绩不理想，压力大，今年他们四年级我必须给他们勒紧（加紧）了，每天该背的课文必须过关后才能回去。我吃亏点、受累点没事，怕的是这碗饭端不下去了，误了人家子弟。（170310 H 老师访谈③）

> 光教课本知识是不对，但离开了知识教学，我真不知道怎么教。那样看起来热闹的，都是花架子。应付考试，不把知识教学搞扎实点，是很难行得通的。学生在学校也没有收获。（160925 Z 老师访谈）

---

① 2001年的课程改革被称为"新课改"，但在具体的内容上交织着新旧观念的冲突。参见吴刚. 奔走在迷津中的课程改革 [J]. 北京大学教育评论. 2013 (04)：46.

② 参见王策三. 认真对待"轻视知识"的教育思潮——再评由"应试教育"向素质教育转轨提法的讨论 [J]. 北京大学教育评论. 2004 (03).

③ 在访谈 H 老师时，他提到的压力不仅仅指教学的压力，还包含非教学事务如下乡扶贫、联系留守儿童带来的工作压力。

事实上，对课程知识的理解影响到教师教学方式的选择。自2001年以来，我国开启了新一轮课程改革即第八次课程改革，人们的思想与观念受到了很大的冲击，但是实践中教师教学方式的改变不大，对知识的依赖仍然在延续。很多教师在听完专家培训之后，即使在观念上暂时认同，但行动上仍然是延续过去的方法，甚至出现了"穿新鞋走老路"的情况。这种现象实际上是对传统教学方式的延续，可见知识教学的观念是长期形成的，是嵌入到传统文化的观念之中的。无论哪一种改革实践，都不是在进行简单的观念"移植"，而是跟原有的文化有着复杂的联系。如果不能改变教师观念产生的文化基础，不能在文化层面进行课程与教学革新，课程改革获得的效果就是有限的，不可能在短时间内完成新旧课程方案的转换。尽管新课程改革中，比如综合的课程知识出现也在体现新的文化迹象。从整体而言，教师在教学过程中对课程知识的理解与建构过程，并不简单的是一个认识的过程，而是依赖于一定文化传统进行的一种选择。

3. 研究的个人兴趣

对课程知识文化性的思考，不仅来自理论与实践的推动，同时也受到个人兴趣的影响。课程研究有多重路径可供选择，而选择从文化的角度切入，跟个人教育经历中产生的文化兴趣密不可分。在博士学习期间，我有幸听到学者丁钢教授所做的"教育文化研究新探索"讲座，点燃了我进行文化研究的兴趣。作为一位从本科到研究生阶段一直学习教育学的学生，对教育学的体会是复杂的。一方面为教育学专业程度不高而苦闷，另一方面一直在教育学之外，试图通过阅读其他人文学科的书籍来开阔眼界，同时为审视教育现象提供其他的学科视野。而文化研究的兴起无疑让我看到了教育学的另一番景象。

文化研究的兴起正是在专业化研究的壁垒中进行的一种突破，具有跨学科甚至是"反学科"的倾向。"较之纯粹的知识诉求和经院化的学术思考，文化研究与其说是一种学问或知识，不如说更像是一种'策略'。它不能规范于任何一个现有的学科之内。"[①] 从革命的年代到专业时代的过渡，知识分子的角色发生了巨大变化，纷纷进入专业化的庇护下进行专门

---

① 周宪.文化表征与文化研究（修订本）[M].上海：上海人民出版社，2015：399.

的研究，同时使得学科间的鸿沟不断扩大，甚至同一个学科内不同的学科领域之间变得不可通约，学术界出现了李泽厚所言的"学问家的凸显，思想家的淡出"的境况。在文化研究的影响下，教育的文化研究也开始出现，驱使着人们对中国教育历史经验的想象和对未来的探索。教育文化研究作为新的研究路径，对学界产生了广泛的影响，它可以视为探索中的"教育基本理论的第三条道路"[①]。这条道路也吸引着我从文化的视角去审视教育问题。

从个人而言，出生于20世纪80年代的我在高中阶段阅读到文化学者余秋雨的《文化苦旅》一书，使得我开始关注文化现象。在大学学习期间，石中英老师的《知识转型与教育改革》一书受到学界的关注，其中提出的"文化知识型"更是对原有的知识观产生很大的冲击。至此，文化的视角开始跟我的专业学习结合在一起，并作为一种兴趣驱动着我去关注教育中的文化现象与文化精神。

对文化的兴趣，实则是对文化作为存在经历的一种确认，它使得教育研究不再是作为一种客观的认识事物的过程，而是跟我们生存的民族与国家的现代化进程联系在一起。在现代化的过程中，中国是后发型现代国家，是追随者的角色，教育的现代化进程有着明确的经济指向，但是"中国教育的现代化必须基于文化的现代化"[②]。改革开放以来，中国社会在各个方面取得巨大成就，这使得人们有可能对文化如何实现心灵的、精神的满足提出更多、更高的要求。"文化中国"的提出正是回应了这种关切，也成为凝聚全球华人建构意义的"共同体"。正是在文化反思的潮流下，教育学研究者开启了对文化的关注。学者丁钢对中国教育传统进行了历史与现实的勾勒，深层次地触及了传统的现代性，因为"分析中国20世纪教育理论与实践的重构经验，也能更进一步揭示中国在现代的命运"[③]。

事实上，教育对文化的关注，体现了对人的存在的确认。教育学中的

[①] 董标. 教育的文化研究——探索教育基本理论的第三条道路[J]. 华东师范大学学报（教育科学版），2002（03）：15.

[②] 高伟. 论中国教育的现代化——基于文化现代化的视角[J]. 陕西师范大学学报（哲学社会科学版），2015（06）：133.

[③] 丁钢. 历史与现实之间：中国教育传统的理论探索[M]. 北京：教育科学出版社，2002：7.

文化话语与强调权力的政治话语、重视理性的科学话语有着鲜明的不同,它体现了人类对意义等精神旨趣的追求。尽管人文学科在现代学科规制中受到压制,文化话语在学术话语体系中受到弱化甚至贬抑。"要改变这种状况,准确和全面地把握人的价值和精神世界,人文学科在这个过程中必然担负着剔除蒙蔽、使人回归到自己本真状态的重要使命"①,教育学的文化话语的兴起使得其承担了部分人文学科的使命。② 在这里,作为文化素养重要构成部分的人文素养是人协调发展的重要构成。正是因为对人的生存关注,使得教育学开始关注文化。这种对文化的关注不是孤立的,而是跟整个学界对文化的关注有着紧密的联系,比如科学哲学、技术哲学、翻译学中都纷纷提出了文化转向。与这些学科相比,教育学更需要文化的视角,或者是文化转向,因为文化的向度是教育的内在向度,并且"文化转向与现代中国教育的文化认同重建"③ 是联系在一起的,只是在现代学科的规训中被遗忘了。本研究对课程知识的文化性研究实际上是在回应这种对文化的关切,体现了"课程文化的视野"④。

(二) 研究意义

课程知识的文化性研究,是将课程知识作为一种文化存在加以审视的。这种审视是针对知识教学的困境来进行的。知识教学困境的出现不是源于知识本身,而在于人们对知识的误用,恰如有学者所言,"知识本身虽然是教化的不可缺少的条件,但知识的学习并不直接是教化实践"⑤。在这里,知识与教化之间建立意义性的关系。在意义性关系的建立中,文化性是其中重要的一环,因为"文化的核心在于其意义或者价值"⑥。因此,该研

---

① 刘旭东. 人文学科研究方法旨趣的偏离与回归 [J]. 当代教育与文化, 2015 (05): 55.
② 尽管教育的学科定位尚未取得共识,但是都承认教育学具有人文性的一面,比如张楚廷先生认为教育学属于人文科学,王鉴、姜振军认为教育学属于人文社会科学。在具体的实践中,人文研究一直是教育研究的方向,如教育科学出版社出版的一套"教育与人文"系列图书,其中《规训与教化》、《生命与教育》等都具有典型的人文取向。
③ 周勇. 文化转向与课程改革——以王国维、胡适和钱穆为中心 [M]. 上海: 华东师范大学出版社, 2015: 5.
④ 丁钢. 课程改革的文化处境 [J]. 全球教育展望, 2004 (1): 16-19.
⑤ 金生鈜. 规训与教化 [M]. 北京: 教育科学出版社, 2004: 360.
⑥ 金志远. 教学任务从"知识技能"转向"文化范式"辨析 [J]. 中国教育学刊, 2010 (12): 34.

究的意义在于一方面是理论上拓展了课程知识理解的研究视角,深化了对其教育学属性的认识,另一方面是实践上深化了教学实践过程,从而提升了教学的内在品质。

1. 有利于拓展课程知识理解的研究空间,深化其教育学属性认识

课程知识的文化性研究,是对教育实现文化育人功能的守护。课程知识文化性的提出,彰显了人作为"类生命"[①]的规定性,体现出课程实践中对人的意义世界的守护。从根本而言,"文化作为历史地凝结成的生存方式,体现着人对自然和本能的超越,代表着人区别于动物和其他自然存在物的最根本特征"[②]。教育的使命包含着对文化的传承与创新,通过揭示课程知识的文化属性,有助于拓展课程知识的理解,深化对其教育学属性的认识。

对课程知识文化性的追问涉及课程知识到底是怎样的一种知识,它是否存在文化性,这种文化性的存在是什么层面的文化性,文化性之于课程知识如何可能等内容。就哲学而言,对课程知识在知识论层面上进行可靠性的辩护已经毋庸赘言,而基于文化性的探问实际涉及人的意义世界的建构,后者更接近于课程知识的教育学属性[③]这一前提性价值立场的思考。

对课程知识文化性的揭示,突破了科学认识论的局限,有利于实现教学的文化育人价值。在课程理解的视域下,课程知识不仅仅是静态的认识符号,同时也包含着作为文化存在的一面。在这里,课程(curriculum)的词源(currere)是指"跑的过程与经历"[④]。这种动词性的课程理解,意味着课程知识不仅仅是学习过程阶段性掌握的知识符号,同时也是文化传承与创新的过程。囿于现代课程理论尤其是"泰勒模式"的课程开发范式的影响,如何设计开发程序和评价指标成为现代课程研究者的首要任务,而对课程知识的理解局限于作为一种材料或者工具。尽管课程开发过程中,课程知识的价值也会涉及,但主要是对现实生活的适应,主要是立足于社

---

① 参见高清海,胡海波,贺来. 人的"类生命"与"类哲学"[M]. 长春:吉林人民出版社,1998:37.
② 衣俊卿. 文化哲学十五讲[M]. 北京:北京大学出版社,2015:21.
③ 李召存. 课程知识的教育学属性的追问[J]. 全球教育展望,2007(10):15-19.
④ 张华. 课程与教学论[M]. 上海:上海教育出版社,2000:66.

会需要来衡量知识的价值。而在我国的教学实践中，课程知识的主体是学科专家，课程理解往往等同于"教学内容"的理解（或者二次开发）。这依然是从"用教材"的角度进行的分析理路。而在"课程理解"范式中，派纳对课程理论进行政治、种族、性别、美学、神学等多角度的审视，为课程研究走出现代课程范式提供了一条可供选择的路径。在这里，对课程知识的文化性研究是对课程理解的具体实现，有利于进一步拓展理解的空间。

2. 有利于深化教学实践过程，为教学变革提供文化动力

对课程知识的理解不仅仅体现在教师的观念层面，更是作为一种教学行动落实在实施层面。在普遍主义教学方法论的指引下，课程知识被视为一种外在于师生生活的客观之物。教师更多的是围绕知识进行传递活动，在不断强化其客观性的同时，也使得课程理解丧失了意义的源头。

揭示课程知识的文化性是教师开启课程理解的重要一环，因为在理解的过程中赋予理解者以历史的经验、过程的视角体察知识。如前所述，课程知识不是对知识的简单照搬，而是基于特定文化价值在教育教学过程中进行的选择、组织和创造。作为具有教育内涵的课程知识，揭示它具有的文化属性是实现理解的重要维度。这一理解的过程也是教育实现"文化传递"与"文化创造"的过程。如果课程只是停留于知识表层的概念梳理，固然有利于课堂效果的提升，但无法真正培养一个人对文化精神的体察。而这种平面化的知识传递，只是一种表层的认识，因忽视课程知识中的文化属性而可能导致了意义的中断。深化课程理解就需要突破平面化知识传递的瓶颈，激活课程知识的文化属性，让课程理解承载文化的使命，让教化的功能在当下的教学中得到体现。

课程知识文化性的揭示，是教师课程理解的重要方面。"课程理解是教师通过对课程的解释或释义来把握课程意义的过程，而这一过程同时也是教师精神生命的丰富和发展的过程。"[①] 课程知识文化性的揭示跟人的精神塑造是联系在一起的，它是师生精神生命的碰撞、交流与融合的过程，也是在类意义上获得精神提升与丰富的过程。从历史脉络而言，教育之所以能够延续至今，因为教育内含的文化基因成为社会净化的过滤器。没有

---

① 徐继存. 课程理解的意义之维 [J]. 教育研究，2012（12）：71.

文化润泽的个人精神是远离存在的，也是无根的，它会被褊狭的、肤浅的等野蛮观念所占据，它极有可能让教师在现实纷繁的观念中迷失，也将因自己的精神无根影响到教学的积极性和创造性，进而降低"教学品质"的有效性与卓越性。对于教师而言，基于课程知识的文化性的理解，是对知识教学的超越。这种超越不是用"文化教学"代替"知识教学"，而是试图在课程知识中建立起知识与文化间的内在联系。事实上，对于教师而言，长期的教学经验中积累了丰富的学科知识，为其文化性的揭示提供了可能。一旦知识与文化间的内在联系建立后，教师的意义体系才真正可能得以建构。

基于此，研究课程知识的文化性，是对课程知识属性的一种理解。这种理解不仅仅体现为一种视角的转化，更重要的是在存在论意义上塑造课程知识与人之间的相互关系。

二 已有研究的回顾与评述

将课程知识与文化联系起来进行思考有着悠久的历史，体现在教育对人的塑造尤其是精神塑造上。在漫长的古代教育中，课程知识虽然不断发生变化与转向，但其变化仍然是缓慢的。进入现代教育以来，课程知识的编制日渐走向专门化、规范化，科学知识日渐成为最主要的课程知识。科学课程知识型的全面塑造，促进专业化教学发展的同时，文化危机开始在教育中凸显出来。

对课程知识文化性的思考，反映了学界对文化危机的关注，它虽然是教育内发生的现象，但跟整个时代的精神状况紧密联系。由于文化的整体性与复杂性，无法将其跟人类的生活世界进行简单的剥离，使得课程知识文化性研究并不是在单一学科框架内完成的，而是多学科、多视角的共同作用、交互影响下的结果。

（一）国外研究回顾

1. 从多元文化视角揭示地方课程知识的文化性

从学术史的发展而言，对课程知识进行多元文化审视直接受到了文化科学兴起的影响。随着 1949 年怀特《文化科学》一书的问世，文化开始作为一种独特现象受到人们的关注，同时也受到激烈批评。20 世纪 60 年代，文化人类学家拉德菲尔德开始通过实地研究的形式关注教育问题，亨利（Henry）也在实地调研中关注了课程中的文化问题①。而后美国著名人类学家克利福德·格尔兹（Clifford Geertz）对地方性知识的研究，使得人们看到了知识境遇性的一面。至此，对教育中的知识进行文化审视开始受到越来越多的重视，成为教育人类学关注的重要领域。

从格尔兹开始，地方性知识（local knowledge）开始在文化人类学中盛行。而康克林（H. C. Conklin）在对菲律宾哈努诺进行田野研究的基础上写成了论文《哈努诺文化和植物世界的关系》。这篇文章揭示了当地人使用地方语言的丰富性，"当地语言中用于描述植物各种部位和特性的语汇多达一百五十种，而植物分类的单位有一千八百种之多，比西方现代植物学的分类还多五百项"②。地方性知识的确认，不仅仅是对普遍知识的批判和解构，更是对长期以来西方科学强调"逻各斯"中心的反思。同时，格尔兹提出人类学的研究方法——深描（thick description），并将其带入到文化研究之中，意义的解释开始成为文化研究的重要任务。

随着人类学家的广泛参与，地方性知识的挖掘受到越来越多的关注，地方文化逐渐获得承认，这在教育上影响到多元文化教育这一理念的兴起。美国著名学者班克斯（James A. Banks）提出了多元文化教育的四种模式："盎格鲁美国人为中心的模式、民族附加模式、多元民族模式和民族国家模式。"③ 同时，他还提出了相应的课程开发的途径：贡献途径、附加途径、转换途径、做出决定和采取行动的途径④。

在多元文化观念的影响下，对课程知识进行人类学、文化学研究也在不断深化。在这一研究过程中凸显了对不同族群、不同地域的观照，揭示了少

---

① 参见郑金洲. 教育文化学 [M]. 北京：人民教育出版社，2000：25.
② 叶舒宪. 地方性知识 [J]. 读书，2001（05）：122.
③ 参见王鉴. 詹姆斯·A. 班克斯的多元文化课程理论 [J]. 比较教育研究，2000（S1）：130-132.
④ 参见涂元玲. 论班斯多元文化课程改革的途径及其建议 [J]. 比较教育研究，2003（02）：24-27.

数民族地区具有的有别于主流文化的独特性。1963年哈特对"原始"部落进行了研究,发现他们青春期后的课程强调的不是如何谋生,而是适当的信仰和教导,是传播部落文化。① 帕森斯、佩斯金主要研究原教主义者如何在美国公立学校中保持其传统信仰和观念。正是为了体现对文化多元性的认同,沃尔钦提出了"转换生成"课程,通过它认识不同生活形态具有的特点。

同时,这种以尊重地方知识为基础的多元文化教育理念也为联合国教科文组织所认同,"把整合中的经济、民族和文明管理起来,使每一种都保持独有的身份和文化——这是我们这个时代面临的伟大挑战,也是我们这个时代做出的伟大的承诺"②。而在联合国教科文组织发布的《反思教育:向"全球共同利益"的理念转变》中提出:"必须探索主流知识模式之外的其他各种知识体系。必须承认和妥善安置其他知识体系,而不是将其贬至劣势地位。"③ 这种课程知识理解走出原有"西方中心"的理解框架,使得作为地方性的文化获得更多的认同。这种理解更多地从文化相对论(culture relativism)出发进行阐发,赋予不同文化以生存的合理性。这种相对论可以破除某种陷阱,但也可能带来某种隐患,有学者认为多元文化将此作为引起美国学业失败和知识降低的重要原因,还有学者认为它可能让民族间的差异进一步放大,洛克(Edwin L. Lock)极端地认为:"多元文化不过是试图以一种新的种族主义去纠正原有的种族主义。"④

2. 从批判视角反思了现有课程知识存在的文化危机

从批判的角度研究课程知识的文化危机,主要揭示其背后的社会影响因素,进而进行文化批判。这种批判在知识社会学、法兰克福学派、课程社会学研究中都体现得十分明显。

20世纪30年代,知识社会学的早期代表人物是舍勒(Max Scheler)、曼海姆(Karl Mannheim)。舍勒不是一般意义上的社会学者,他更多的是

---

① 范兆雄. 课程文化研究框架分析 [J]. 教育理论与实践, 2005 (09): 34.
② 联合国教科文组织. 世界文化报告——文化的多样性、冲突与多元共存 [M]. 关世杰, 译. 北京: 北京大学出版社, 2002: 69.
③ 联合国教科文组织编. 反思教育: 向"全球共同利益"的理念转变 [M]. 联合国教科文组织总部中文科, 译. 北京: 教育科学出版社, 2017: 22.
④ 王鉴. 多元文化教育的比较研究 [M]. 北京: 民族出版社, 2006: 31-32.

从社会哲学的视角开展对知识社会学的研究。舍勒从实践理性的角度分析知识的发展过程,揭示了影响知识的社会结构,具体分析了知识的形成与民族、权力之间的关系。曼海姆将马克思的意识形态理论用来分析知识与社会,尤其是知识跟政治之间的联系,提出了"知识的社会决定论"这一命题。

  法国著名思想家福柯以知识考古学的方式研究知识背后的权力影响,在《规训与惩罚》中指出,"权力—知识关系"是贯穿在现代社会中的重要标识。尽管福柯不是直接针对专门的课程知识进行研究,但其采用的研究方法与研究旨趣却影响到后来的教育研究者。

  20 世纪 70 年代,英国教育社会学者麦克·扬的《知识与控制:教育社会学新论》一书出版以来,课程社会学(the sociology of curriculum)得以产生。学者伯恩斯坦在《阶级、代码与控制:教育传播理论》与《教育知识的分类框架结构》中分析权力与课程结构之间的关系,提出了两类课程形态:集合课程与整合课程,而新马克思主义学者代表人物的阿普尔的《意识形态与课程》、《教师与文本》、《教师与权力》等著作对当前的课程社会学研究产生了深远的影响,一度在我国学界产生"阿普尔热"。在阿普尔看来,课程知识"不仅仅是一个分析的问题,即什么应被看作课程知识,也不是一个简单的技术问题,更不是一个纯粹的心理学问题,即我们怎样让学生去学习,相反,课程知识的研究是一个意识形态的研究,即在特定的历史阶段,在特殊的结构中,特殊的社会群体和阶级把学校知识看作是合法性知识"[①]。而法国社会学家布迪厄将课程知识认为是"文化资本",一种可以获得支配性地位和获得权威途径的象征符号资源。[②] 正是由于课程知识带有不同象征意味,使得在社会分层过程中实现了"区隔"的效应。保罗·威利斯在《学做工》中分析了"好学生"与"坏学生"的差别及其对学校课程知识的不同态度,"反学校文化"跟"小子"在生活

---

① 〔英〕迈克尔·W. 阿普尔. 意识形态与课程 [M]. 黄忠敬,译. 上海:华东师范大学出版社,2001:53.
② 肖川. 造就自主发展的人 [M]. 成都:四川教育出版社,2006:177-178.

中接受的"厂房文化"是联系在一起的。①麦克·扬还从社会控制的角度分析了课程知识②,他区分了两种不同类型的知识:有权者的知识(knowledge of powerful)和强有力的知识(powerful knowledge)③。近年来,麦克·扬的立场有了进一步的修正,他看到社会建构论存在的教育风险,进而努力建构一种社会实在论的课程知识观。④

从社会学的角度展开课程知识研究,不仅仅在教育学内产生影响,而且对整个思想界也产生了影响,它使得人们不再以价值中立的视角看待学校教育,而开始以批判的视角反思教育如何制造不公平,认识到课程知识所暗含的文化不再是中立的,而在一定程度上反映出社会的不公平。

3. 从学校课程自身进行的课程知识文化性探索

从具体的学校课程出发进行的文化性分析,在科学课程知识、数学课程知识方面表现得尤为明显。这在一定程度上跟科学哲学的文化转向有着紧密的关系,因为"后库恩时代的科学论演进就是从科学的社会研究走向科学的文化研究"⑤。

1959 年,C. P. 斯诺在剑桥大学发表了"两种文化"的演讲,在思想界产生了很大的影响,同时也招来很多批判的声音。20 世纪六七十年代以来,国际科学课程改革开始受到科学哲学、科学社会学、科学史等"科学元勘"(Science Studies)的影响,"科学和科学教育作为社会文化事业,构成社会文化母体的一部分。对科学教育的思考需要借助更多的视野来审视"⑥。在关注科学文化的过程中,科学史的教育价值开始受到重视,并开始渗透到科学课程中。德国物理学家马赫(Ernst Mach)在 20 世纪 90 年

---

① 吕鹏. 生产底层与底层的再生产——从保罗·威利斯的《学做工》谈起 [J]. 社会学研究, 2006 (02): 230 – 242.
② [英]麦克·F. D. 扬. 知识与控制——教育社会学新探 [M]. 谢维和, 朱旭东, 译. 上海: 华东师范大学出版社, 2002.
③ 张建珍, 许甜, 大卫·兰伯特. 论麦克·扬的"强有力知识"[J]. 清华大学教育研究, 2015 (11): 58.
④ 文雯, 谢维和, 许甜. 把教育带回来——麦克·扬对社会建构主义的超越与启示 [J]. 教育研究, 2016 (03): 155 – 159.
⑤ 李宏伟. 科学技术哲学的文化转型 [M]. 北京: 商务印书馆, 2008: 自序 3.
⑥ Maddoc. M. N. Science Education: An Anthropological Viewpoint. Studies in Science Education, 1981 (8): 1 – 26.

代首先提出将科学史与科学哲学融入科学教育之中。马修斯（Matthews）认为："科学史可以使教材更具人性化。"[①] 20 世纪 60 年代，哈佛大学霍尔顿编制了历史导向的中学物理课程（Harvard Project Physics Courses）。后来，美国开展了"2061 计划"，《美国国家科学教育标准》也在法定文件层面规定将科学史内容融入科学课程中。

自 1996 年以来，阿拉斯加州科学联盟与教育系统就开展了"文化回应性课程"（Culturally Responsive Curriculum）的研制。"文化回应性课程"通过在本土与西方有关科学主题内容方面建立联系，进而促进文化福祉（cultural well-being），提升学生科学知识和技能。这类课程具有以下优点：它能够让学生从本土和西方两种视角来建构科学知识，进而加深相互理解；它能够开发本土专家的课程能力，进而在生存地建立现实与历史之间的联系；它能够对不同知识系统开展多元的探究，并形成合作、相互理解与尊重；它能够将生活中的知识与学校中的知识建立起一种牢固的关系；它能从多学科的视角处理内容标准。[②]

除了科学课程之外，数学课程对数学文化也进行了很多探索。1972年，克莱因在《古今数学思想》（Mathematical Thought from Ancient to Modern Times）中提出："数学一直是形成现代文化的主要力量，同时又是这种文化极其重要的因素。"[③] 尽管此书存有"西方中心"的偏见，但对数学教育产生了很大的冲击。由于克莱因的影响，数学史的文化功能开始被意识到并被融入课程知识之中。1989 年，美国国家数学课程标准提出的"数学素养"在目标层面涉及了数学文化。英国数学课程标准也承认不同的文化对数学的贡献。学者 Claudia Zaslavsky 认为："数学课程必须要吸引学生并激励他们发展重要的思维能力，'数学推理'是数学课程改革需要考虑的主要标准。不论对于处于何种文化中的学生，脱离学生的社会背景的数学训练都不能引起他们的兴趣。"[④]

---

① M. R. Matthews. The Role of History and Philosophy of Science [M]. N.Y: Rutledge. 1994: 21.
② Stephens. Sidney. Handbook for Culturally Responsive Curriculum [M]. ERIC. 2001: 7.
③ M. 克莱因. 古今数学思想 [M]. 张理京等，译. 上海：上海科学技术出版社，2002.
④ Claudia Zaslavsky. The Multicultural Math Classroom: Bringing in the World [M]. Portsmouth, NH: Heinemann, 1996.

数学并不是按照固定的模式发展起来的,不同民族、地区的数学思维和语言不同,因此数学课程强调增加传统的数学课程知识。"南非数学课程标准就认为,数学是一项人类活动,是经过不同文明的探索而得出的产物,是在社会、政治和经济制约背景下一种有目的行为。"[1] 数学课程知识选择体现出多元文化的需要,进而使数学教育适合更多人的生存需要。而美国阿拉斯加州开展的"文化数学项目"（Math in a Cultural Context）,将土著人关于数学认识的经验与智慧融入学校课程。在这个课程中,"将数学内容和教学知识与土著 Yupík 文化中对空间、测量、关系的概念以及获知 Yupík 和学习的方式联系起来,以培养问题解决和批判性思维技巧"[2]。

总之,国外对课程知识文化性的思考是在一个广阔的视野中展开的,体现了不同的研究取向和研究旨趣。这些研究虽有差异,但彼此之间产生了内在联系。人类学视角对多元文化的论证,实际上影响了具体课程知识选择将地方知识纳入学科知识之中。而在社会中进行文化批判,更多指向一种单一固化的文化,这同时在思想上为多元文化课程提供论证的依据,强化了多元文化的观念。

（二）国内研究回顾

国内对课程知识进行专门研究较为短暂,长时间一直处于知识研究和教学内容的研究之中。20 世纪 90 年代以来,课程知识这个概念开始在教育研究中出现,到了 21 世纪之后,课程知识研究的开展逐渐铺开。在 CNKI 数据库,以课程知识为篇名,对 1990～2017 年的文献进行统计分析,具体情况如图 1 所示。

归纳起来,国内对课程知识的相关研究主要有三个方面：从哲学视角研究课程知识的价值、从社会学视角研究课程知识中的权力与控制、从文化人类学视角研究地方课程知识的建构。

1. 从哲学视角研究课程知识价值,筹划观念形态的变革

运用哲学视角研究课程知识,聚焦于课程知识价值上,体现了教育变

---

[1] 唐恒钧,张维忠. 国外数学课程中的多元文化观点及其启示 [J]. 课程·教材·教法,2014 (4)：121.

[2] 张维忠. 国外数学课程与教材中的数学文化 [J]. 外国中小学教育学,2011 (07)：35.

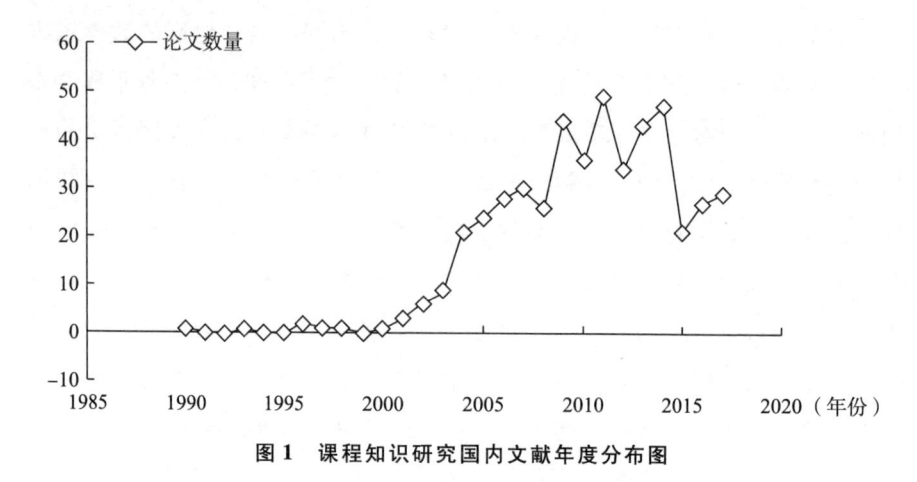

图1 课程知识研究国内文献年度分布图

革的时代课程理解观念的革新。潘洪建从知识观的角度探讨了教学革新，间接涉及课程知识观的转变，提出"以折中的、温和的建构主义为基础的教学是可能的"[①]。针对教学中存在的知识异化，郭晓明对"课程知识与个体精神自由"进行了研究，提出了"课程知识意义性"这一命题[②]。后来，学者李召存在其博士论文中，借助于生存论的视角拓展了对"课程知识意义性"的研究[③]。郝德永对"文化锁定"现象进行分析，揭示了文化性缺失的病理表征[④]，并明确提出了"文化性"这一问题。

由于现代课程知识价值观的困境及其对人的异化，有学者提出了"全人生幸福"的课程知识观[⑤]。除关注了课程知识的意义性外，还有学者阐明了知识伦理的终极追求，分析了其逻辑与结构[⑥]。

对课程知识价值的关注不仅仅体现于课程知识与人的意义这个维度，还有更多的学者关注了课程知识观这一维度。如现代课程知识观的演进、

---

① 潘洪建. 知识视域中的教学革新 [D]. 西北师范大学, 2002.
② 郭晓明. 课程知识与个体精神自由——对课程知识观一个侧面的哲学审思 [D]. 南京师范大学, 2003.
③ 李召存. 课程知识的意义性研究 [D]. 华东师范大学, 2007.
④ 郝德永. 文化性的缺失——论课程的文化锁定现象 [J]. 南京师大学报（社会科学版），2002（02）：77.
⑤ 陈铁成. 现代课程知识观的反思与重构 [D]. 东北师范大学, 2013.
⑥ 郝文武. 知识伦理的终极追求和逻辑与结构 [J]. 华东师范大学学报（教育科学版），2015（01）：1-10.

整合知识观、新课程背景下课程知识观的转向[1]，以及当代课程知识观对课程改革的启示[2]。在理论工具的选择上，研究者主要运用了建构主义的理论框架分析[3]，有的学者从后现代立场分析了课程知识是"文化的"、价值关涉的[4]，还有研究者系统梳理了从表征主义到生成主义的课程知识观转变[5]。尽管绝大多数研究过程借助的主要思想是西方哲学思想，尤其是后现代哲学思想，但还是有研究者立足传统从新儒家的立场分析课程知识[6]，借助佛学思想"转识成智"的观点反思了现代教学中公共知识转化的问题[7]。

除了以上对课程知识进行整体性思考外，对课程知识的分类（学段和学科）研究也在不断延续。在语文学科知识论研究方面，学者杨澄宇、邱福明、周敏等人对语文课程知识进行了现象学、生存论和动态化的研究。在科学课程上学者在研究科学课程知识的基础上提出了"科学课程知识观的重建"[8]，而于海波对科学课程进行了文化阐释，在对科学文化的课程价值分析的基础上对科学课程的建设与实践进行展望[9]。在体育教育中有学者提出了以理解为基础的体育课程知识观[10]。在学段的研究中，针对幼儿园课程中的"知识崇拜"现象，立足于文化哲学视角重构了幼儿园课程知识的生成与选择，研究者提出了"文化回应教学"这一命题[11]。

2. 从社会学的视角对课程知识的"文本"进行分析，揭开其背后的差别

受国外课程社会学研究的影响，我国学者开始从社会学角度关注课程

---

[1] 郭元祥. 新课程背景下课程知识观的转向 [J]. 全球教育展望, 2005 (04)：15-20.
[2] 王攀峰. 当代课程知识观的新发展及其启示 [J]. 中国冶金教育, 2002 (06)：77-82.
[3] 艾兴. 建构主义课程研究 [D]. 西南大学, 2007.
[4] 吴支奎. 课堂中的意义建构——学生参与课程发展研究 [D]. 西南大学, 2009.
[5] 张良. 课程知识观研究——从表征主义到生成主义 [D]. 华东师范大学, 2014.
[6] 杜文彬. 现代新儒家课程知识观研究 [D]. 闽南师范大学, 2013.
[7] 徐超富. 转识成智：现代教学的认知价值追求 [J]. 华东师范大学学报（教科版）, 2014 (04)：23-29.
[8] 赵长林. 科学课程知识观的重建与发展 [J]. 中国教育学刊, 2005 (08)：30-32, 54.
[9] 于海波. 科学课程的文化阐释与时代建构 [D]. 西北师范大学, 2003.
[10] 李卫东, 贺昭泽. 体育课程与理解 [J]. 体育学刊, 2003 (05)：66-68.
[11] 李传英. 幼儿园课程知识的文化哲学研究 [D]. 西南大学, 2011.

知识问题，这一度成为教育学中最有活力的研究领域。从最初的学习、借鉴、模仿到后来本土化的研究，课程社会学对课程知识的研究正在逐渐获得学界更多的认同。国内对该领域的研究过程中，形成了两个不同的学术群体，一个是教育社会学学者开展的研究，带有明确的社会批判取向，另一个是兼具社会研究和历史研究双重特色的教科书研究，后者越来越注重对史料的挖掘与分析[1]，更多地体现了社会史的研究风格。

在教育社会学开展的课程知识研究中，主要借鉴国外的社会学理论对我国课程知识进行分析。吴永军从"社会控制"的视角分析课程内容的社会本质[2]，而后有学者直接从知识与权力的关涉性出发阐明了课程知识的社会控制特性[3]。这些研究不仅仅从静态关注课程知识，同时对课程知识的合法性进行追问，在解构现代课程知识基础上，提出课程不纯粹是阶级意识形态，而是由社会单方控制的中介变为多方"认同"与"妥协"的产物[4]。有研究者从课程设计的角度论证课程知识是社会谋划的结果，体现了社会阶层利益和权力格局[5]。而在对科学课程知识进行社会研究中，分析了其产生过程具有社会建构的特征，提出了"真理的终结"这一观点[6]。还有研究者对课程知识选择政策的内涵进行了探究，并从课程权力的视角提出改进课程管理的政策思路[7]。李亮从"课程理解"的视角分析了课程内容的文化选择，更揭示了课程与教学互动生成的文化生态[8]。

教科书研究在一定程度上也涉及课程知识研究，是对课程知识"文本"层面的研究。教科书作为课程知识的载体，也可看作是静态课程知识的主要形态。我国的教科书研究可以看作是历史研究与社会学研究共同的

---

[1] 在国内教科书研究中做出突出贡献的是石鸥教授领导的教科书研究团队，参见其著作百年中国教科书图说（1897-1949）[M]. 长沙：湖南教育出版社，2009。
[2] 吴永军. 课程社会学[M]. 南京：南京师范大学出版社，2001.
[3] 郝明君. 知识与权力——课程作为知识文本之研究[D]. 西南大学，2006.
[4] 高水红. 课程知识的合法性问题——对《基础教育课程改革纲要（试行）》的社会学分析[J]. 教育科学论坛，2006（03）：14.
[5] 和学新，金红霞. 课程知识的社会谋划[J]. 全球教育展望. 2013（06）：18-28.
[6] 楚江亭. 真理的终结：科学课程的社会学释义[M]. 北京：北京师范大学出版社，2005.
[7] 蒋建华. 知识·权力·课程：政策视野中的课程研究[M]. 北京：北京师范大学出版社，2010.
[8] 李亮. 课程内容的文化选择——以小学语文为例[D]. 南京师范大学，2014.

产物，但其立场主要延续了涂尔干、韦伯以来的社会学立场，因此把教科书研究划入课程社会学的范畴。学者张心科从历史的视角树立语文课程知识重构的四个阶段，为语文课程修订提供了一个参照系，有研究者在研究中借助社会批判理论分析科学课程知识与意识形态的关系，论述了科学课程变革的人文取向[1]，在课程选择上对知识准入课程的国家介入进行了分析，微观分析了政治权力的合法化与合理性[2]，还有的从社会控制的角度对小学思想品德教科书的内容和形式进行研究[3]。

3. 从人类学视角分析地方课程知识，展现其文化的多元性与特殊性

受多元文化观的影响，国内教育界也关注了多元文化课程现象。学者万明钢分析了多元主义、同化主义、多文化教育理论对课程改革的影响[4]。学者王鉴在其博士论文《多元文化教育课程的本土建构》中，不仅仅关注多元文化这一理论，而且试图结合中国本土的文化实情进行多元一体教育课程的尝试。有研究者提出多元文化教育教学的时代使命是坚持多元视野和个性指向，进行结构统整，以培养所有学生进入多元文化世界的适应力与发展力，促进世界文化的多样性发展、文化间的相互尊重和世界和平，承担起全球化时代的新使命[5]。另有研究者认为，多元文化教育教学发展的走向是从一元走向多元，从隔离走向理解，从封闭走向开放[6]。

在课程知识的社会学研究中已经触及本土知识与地方知识的独特性，延伸到文化的思考。更多的学者开始进入民族地区进行实地研究和田野考察。有学者分析多元文化背景下的地方课程开发，并提出在开发模式方面应坚持补充开发模式、积极尝试"桥梁模式"，逐步向"整合模式"、"共创模式"演进[7]。刘茜在其博士论文中对贵州雷山地区进行了多元文化课程开发的个案研究，基于现状调查，提出了以主题为核心实现课程内容统

---

[1] 赵长林. 科学课程及其变革的社会学审视 [D]. 湖南师范大学，2004.
[2] 刘丽群. 论知识准入课程中的国家介入 [D]. 湖南师范大学，2007.
[3] 李祖祥. 控制与教化——小学思品教科书研究 [D]. 湖南师范大学，2007.
[4] 万明钢. 论美国多元教育的演变及其对课程改革的影响 [J]. 比较教育研究，1993（06）：22.
[5] 陈时见. 全球化视域下多元文化教育的时代使命 [J]. 比较教育研究，2005，(12).
[6] 徐莉，何茜. 全球化背景下多元文化教育的发展走向 [J]. 比较教育研究，2005，(12).
[7] 孟凡丽. 多元文化背景中地方课程开发研究 [D]. 西北师范大学，2003.

整，以经验为中心、以活动为中心、以隐性的教育力量组织课程的观点[1]。有学者运用民族学和文化学研究方法对民族地区课程知识主体进行了研究，提出了强化民族认同的实现机制，并得出课程知识选择主体应向多元一体与多元认同转变的结论[2]。有学者运用民族学的方法对贵州石门坎苗族进行了深入的研究，探讨了20世纪初花苗人在与传教士、地方政府的对话与冲突中如何以知识体系构建身份的过程[3]。有学者结合中原文化对河南乡土教材进行了研究，探讨了其中的国家意识与地域文化[4]。除了对地域文化关注外，还有学者通过历史经验叙述的方式分析了现代中国课程出现的"文化转向"[5]。

（三）已有研究的评述

从上述研究过程的梳理中，我们发现从文化视角进行课程知识研究已经受到了众多学者的关注。这种关注，虽然很多都是间接的涉及，但实际触及课程知识文化性这一论域。在2001年课程改革以后，课程知识日渐成为一个重要的研究概念。就国内的相关研究成果而言，无论是基于哲学取向的价值思考，还是基于社会学取向的现实批判，抑或是教育民族学取向的族群、地方文化省察，课程知识都已成为我们思考课程与教学论基本问题时无法绕开的概念。如果说教育领域中哲学知识论研究还显得曲高和寡的话，社会学、民族学和文化学等多学科视角的加入，使得课程知识研究的活力正逐渐显现，更加贴近现实的教育教学。多学科视角的融合，使得人们对课程知识的认识日渐丰富化。这里的丰富化包含着认识从单一逐渐走向多元、从简单走向复杂、从纯粹走向混沌。这种丰富性认识的成果是值得肯定的，它深化了教育人对课程知识的理解，启蒙了更多人关于该问

---

[1] 刘茜. 多元文化课程的建构与发展——雷山苗族多元文化课程开发的个案研究 [D]. 西南大学, 2007.

[2] 金志远. 民族基础教育课程知识选择主体研究 [M]. 呼和浩特：内蒙古大学出版社, 2012.

[3] 张慧真. 教育与族群认同：贵州石门坎苗族的个案研究 [M]. 北京：民族出版社, 2009.

[4] 班红娟. 国家意识与地域文化——文化变迁中的河南乡土教材研究 [D]. 中央民族大学, 2010.

[5] 周勇. 文化转向与课程改革——以王国维、胡适和钱穆为中心 [M]. 上海：华东师范大学出版社, 2015.

题的思考。具体而言，既有研究的价值体现在以下几个方面。

1. 关于课程知识的探索，启迪了教育人对知识适切性的反思

相对于其他学科而言，教育学的方法处于发展和形成的阶段。没有固定的方法和程序，这并不是教育学不成熟的标志，而是教育问题本身的复杂性所导致的。"这意味着任何一个教育问题的研究，都需要有多学科的视角。"① 对于知识的思考也是如此，其他学科对此已经进行了长期深入的研究，但是不能以此否认教育学思考的独特性。在一定意义上，从教学论中教学内容的探讨已经涉及了课程知识的思考，到后来运用知识论对教学知识的研究，以至于当下对课程知识的探讨，都确认了反思这一立场在课程与教学哲学中的运用。正如有学者提出"反思：哲学的思维方式"②、"教学哲学是教学思想的前提反思"③，可见反思对于课程与教学哲学研究的重要性。

从既有的文献分析我们可以看到，自2001年以来我国关于课程知识的讨论日趋增多。这一趋势跟课程改革的实践开启基本同步，伴随着改革的深化，课程知识讨论逐渐深化，2003年后逐渐成为教育学者普遍关注的研究领域。因此，研究课程知识本身也成为反思课程改革的工具，因为如何理解课程知识将影响到改革的进程。在课程改革的过程中，人们改变了以往对知识的单一、固定立场，越来越多的教育学人开始从人的立场反思课程知识的历史性与适切性，越来越倾向于知识建构（社会建构与个人建构）的观点。这种反思的开启，是教育人自身的觉醒，使得教育学不仅仅满足于方法的研究，进而转向更广阔更深邃的知识研究。也正是在这个研究的过程中，纷繁复杂的哲学思想，尤其是后现代科学哲学思潮开始渗透到教育中去，"范式"、"知识型"、"生存论"等大词（big words）在教育研究中日渐普及，丰富了原本单一、固化的教育话语。尽管这个过程中有着对哲学话语的照搬和模仿，但其具有的启迪人思想的意义是深远的，因为它通过探讨课程知识进而反思了教育的前提，它让追求实用理性、工具

---

① 刘良华. 教育研究方法（第2版）[M]. 上海：华东师范大学出版社，2014：03.
② 孙正聿. 反思：哲学的思维方式 [J]. 社会科学战线，2001（01）：46－53.
③ 郝文武. 教学哲学是教学思想的前提反思 [J]. 天津师范大学学报（基础教育版），2007（3）：1－5.

理性的教育思潮不至于成为思想的垄断，它提醒着实践的另一种可能性。所以，"课程知识"作为教育学概念的提出，有助于反思教育实践作为关系实践的适切性。

2. 多种学科运用于课程知识研究，拓宽了研究视域

对于课程知识的研究，并不是沿着固定单一的路径进行的，而是多学科协同进行。从既有的研究成果来看，以哲学取向的课程研究不是纯粹的思辨哲学，而是实践哲学，关注了课程知识在现代教学生活中的形塑作用，如郭晓明等人的研究具有这样的特色。这些研究虽然以理论研究为主，但也运用了课堂观察法、文本分析法等多种方法。在课程知识的社会学研究中，虽然以文本分析为主但也涉及访谈法、比较法、历史分析法。而课程知识的民族—文化学研究则是综合了田野研究、问卷调查、历史分析的方法。正是多学科的渗透，使得课程知识的研究成为一种混合研究，这既能够体现教育研究对象的复杂性，也能够彰显教育学的实践立场。这些混合研究的范例，扩大了教育研究的视野，拓宽了教育研究者的生存空间。因此，以后的教育研究中，注重多学科的视角、开展混合式研究日渐成为一种趋势。跨学科的目的是通过超越以往分门别类的研究方式，实现对问题的整合性研究。"跨越学科或专业的边界，是顺应知识生产和传播的重要举措。这一概念的提出，有助于突破过去学科或专业之间森严的壁垒，促进学科或专业之间的沟通与融合；有助于从跨学科或多学科的视角透视教育问题，获得这些问题的全面认识。"[1] 因此，对于课程与教学论的研究，我们应秉持一种自由而开放的态度，跨越"专业边界"，吸纳其他多门学科，譬如文化哲学、技术哲学、民族学、人类学的理论和方法，广泛借鉴相关学科的研究成果，从中不断获得理论灵感进行创造性的研究和"复调式"的写作。

3. 文化逻辑在课程知识研究中日渐凸显，体现了人本关怀

在课程与教学研究中，课程文化的广泛探讨已经涉及对课程知识文化向度的思考。尽管这些研究的聚焦点不同，对文化的理解也有差异，但是在精神指向上都体现了文化向度的价值关怀。这种文化的关注，无论是哲

---

[1] 郑金洲，程亮. 中国教育学研究的发展趋势 [J]. 教育研究，2005 (11): 3 - 9.

学中的文化转向，还是80年代的"文化热"，实际上都是对现代性的反思，试图在其中寻求一种精神的皈依。这股文化的热潮对年轻的学生知识分子产生了广泛的影响。进入教育研究领域后，教学文化、课程文化的探讨一度成为课程与教学论研究的生长点。

在肯定以上这些研究在拓展理论视野的积极作用外，必须正视这些研究大多主要是对文化的具体形态进行分析，多就文化某个层面或者某个要素进行了阐述。无论是基于地方文化还是学科文化的分析都只是从现象层面展开，还没有从文化性之于课程知识进行系统的分析。从文化角度进行的课程研究，更多的是从文化研究嫁接到课程知识的研究之中，没有将课程知识的文化性与人的存在结合在一起进行思考。这种研究虽然使得人们开始关注到课程知识存在的文化形式，但在文化内容的局部要素上，还没有将文化性作为一种属性植根于课程知识的理解之中。因此，对文化性的理解还需要进行进一步的理论探索，才能够揭示课程与教学中的文化性内涵。

三 核心概念辨析

对教育学而言，教育学概念的理解很难完全达成一致，但对概念内涵的揭示依然是研究的首要任务。以下试图通过三组概念的辨析，为后续研究的开展奠定基础。

（一）知识与课程知识

知识是一个不断演进的概念。英文 knowledge 源于希腊文 episteme，包含有"认识"、"科学"、"真理"之意。柏拉图最早在《泰阿泰德篇》中把知识界定为一种确证了的、真实的信念。1980 年版《辞海》将知识定义为"人们在社会实践中积累起来的经验"。1990 年版《辞海》将知识定义为"人类认识的成果或结晶，包括经验知识和理论知识"。根据知识的不同来源，可以将其分为经验论和唯理论。本研究把知识看作是人类认识世界的过程及结果。

课程知识是一个复杂的概念，在不同学科中有着多种不同的含义与用法。《简明国际教育百科全书》认为，"课程知识"（curriculum knowledge）

这个词至少有两种不同的含义：在一门课程中所教授或所包含的知识（课程内容）和制定课程时所应用的知识。① 在《课程研究百科全书》(Encyclopedia of Curriculum Studies)中专门收录了"课程知识"(curriculum knowledge)这一词条②。我国学者李召存认为课程知识"既包括了表现为间接经验的学科课程知识，也包括了表现为直接经验的研究型课程知识"③。

经过上面的分析，我们发现课程知识主要指的是课程内容知识，但同时也有如何选择、编制、实施课程的知识。本研究对课程知识的理解是站在课程—教学连续体的角度进行的，既包括供师生学习认识的公共的课程知识，也包含师生生活世界中个体经验的课程知识。

(二) 文化与文化性

文化的内涵十分丰富、复杂，在一般意义上指的是特定群体、地域的一种生活方式。泰勒在《原始文化》中认为，"文化，或文明，就其广泛的民族学意义来说，是包括全部的知识、信仰、艺术、道德、法律、风俗，以及作为社会成员的人所掌握和接受的任何其他的才能和习惯的复合体"④。对生活方式的不同理解，使得文化很难进行定义。美国人类学家克鲁伯曾列举过170多种文化的定义，反映了文化作为一种"最复杂的整体"的无限可能性。本研究认同格尔兹的"符号"观点⑤，将文化理解为人类建构意义上的符号。

文化性是一个抽象概念，是对文化存在的一种内在规定与理解。与生物性、动物性不同，文化性是人在追求文明过程中所积淀下来的类存在性，是对人的尊严的一种确认。文化性作为文化的内在规定，是区别于政

---

① 托斯顿·胡森，纳维尔·波斯特尔斯威特. 简明国际教育百科全书·课程 [Z]. 江山野，译. 北京：教育科学出版社，1991：69.
② Craig Kridel. Encyclopedia of Curriculum Studies [Z]. Los Angles: SAGE Publications, Inc. 2010: 219.
③ 李召存. 课程知识论 [M]. 上海：华东师范大学出版社，2009：45.
④ 〔英〕泰勒. 原始文化：神话、哲学、宗教、语言、艺术和习俗发展之研究 [M]. 连树声，译. 桂林：广西师范大学出版社，2005：1.
⑤ 美国人类学家克利福德·格尔兹曾说："我主张的文化概念实际是一个符号学（semiotic）的概念。马克斯·韦伯提出，人是悬在由他自己所编织的意义之网中的动物，我本人也持相同的观点。"参见〔美〕克利福德·格尔兹. 文化的解释 [M]. 韩莉，译. 北京：译林出版社，2014：05.

治、经济活动的差别所在。因此，本研究认为文化性是对人类文化实践的价值取向、内容构成与行为方式的内在规定。

文化与文化性之间存在着紧密的联系，两者不可分离，但其落脚点是有差别的。按照先后顺序而言，文化是原因，文化性是结果，课程知识在人类文化实践中才具有文化性，没有脱离文化实践的文化性。

（三）知识的文化性与课程知识的文化性

知识的文化性是指知识的产生、形成过程中与各种文化因素之间的联系。学者石中英从后现代知识型的角度论述了知识的文化性，认为："从来不存在脱离社会历史和现实的认识活动、认识产品和对认识产品的辩护。权力、价值、利益、意识形态、理论传统、个人对概念和范畴体系的偏好等等文化因素都深刻地影响它们。"[1] 在这里，知识的文化性是跟知识的客观性相对的，它主要是从知识产生的角度来论述这种文化关涉性。

课程知识的文化性是指课程知识与人的精神意义之间的互动关系，是对课程知识的教育规定。这里，文化性是对个体生物性、动物性的超越，更是对人的本源性存在的确认。课程知识的文化性表现在价值指向的文化性、内容表征的文化性和实施过程的文化性三个层面，具体特征是境域性、时间性与生成性。

两者的关系：知识的文化性是课程知识文化性产生的前提之一，课程知识的文化性是在教育领域中对知识文化性的具体阐释和创造。知识的文化性主要是就认识的影响因素而言，课程知识的文化性主要从人的存在出发，更强调意义世界的关怀。知识的文化性是广义上的文化关涉性，课程知识的文化性更强调从教育立场理解的文化存在，是具有规范意义的文化性。

四　研究设计

（一）研究的思路

课程知识的文化性研究，是对文化性作为课程知识属性的一种理论阐

---

[1] 石中英．知识转型与教育改革［M］．北京：教育科学出版社，2001：150．

释与构想。在研究思路上,本研究首先梳理了课程知识的研究过程,具体分析了文化教育学、批判教育学和现象学教育学的理论主张,在此基础上,形成理论视角与研究立场;其次对课程知识文化性的内涵进行了分析与界定,试图在理论上阐明课程知识文化的指向;接着将课程知识文化性放在文明的演进中进行历时性和共时性考察,进而分析现代课程知识文化性疏离在"中国"导致的教学困境和生存困境;最后在实践层面筹划促进课程文化性回归的可能路径。

本研究坚持历史与逻辑相统一的原则,对课程知识文化性在理论、历史、实践三个层面进行讨论。作为一项课程论研究,通过对课程知识如何实现文化育人这一教育问题进行连续性追问,以达成对这一论域的澄明。在理论层面,主要回答的问题是:课程知识的文化性指的是什么?具有怎样的内涵?在历史层面,主要回答的问题是:课程知识文化性在历史上经历了怎样的演变?文化性在现代课程知识中表现出怎样的困境?在实践层面,主要回答的问题是:文化疏离在本土的教育实践中是怎样发生的?如何在本土的课程实践中筹划课程知识文化性回归?必须澄清的是,教育实践是历史实践和现实实践的连续体,本土实践的考察既是历史的实践,也是现实的实践。

概而言之,本研究对课程知识文化性的思考是对课程知识属性进行理解的一种尝试。这种尝试具体从理论建构、历史反思、实践分析三方面构成,分析框架如图 2 所示。

(二) 研究的方法论及其主要方法

课程知识的文化性研究,是对课程知识属性的一种揭示,是对课程知识与人的精神意义建立内在关系的一种理解。本研究的研究对象决定了采用研究方法的基本原则,即方法论。研究方法论是研究的基本准则,是实现学术认同与理解的基本前提。

1. 研究的方法论

(1) 历史与逻辑相统一的原则

坚持历史与逻辑相统一的原则,将文化性的理解还原到历史时空中进行,具体分析中国课程知识、西方课程知识和印度课程知识的文化特征,

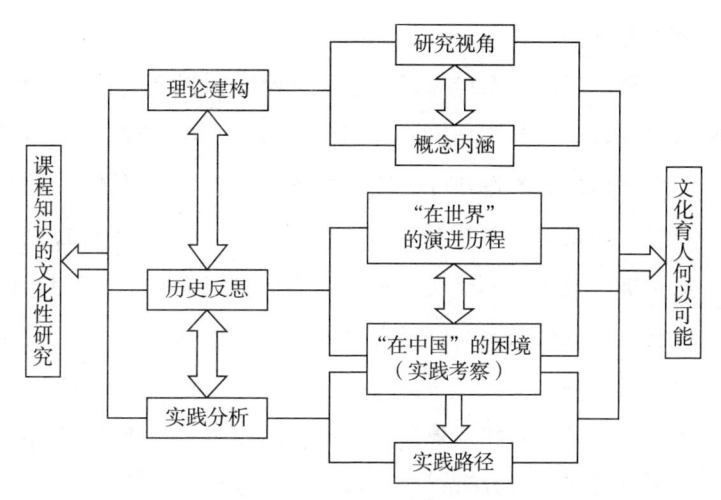

图 2　本研究的分析框架

比较了文化性在源头上的不同表现。在时间的理解上，以现代为分界，从前现代文明阶段、现代文明阶段和后现代文明阶段分析课程知识"在世界"和"在中国"的演变过程。分析文化性疏离在本土的形成过程、影响方式、教学表征及其对人的生存的影响。

（2）理论与实践相结合的原则

课程知识的文化性研究，主要是一种理论探索。但由于课程问题本身的实践品性，使得在具体的分析、论证与建构中也结合课程事件、课程文本来展开。因此，研究的过程主要以理论旨趣为主，同时兼顾到对课程实践的关注。

2. 研究的主要方法

基于以上方法论的考虑，本研究的研究方法主要包括文献研究法、理论思辨法、文本分析法等。

（1）文献研究法

通过对有关知识论、文化学与课程论的既有相关文献的整理，分析已有研究中的研究立场、研究过程与基本观点，这既为本研究积累了相关资料，更为本研究的问题提供了分析的基础。具体而言，文献梳理主要聚焦于以下方面：其一是国内当前教育哲学、课程与教学论研究中有关知识、知识教学、课程知识本体论研究相关文献的梳理和积累；其二是对文化哲学、科技文化哲学、现象学等领域相关研究文献的研读与积累。

(2) 理论思辨法

本研究主要运用理论思辨的研究方法对课程知识文化性这一基本概念进行构建与阐释。研究方法具体体现在价值辨析、本体建构上，以阐明文化性对于课程知识的必要性和可能性。思辨研究不是对具体的教育事实进行总结与归纳，而是对教育中的普遍性问题进行一种前提性批判。因此，本研究采取思辨研究法，不仅仅是一种具体的研究方法，而且具有研究的思维方式，并将之延续到全部研究之中。

(3) 文本分析法

为了更直观地了解课程知识文化性的变迁过程，本书对教学大纲、课程标准进行了分析，同时分析一些有代表性的教科书，如《商务国语教科书》、《世界书局国语读本》、《开明国语读本》等"老课本"，以及中华人民共和国建立后编制的1981年版高中《历史》、1993年版人教社初中《语文》、湖南科学技术出版社出版的小学《科学》。

(三) 研究的主要框架

本书由以下几部分构成：绪论、理解课程知识的文化性、课程知识文化性的内涵分析、课程知识文化性的演变历程、课程知识文化性疏离的实践考察和促进课程知识文化性回归的可能路径、结语。

绪论主要是对研究必要性进行交代。首先从理论旨趣、现实考察和个人兴趣三方面分析阐明了研究的缘起，接着分析了本研究在理论和实践上的意义；其次对课程知识已有研究成果进行总结归纳，分析了国外研究和国内研究的不同视角，接着对本研究涉及的三组核心概念进行了辨析；最后交代了本研究的研究思路、方法论与具体研究方法。

第一章是对课程知识文化性的研究脉络进行教育学史的考察。课程知识的文化性是基于教育学史的理解之后提出的，是对前辈教育学人对课程知识思考的继承、延续与发展。本章具体通过梳理文化教育学派、批判教育学派、现象学教育学派中课程知识文化性这一思想的产生和发展的历史脉络，为本研究提供思想资源和研究立场。

第二章是对课程知识文化性的内涵分析。

第三章介绍了课程知识文化性的演变历程。主要从前现代文明时代、

现代文明时代、后现代文明时代三个阶段分析文化传统的产生、文化危机和文化的融合与革新。这一主线主要是刻画课程知识文化性的演进。

第四章是对课程知识文化性疏离的实践考察。本章主要对课程知识文化性在本土教学中出现的疏离现象进行考察，具体分析课程知识文化性疏离的产生过程，文化疏离在教学中的三种表现——文化漠视、文化锁定、文化装点，并对文化性疏离对教学的塑造和人的精神世界进行检视。

第五章介绍了促进课程知识文化性回归的可能路径。本章主要从教学理念的更新、教学制度的调整、师生角色的重塑三方面入手促进课程知识文化性的回归。

五　研究的创新与不足

课程知识的文化性研究，是对课程知识属性的一种理解与建构，试图在理论上解决课程知识何以实现"文化育人"这一问题。这一研究虽然借鉴了文化研究的理论资源，但更多是在教育学内部进行的一种理论尝试。

（一）研究的创新

1. 研究观点的创新。从文化性入手分析课程知识，旨在反思知识论立场的局限，对课程知识作为一种属人的知识进行了理论探索。本研究提出：课程知识文化性是指课程知识与人的精神意义之间的互动关系，包含价值指向、内容表征与实施过程三个层面。文化性是课程知识的内在属性，承认文化性的存在才可能避免教学过程中理性的僭越与权力的异化。

2. 研究视角的创新。形成了"文化存在论教育学"的理论视角，为课程知识理解提供了新的可能。本研究在批判性地吸收了文化教育学、批判教育学、现象学教育学的理论成果后，提出文化存在论的视角。从文化存在论的视角进行分析，意味着将课程知识放在"人—世界"的关系上进行理解，揭示了课程知识作为文化存在与人的存在的本源性联系。

3. 研究内容的创新。本研究从文化的源头分析了三种课程知识的文化性。已有研究更多的是从中西视角进行分析，本研究尝试对印度课程知识的文化性进行分析，拓展了研究内容的广度。

（二）研究的不足

1. 理论深度不够。由于笔者哲学修养不够，使得论文在思维的深刻性上还需要提高。

2. 细致刻画不足。研究过程关注了课程知识文化性演进历程，尤其是近代中国课程知识文化性的实践困境。在这些叙述中，缺乏对具体课程知识所发生的文化冲突与融合的事件进行细致描述。

第一章
理解课程知识的文化性：历史考察的视角

对课程知识文化性的探索是一个古老的问题，植根于教育学的历史之中。若追溯我国教育学的发展历史，孔子的教育实践中即已经包含了对文化的理解，他编六经、复周礼的行为实际上是一个文化的传承与创新。在教育实践中，孔子不仅对传统文献进行了整理，更是让文化的精神融入教学对话中。① 在古希腊，苏格拉底在其对话教学过程中，重视对理性的培养，"苏格拉底试图把人对物质的依赖降低到最小的程度，从而最大限度地敞开精神生活的可能性"②。就中西教育的源头而言，早期教育家的实践中都已经包含了对文化的思考。

19世纪末以来，教育学取得了飞速的发展。在科学教育学之外，文化教育学从文化的高度强调人的独特性，其对文化的积极态度对学界产生了很大的影响。在文化教育学的建构中，狄尔泰、斯普朗格等人强调了人的精神对完善人性的作用。20世纪60年代以来，弗莱雷、阿普尔等批判教育学者，通过对具体课程知识的文化剖析，阐明了课程知识背后的权力影响因素，指向了人的批判意识的培养。受胡塞尔、海德格尔等人的影响，兰格威尔德在荷兰开创了现象学教育学的研究，他重视"人类经验的境遇

---

① 《论语》作为孔子与弟子的对话集，对后世的教育实践产生了深远的影响，如钱穆所言，"《论语》自西汉以来，为中国识字人一部人人必读书"。参见钱穆. 论语新解 [M]. 北京：三联书店，2012：序1.
② 刘铁芳. 重申知识即美德：古典传统的回归与教养性教育的重建 [M]. 北京：北京师范大学出版社，2015：36.

性和具体特性"[1]，后来影响到范梅南的生活体验研究。本章将从文化教育学、批判教育学、现象学教育学的角度，思考课程知识文化性的研究传统。

一 作为精神存在的课程知识：
文化教育学的课程理解

文化教育学是19世纪末在德国兴起的教育学流派。与科学教育学[2]的致思路径不同，狄尔泰、斯普朗格、李特等人试图从精神科学的视角去理解教育中的人。作为第一个以文化正式命名的教育学派，文化教育学派站在哲学的高度理解人类教育实践过程，其思想的丰富性、思辨性[3]、积极性[4]为开启课程知识的文化性思考奠定了根基。正是文化教育学派的开创性工作，使得文化的逻辑在教育研究与实践中得以显现。以下试图从价值维度、内容维度、实施维度勾勒文化教育学对课程知识的理论图景。

（一）文化教育学对课程知识价值的思考

文化教育学，又名精神科学教育学，是一种区别于自然科学的教育研究范式。文化教育学派对课程知识的理解着眼于人的精神世界的提升，并努力在教育过程中实现自然生命与精神生命之间的融合。对于教育学的理解，狄尔泰明确反对赫尔巴特的科学教育学，认为"今天，赫尔巴特教育学已经促成了极端的倾向，……在当今学校教育这一狭窄而死寂的领域，令人惊讶地又重演了十八世纪没有人的教育的悲剧"[5]。

针对科学教育学存在的不足，狄尔泰提出了精神科学教育学。它以历

---

[1] 刘洁. 现象学教育学之源——兰格威尔德的现象学教育学思想探析 [J]. 教育研究，2012（09）：156.
[2] 赫尔巴特所探讨的科学教育学与实证科学之间还有很长的距离。真正意义上的科学教育学，是19世纪末20世纪初的"教育科学化运动"。参见程亮. 教育学的实践关怀 [D]. 华东师范大学，2006：22.
[3] 参见侯怀银，王俊琳. 德国文化教育学在中国的传播及影响 [J]. 外国教育研究，2016（09）：57.
[4] 参见邹进. 现代德国文化教育学 [M]. 太原：山西教育出版社，1992：243.
[5] 邹进. 现代德国文化教育学 [M]. 太原：山西教育出版社，1992：46.

史—社会实在为研究对象,"体验—表达—理解"成了其理解精神的基本方法。在狄尔泰看来,人的生命不仅仅是作为生物学意义的"物"的存在,更重要的是一种精神的存在,"生命在这种创造的、负责的和独立自主的在我们身上活动着的精神世界里,并且只有在这里,获得它的价值、它的目的和它的意义"①。正是在生命哲学的指引下,文化教育学派针对主知主义知识观对文化的忽视,提出了"教育是文化过程"(斯普朗格语)的命题,倡导在课程知识("文化财"、"陶冶财")的学习过程中实现精神的生成与唤醒。

1. 肯定了课程知识的文化价值

文化教育学派认为,课程知识并不是一堆单纯的客观材料,而是具有潜在的文化价值需要挖掘。在斯普朗格看来,"教育……是将社会文化的客观价值移植于人格内部,而形成融合统一的生命"②。知识如果只是被视为一堆客观的材料,教育就会成为一种传递活动,成为一个与人的精神无关的,毫无"生机"的过程。这样的教育过程虽然能够体现认识的科学逻辑,却忽视了人作为历史存在的精神逻辑,使得教育教学过程背离了人的精神需求。

文化教育学派反对主知主义知识观,认为单纯的知识传递导致了人的价值序列的异化,有可能将人塑造成为马尔库塞所言的"单向度的人"。单向度的人实际上是人的一种异化状态,是由人在知识教育中割断了人的当下生活与历史之间的有机联系所造成的。在这里,主知主义知识观的错误在于将理性凌驾于人的全面发展之上,使得知识越来越成为一种控制和压抑精神的负面力量,阻碍人的精神健康发展。

文化教育学试图通过文化的力量来拯救知识教育中无人的状态。在文化教育学学者眼中,课程知识的建构与生成中能够实现"客观精神"与"主观精神"的融合。这种精神的融合使得人能够超越动物阶段的局限,进而在个人的文化理想层面实现超越。因此,教育实践是不能离开文化的影响的,如李特所言,"假如没有文化理想做基础,人的所有实际活动都

---

① 转引自付德军. 理解生命——狄尔泰生命解释学探析 [D]. 复旦大学,2010:41.
② 邹进. 现代德国文化教育学 [M]. 太原:山西教育出版社,1992:71.

是不完整的、不牢固的,甚至是虚幻的"①。通过确认文化的作用,才能唤醒个人的精神,课程知识的教育教学才不被视为一种客观的材料,而成为一种可能实现文化保存、传递和再创造的"文化财"。

2. 阐发了课程知识的陶冶价值

课程知识的陶冶价值在于其能够唤醒人的心灵,使得人的精神生命在文化世界中得到承认并不断实现升华。近代以来课程知识的编制,注重的是知识的科学化与专门化,使得人的认识等同于外在世界的客观认识,而忽视了对人的内在精神的体察,人的精神体验受到了忽视。在不断强化的科学性的过程中,科学课程知识塑造的是对理性的崇拜,使得教育教学过程不再关注人的情感,进而引发人在感性与理性之间的紧张与分裂。针对这种危机,文化教育学派试图通过提出"陶冶财"来缓解这种紧张,进而实现人性的完善。

"陶冶财"这个概念是由教育家李特提出的,比"文化财"的范围狭窄。从历史而言,陶冶的观念是在继承德国传统教育人文精神的基础上提出来的,体现的是对"完美的生活"的一种追求。"陶冶财之所以具有陶冶价值,是因为在陶冶过程中,陶冶财自身所负载的人类特有的创造性活动被复原出来,并在被教育者的精神内部唤起与此同样的活动。"②"陶冶财"通过激活人的精神生命,使学生能够整体的投入到教学中,并使人"内在形式"中具有的创造能力得到实现。"也就是说,在个体与具有陶冶价值的'陶冶财'接触中,体验到文化创造的历史积淀的厚度和个体心灵的转化,从而激发起参与文化创造的欲望,并由此而达到人格陶冶的目的。"③李特作为一个教育实际工作者,尽管看到人文学科在陶冶上具有的传统优势,但面对现代科技社会到来的事实,逐渐改变了单一的人文理想,承认了自然科学与技术对陶冶的积极作用。

文化教育学派对课程知识价值的理解,主要通过"文化财"和"陶冶财"来体现,它恢复了课程知识本身具有的文化内涵,启发了人们重新思

---

① 蒋经三. 文化教育学 [M]. 北京:商务印书馆,1938:122.
② 邹进. 陶冶即人性的形成——德国文化学家李特的陶冶观 [J]. 外国教育动态,1990 (04):39.
③ 邹进. 现代德国文化教育学 [M]. 太原:山西教育出版社,1992:187–188.

考课程知识与人的精神世界之间的内在联系。

(二) 文化教育学对课程知识内容的理解

文化教育学派主要的贡献是思想上的，而对课程知识的具体探讨并不多见。早期的代表人物狄尔泰、斯普朗格等人主要是从哲学上探讨文化的教育价值问题，到了李特、鲍勒诺夫那里，对具体课程知识内容的思考才开始零星的展开。就这些研究成果而言，文化教育学派对课程内容的理解主要体现在"文化课程"和节日课程上。

李特提出了"文化课程"概念，可以视为文化教育学在课程领域的直接贡献。"文化课程"包括"价值体验"、"价值结构"和"价值类型"三个层次。通过文化课程感受到人作为灵性生物所具有的意义。在李特看来，要想理解文化背后的"超个体存在"，必须通过语言来联系，进而拓展人的精神世界。李特认为，语言不仅仅是交流的工具，更是精神存在的基础。李特对语言的理解跟后来哲学家海德格尔提到的"语言是存在的家"是类似的，都看到了语言超越符号的存在价值。"所有教育经验，不管是正式的（在课堂中的各种关系、讲演、写作、阅读等等）还是非正式的（在游戏中）都是语言的。"[1] 正是通过确认语言的存在，课程知识跟一个民族的文化联系起来，体现了其民族性。在科学课程知识内容上，注重的是数理、逻辑的语言，尽管它们是规范的、标准的科学语言，但可能忽视了语言作为文化存在的基础性作用。

李特虽然在思想的创见上不及狄尔泰和斯普朗格，但在文化教育实践的思考方面却抓住了一些细小却重要的问题，这跟他自身的教师经历与体验是有联系的。直到今天，课程知识在内容维度上如何观照本土语言、民族语言仍然是关涉文化教育的核心问题，如我国民族地区所开展的双语教学实际上就注意到了这一点。在民族地区、乡村地区的课程知识建设中，语言作为乡村文化课程建设的重要一环，关系到文化是否深入到教学实践中。

除了李特提出的"文化课程"外，鲍勒诺夫提出了"节日课程"，他试图从人类学的视角建构课程具有的文化意义，进而获得时间感上的意

---

[1] 〔美〕肖恩·加拉格尔. 解释学与教育 [M]. 张光陆, 译. 上海：华东师范大学出版社, 2009：99.

义。事实上，现代课程知识在编制上注重的是效率取向，使得学生以任务完成尤其是知识点的掌握为目标，制造了紧张性的时间感①。为了改变这样的生活状态，鲍勒诺夫试图通过节日的方式获得一种对过去时间的尊重，进而以仪式的方式促发意义感的生成。"节日庆典活动，打破了人的日常生活惯性，使之脱离日常琐事，而进入一种自由的时间感受中。"② 节日时间作为具有文化意义的时间观念，使得个体与群体，当下、过去与未来之间形成了连续体，使个体从繁忙的工作时间中抽身出来，获得精神意义的提升。因此，"节日课程"不仅仅可以让个体获得闲暇的机会，更重要的是让人产生对先辈与群体的敬畏，进而让文化作为传统生活形态融入课程知识的构建中。

（三）文化教育学对课程知识实施的建构

文化教育学派认为课程知识的实施过程就是一个文化的过程。在斯普朗格看来，"教育是文化的别名"，"人只能在教育中才能使潜能实现，反过来说也一样，只有文化教育才是人进入生活体验、获得人的本质规定性的充分条件"。③ 在教育中，人通过"文化财"与"陶冶财"的学习，摆脱了自身欲望的束缚，让个体的精神格局获得普遍性的提升。这一精神提升的过程实际上就是一个教化的过程、获得自由的过程、展现自我的过程，因为"教化消除那些加之于个人的现实中阻碍自我的反理性、反德性的东西，让人充分地展现精神的可能性和丰富性"④。在文化教育学派的视野中，课程知识本身作为文化而存在，具体实施是通过体验、表达与理解三种方式来完成的。

1. 体验

体验是精神科学的一个重要概念，体现了人文科学对世界的一种理解方式。狄尔泰一生捍卫精神科学的独立性，试图确立人文科学认识视角的

---

① 这种紧张的状态可以看作是现代性的产物，一味地指向未来进而割裂了时间的连续性，破坏了生命的自然节奏。对此问题的思考，可以参见尤西林. 现代性与时间 [J]. 学术月刊，2003（08）；尤西林. 匆忙与耽溺——现代性阅读时间悖论 [J]. 文艺研究，2004（05）。
② 邹进. 现代德国文化教育学 [M]. 太原：山西教育出版社，1992：71.
③ 邹进. 现代德国文化教育学 [M]. 太原：山西教育出版社，1992：32.
④ 金生鈜. 规训与教化 [M]. 北京：教育科学出版社，2004：8.

独特价值。"狄尔泰认为体验是与生命范畴相通的,它是构成精神世界的基本细胞。"① 因为在科学认识过程中,课程知识是被证实了的客观存在,使得认识主体是将课程知识作为一个客观的"物"来对待的。课程知识的科学性强化使得教学认识的过程实际保持的是一种经验的关系。在经验过程中,教学目的就是对课程知识的"占有"。而与经验的认识方式不同,"体验乃是最基本的认知—被认知单元,在它背后无所谓其他实在。同时,我们也不能对其再做分割,并解析出认知主体与自我"②。体验是"为我之在",它通过消解主客体的对立,体现了人的内感,反映了我们在生活世界中所有的态度。因此,通过体验的方式理解课程知识,人的精神才可能摆脱被奴役的"物"的状态,进入一种精神自由的状态。

进而言之,通过体验,人的精神生命才得以存在,人才能够在教学中理解生命,如同伽达默尔所言:"生命就是在体验中所表现的东西,这就是说,生命就是我们要返归的本源。"③ 如果实施过程中只有知识进入,而无法让体验在场,人就不可能全身心地融入教学过程中,不但无法获得对自我的理解与认识,更不可能在内心中产生对知识的悦纳。这样,课程知识就可能丧失了整体性成为教学过程中不断分析、分解、记忆的对象。长此下去,在不断精细加工知识的教学过程中,人就可能丧失了生命的质感,进而丧失了自我。正是因为意识到体验的生命价值及其对学校课程的影响,我国学者张华在其《经验课程论》④ 中提出"体验课程"的构想。不同于经验课程着眼于对客观世界的认识,"体验"是植根于人的精神世界,着眼于自我、自然、社会之整体有机统一的人的"超越经验"。⑤

2. 表达

在狄尔泰看来,体验更多地停留在个人的精神世界中,而"表达"试图实现"生活的客观化"。狄氏借助"表达"使得人对世界的认识进入到

---

① 李红宇. 狄尔泰的体验概念[J]. 史学理论研究, 2001 (01): 90.
② 安延明. 狄尔泰的体验概念[J]. 复旦学报(社会科学版), 1990 (05).
③ [德] 汉斯-格奥尔格·伽达默尔. 真理与方法——哲学诠释学的基本特征(修订译版)[M]. 洪汉鼎, 译. 北京: 商务印书馆, 2010: 101.
④ 张华. 经验课程论[M]. 上海: 上海教育出版社, 2000.
⑤ 张华. 体验课程观——一种整体主义的课程观(下)[J]. 教育理论与实践, 1999 (12): 39.

更为宽广的领域中,"正是借助于'表达',人与人的交流维度大大拓展,不仅在空间之维平面展开,更在时间之维内互相关联"①。

狄尔泰区分了三类不同的表达②:语言的表达、生命的表达和行为的表达。语言的表达,通过复杂的规则与组合来表达不同的语言意义;生命的表达,是对精神细微之处的展现,进而拓展认识者的眼界;行为的表达,是对人的环境的适应。对于课程知识的实施而言,表达是对文本体验的拓展和生成,表达可以使个体从自我精神进入到历史的长河,获得了"历史性"的深度。正因为表达如此重要,才使得表达成为体验和理解的连接点。

3. 理解

作为施莱伊马赫的再传弟子,狄尔泰创造性地继承了解释学关于"理解"的基本含义,并将其作为构建精神科学的核心概念。在这里,理解不仅仅作为一种认知的方式,更是成为人获得意义的基础。"狄尔泰的'理解'的根本意义在于,任何一种作品'文本'一经理解,其文化产物就失去了它陌生与不可思议的特点,它开始有意,而我们则发展了同它的关系"③。到了伽达默尔那里,理解成为人自身的存在方式,在本体论上得到确认。在理解中,人的生活经验得到了激活,使得生活向人敞开,也使得人的心灵得以敞开。理解不仅仅是认识的,更是生活的方式,因为对于人生而言,"人的生活就是不停地理解和解释的过程,理解展开的是一个人的精神世界"④。

在文化教育学看来,课程知识是一种有待理解的"文本"。只有通过理解,课程知识才能进入意义世界。在科学主义认识论下,知识是一个个真"命题",是对客观世界的"表征"。这一表征过程,忽视了人的生存经验与历史,使得知识很难植根于人的精神世界。而只有理解课程知识,才

---

① 邹进. 现代德国文化教育学 [M]. 太原:山西教育出版社,1992:36.
② 谢地坤. 狄尔泰与现代解释学 [J]. 哲学动态,2006 (03):19.
③ 〔美〕D. C. 霍埃. 批评的循环,转引自邹进. 现代德国文化教育学 [M]. 太原:山西教育出版社,1992:44.
④ 金生鈜. 理解与教育——走向哲学解释学的教育哲学导论 [M]. 北京:教育科学出版社,1999:40.

能够理解人类的发展过程，才能够将知识背后的积极精神引导出来，这样教学过程才可能避免知识压迫，而走向一种引导。引导才是文化育人的积极力量，才使人与课程知识之间形成精神的相遇，进而让意义充盈于师生的交流之中。这样，课程知识被扩展为一种文化，教学的过程实际上是一个基于课程知识的理解过程。

在科学主义的时代中，文化教育学派给课程知识理解提供了另一种可能的视角。文化教育学派对课程知识的理解与建构，不仅仅在思想上激活了我们对文化的思考，更重要的是在实践中以积极的教化理想影响到未来教育的行动。狄尔泰、斯普朗格等人始终站在人类的立场切入课程知识的思考之中，其问题正是反映时代的症结。从客观效果而言，虽然文化教育学派并没有也无法改变日益功利化的教育处境，但作为一种思想的价值却无法磨灭，因为它积极筹划的是一种美好的教育生活。

二　作为权力博弈的课程知识：
　　批判教育学的课程理解

批判教育学对现代课程知识的批判，实则是一种文化批判。在这里，"文化批判是当代文化问题政治化的一个重要方式"[①]。批判教育学之所以选择批判这种方式，跟当时的社会矛盾密不可分。20世纪五六十年代，资本主义自身矛盾开始激化，人们对社会的批判以至教育的批判开始在西方主要资本主义国家兴起。受马克思主义、新马克思主义、法兰克福学派的影响，批判教育学首先在德国产生。日后，随着思想的发展，研究中心逐渐转移到北美。1970年著名教育家弗莱雷的《被压迫者教育学》一书的出版，标志着批判教育学的形成。在弗莱雷教育行动的感召下，阿普尔、吉鲁等人对课程知识背后的权力进行了批判，唤醒了人们对解放的追求，使人们认识到教育作为政治实践的一面，为教育解放提供了思想启蒙，尤其是政治意识的启蒙。这种启蒙不仅仅在资本主义国家内部产生，而且波及第三世界的国家的人民，成为其谋求自身解放的思想武器。

---

① 赵汀阳. 文化为什么成了问题 [J]. 世界哲学，2004（03）：42.

（一）批判教育学对课程知识价值的思考

"批判教育学是一种具有政治性的、站在弱势群体的立场用阶级分析的方法批判资本主义社会意识形态下教育现实问题的理论。"[①] 从政治的角度出发，以权力之眼去分析课程知识，是批判教育学的特色。在一定程度上，"知识准入课程与教育知识的选择是一致的，都是一个权力运作的过程"[②]。相对于文化教育学派偏重于理论的构建，批判教育学将视角聚焦于现实具体课程知识的反思上，直接切入教育的现实微观领域。在批判教育学看来，课程知识不再是一种中立性的文化传承，其本身受到意识形态、权力等政治因素的制约。

1. 批判意识形态对课程知识的控制

在教育过程中，意识形态通过课程知识的选择来实现。这种通过选择确定下来的课程知识需要通过政府教育部门以法定形式界定下来，即形成官方知识。官方知识的形成不仅仅受到学科发展等知识自身因素的影响，同时受到统治阶级的价值观影响。

不同于斯宾塞对课程知识外在价值（工具价值）的理解，批判教育学对课程知识价值的理解涉及教育权力对知识的选择。当阿普尔提出"谁的知识最有价值"这一问题时，实际是要回答"谁的知识"、"谁来选择知识"、"如何证明知识合理性"。在这里，知识的价值不再是客观性的评价，而是跟主体的身份、地位联系在一起。因此，人们对知识的认识从无主体的知识到有主体的知识转变，使得对知识价值的评判与权力等社会因素联系在一起。

阿普尔借助于意识形态分析课程知识的来源及其作用方式，进而阐明课程知识跟权力之间的复杂联系。这种分析的思路是对福柯思想的延续。在福柯看来，"权力—知识关系"贯穿于现代社会始终，是"现代性"最主要的标志和特征[③]。福柯通过对知识的考古学分析，剖析了不同的知识

---

① 张卓远，侯怀银. 论批判教育学的产生、形成和发展 [J]. 教育理论与实践，2015（31）：3.
② 蔡春. 在权力与权利之间——教育政治学导论 [M]. 北京：北京师范大学出版社，2010：26.
③ 罗岗. "主奴结构"与"底层"发声——从保罗·弗莱雷到鲁迅 [J]. 当代作家评传，2004（05）：120.

型。在福柯眼中,知识跟权力具有同样的词源,享有共同的词根(Vior)。"权力和知识是直接相互连带的;不相应地建构一种知识领域就不可能有权力关系,不同时预设和建构权力关系就不会有任何知识。"① 由于知识跟权力之间是无法分割的关系,教育过程不存在脱离权力的知识,这种权力知识观彻底打破了知识是纯粹真理的"幻想"②。在马克思看来,意识形态不仅仅是一般意义上的观念,更重要的是体现为一种权力的观念,因此分析意识形态在课程知识中的渗透实际上就是分析权力的产生。而阿普尔在《意识形态与课程》一书集中分析了三个领域:潜在课程如何传授意识形态、课程知识支持哪个社会群体、意识形态如何渗透在教育活动中。③ 意识形态通过对课程知识的控制,进而操纵和规定师生的生活。

就意识形态的功能而言,"它与哲学的思辨的分离或分析的反省是不同的,意识形态旨在行动。它经常是解释行动的基本原理"④。从词源学角度看,意识形态是由法国启蒙思想家特拉西提出的,指的是一种观念,一种中立性的认识。意识形态被用来指代统治阶级的"虚假意识"则是思想家马克思的创造性贡献。马克思在《德意志意识形态》中指出:"统治阶级的思想在每一时代都是占统治地位的思想。这就是说,一个阶级是社会上占统治地位的物质力量,同时也是社会上占统治地位的精神力量。"⑤ 马克思通过对资本主义社会的全面批判,具体分析了意识形态对人的奴役与控制。因此,在马克思那里,"意识形态"不断地发生质性裂变,它不再局限于对观念之真假的辨识与追寻,而更注重于观念所发挥的社会功能⑥。资本主义之所以出现异化现象跟意识形态的渗透不无关系。曼海姆在《意识形态与乌托邦》中分析了意识形态对人类认知过程的影响。从意识形态

---

① 〔法〕米歇尔·福柯. 规训与惩罚 [M]. 刘北成等,译. 北京:三联书店,2003:29.
② 参见李孔文,王嘉毅. 福柯知识权力理论及其教育学意蕴 [J]. 华东师范大学学报(教育科学版),2011 (03):1-9.
③ 参见〔美〕迈克尔·W. 阿普尔. 意识形态与课程 [M]. 黄忠敬,译. 上海:华东师范大学出版社. 2001:14.
④ 〔美〕杰拉德·古特克. 哲学与意识形态视域中的教育 [M]. 陈晓端,译. 北京:北京师范大学出版社,2008:173.
⑤ 马克思恩格斯全集(第3卷)[M]. 北京:人民出版社,1960:52.
⑥ 戈士国. 马克思意识形态概念的源初语境、建构方式与分析架构 [J]. 当代世界与社会主义,2012 (03):35.

自身的演变而言，"意识形态是行动的，而非仅仅是理论的，它常常用来指导政治、社会、竞技和教育政策的制定"①。至此，意识形态越来越体现出一种政治性的力量，这种力量的影响越来越大。意识形态不仅仅是作为认识论意义上的观念而存在，而且跟日常生活的各个方面都产生了广泛的联系，教育中的课程知识选择也成为统治阶级体现权力的重要方面。

在阿普尔看来，课程知识渗透了统治阶级的意识形态，是维持既有社会秩序的工具。"正规的与非正规的知识常常通过阶级被当作加工人的复杂的过滤器，将不同倾向和价值观教授给不同的学生，潜在地再造了文化与经济的不平等。"② 尽管这个加工过程并不是单向的，学生和家长也可能在教育过程中产生某种抵制，但是通过知识的分配与实施实际维系了社会的不平等，甚至将这种社会不平等当作一种正常现象在教育中进行传递。

为了改变人们的这种无意识的状态，阿普尔等批判教育学者通过对课程知识的透视，试图引起更多人反思教育实践中遮蔽与掩盖的社会不公平。尽管这些现象不易察觉，尤其是在发达资本主义国家通过入学券等方式促进教育的公平，但在课程知识的生产中所产生的壁垒可能对学生产生更持久的影响。实际上，教育公平如果仅停留在教育资源层面，则更多的仍然只是一种形式，因为课程知识更关系到学生的教学生活乃至未来的生活。只有通过批判课程知识而不是简单地接受它，才可能避免在教育中遭受奴役的宿命。虽然意识形态对课程知识的塑造作用极大，但是阿普尔反对意识形态的决定论，因为意识形态尽管可以影响课程内容，但并不能决定学校教育中的一切。

2. 追求解放理性的价值旨趣

批判教育学对课程知识的思考之所以能够唤起人们的共鸣，尤其得到弱势群体或者是底层民众的认同，这跟资本主义的内在矛盾激化不无关系。尽管资本主义的教育相对于以往的剥削社会的教育在普及性上已经取得了长足进步，但是其内含的阶级、阶层的矛盾并没有在教育过程中得到

---

① 〔美〕杰拉尔德·古特克. 哲学与意识形态视域中的教育 [M]. 陈晓端，译. 北京：北京师范大学出版社，2008：158.
② 〔美〕迈克尔·W. 阿普尔. 意识形态与课程 [M]. 黄忠敬，译. 上海：华东师范大学出版社.2001：36-37.

根本改变，只不过在一定形式上被精致地掩饰了。

资本主义阶级矛盾的不可调和性，必然引起人们的批判与反思。在马克思主义思想的影响下，批判教育学在旨趣上体现了对解放理性的追求。哈贝马斯在《知识与兴趣》一书中分析了三种不同的旨趣：工具理性、实践理性与解放理性。在解放理性的指引下，批判教育学成了唤醒民众的思想武器。无论是保罗·弗莱雷，还是阿普尔、吉鲁，批判教育学家所做的工作都是代表底层者发声，他们迫切地希望改变教育的旧秩序。同时，这些批判教育学家大多来自底层社会，他们的理论建构更多的是基于现实的关怀，甚至在一定程度上是一种"愤怒"心声的直接表达。这种批判是激进的，以现实的改革为直接指向，"它将超越单纯的批判，从而形成关于人类能力赋予的积极的语言"[1]。

批判教育学之所以进行批判，并不是简单的在观念层面的论争或者辩论，深层次的目的在于为了人类的解放这一神圣使命所进行的抗争。在批判教育学看来，教育无法离开权力的影响，这使得"教育永远不是中立的，因为它不是用来驯服百姓，就是用来解放人民"[2]。在马克思主义思想的影响下，课程知识不仅仅被视为一种符号，更重要的是形塑了不同阶层民众的生活状态。巴西教育家弗莱雷在长期的"扫盲"教育中意识到，造成功能性文盲的原因并不是学习知识的能力问题，根本在于学习者生存状况的恶化，它跟整个社会的结构有着紧密的关系。弗莱雷所追求的对话教育实践，实际上就是对灌输式教学的反抗，也是对现有社会体系的一种批判。这种批判一直延续到阿普尔、吉鲁那里，成了批判教育学为实现人类解放进行的一种努力。如果对课程知识的分析只是停留在认识论意义上的审视，我们就不可能理解劳工阶层子弟、底层民众频繁出现辍学、厌学的问题，也就无法理解教学与生活世界隔离的问题。试想一下，当这些劳工阶层的子弟尽管努力学习但也无法获得对知识理解的时候，我们是否只能归咎于其不够聪明还是对其宿命进行叹息。无论其个人是否成功，这样在

---

[1] 〔美〕亨利·A.吉罗克斯.跨越边界：文化工作者与教育政治学［M］.刘慧珍，译.上海：华东师范大学出版社，2002：11.

[2] Freire, Paulo. *The Politics of Education: Culture, Power and Liberation* South Hadley, MA: Bergin & Garvey, 1985. 23.

教育过程中所获得的知识只能是规训的知识。

批判教育学将课程知识的理解与人的解放事业联系在一起。在弗莱雷看来，扫盲过程必须进行识字与阅读教育都值得质疑，这些知识是他们生活所需要的吗？或者只是一种象征的符号资本？在这里，弗莱雷通过质疑储蓄式的教育过程进而反思社会的结构，从而建构了"受压迫者教育学"（pedagogy of the oppressed）。在这里，站在底层社会为底层发声，这是批判教育学代表的社会立场，使得其批判矛头直接指向了不合理的政治结构。对于一个社会而言，有受压迫者的存在同时就有压迫者的存在，压迫者通过将意识形态的观念渗透在课程中进而使受压迫者成为"沉默的多数"。要想获得解放只能是受压迫者自身意识与行动的改变，因为"压迫者凭借手中的权势压迫、盘剥、欺凌被压迫者，因此不可能再有力量去解放被压迫者或自身。只有发自软弱的被压迫者的力量才够强大，可以让双方都获得自由"[①]。因此，批判教育的过程也是一个政治实践的过程，是人为了摆脱操纵获得自觉的必要手段。

（二）批判教育学对课程知识内容的批判

批判教育学对课程知识内容的批判，借鉴了布迪厄的思想，同时对课程社会学的思想也有所观照与回应。具体而言，课程知识在批判教育学中体现为作为"文化资本"的课程知识、作为法定文化的课程知识。

1. 批判作为"文化资本"的课程知识

"文化资本"是由法国思想家布迪厄提出的一个社会学概念。这里的资本是一种非经济学的用法，它不同于一种生产要素（如土地等物），而指一个人在社会生活中所拥有的与文化相关的影响因素。文化资本包含有三种形式：身体形态、客观形态、制度形态。身体形态的文化资本主要指一个人在长期的教育过程中形成的举止、品位与教养。客观形态的文化资本主要是图书、古董、器具等物化形态的存在，是可以传递的。制度形态的文化资本则是指通过知识和技能获得的资格认证，如学历证书、文凭等，是处于身体形态与客观形态之间的一种中间状态。

[①] 〔巴西〕保罗·弗莱雷. 被压迫者教育学[M]. 顾建新等，译. 上海：华东师范大学出版社，2001：2.

与经济资本具有实体性的指向不同,"'文化资本'泛指任何与文化及文化活动有关的有形及无形资产"①。阿普尔对此无疑是认同的并加以借鉴,他在《意识形态与课程》一书中说,"如果你想弄懂文化形式与经济政治形式是如何前后运作的,那么就把它们当作资本"②。事实上,现代教育对经济作用的日渐强化,使得课程知识越来越表现出资本的特性。因为现代教育更多的是作为培养劳动力的工具,舒尔茨的人力资本理论无疑在理论上揭示了这一现实功能。正是资本观念的渗透,使得民众、国家越来越依靠经济投入与产出的思维去衡量教育的贡献。在布迪厄看来,尽管文化资本并不以直接创造价值为指向,但文化资本则以潜在、隐蔽的方式影响政治资本、经济资本的获得,进而影响一个人在社会中的生活。

阿普尔通过对高地位知识的分析,尤其是技术知识的分析,揭示了现代课程知识对文化资本的分配过程。"从长远的观念来看,高地位的知识在宏观经济上看来对社会中最有权力的那些阶级有利;同时,被社会接受的关于高地位知识的定义又排除了对非技术知识的重视。"③ 在这里,学校教育中高地位知识的决定权并不是由师生决定的,而是由占统治地位的意识形态来选择的。这种选择往往以未来生活准备的名义,选择那些所谓的"最有用的知识",实际上只是将特定阶层的文化资本通过课程知识的形式进行传递而已。

如果说马克思对资本主义社会的分析,还仅仅是从社会生产的角度出发分析资本对生产关系的影响及其社会矛盾的构成,布迪厄则是试图借助文化资本来解释人的社会生活甚至是精神生活中的文化现象。受布迪厄的启发,阿普尔用文化资本来反思与批判课程知识的种种假象,揭示课程知识代表的文化类型。这样,"什么知识最有价值"的问题必然让渡于"谁的知识最有价值",这里虽都是价值判定,但是价值指向却有很大不同,

---

① 朱炜钰. "资本"的一种非经济学解读——布迪厄的"文化资本"概念 [J]. 社会科学,2015 (06): 118.
② 〔美〕迈克尔·W. 阿普尔. 意识形态与课程 [M]. 黄忠敬,译. 上海: 华东师范大学出版社,2001: 36.
③ 〔美〕迈克尔·W. 阿普尔. 意识形态与课程 [M]. 黄忠敬,译. 上海: 华东师范大学出版社,2001: 38-39.

后者直接指向一种权力的批判。至此,在现代社会,课程知识被当成一种文化资本来积累,教学的过程直接指向了人们当下的、现实的"物"的生活,人的心灵秩序变得日趋狭隘与功利。当资本成为教育的过程与目的时,资本主义教育精神便完成了其全面的渗透。在这里,"资本不仅是撬动经济的力量,也成为转变社会的力量,也是改变人性的力量"①。作为文化资本的课程知识,看重的是课程知识的外在价值,忽视了人的内在价值,即如何唤醒人性的教育价值。当资本的逻辑日渐成为课程知识选择的逻辑时,课程知识即成了一种束缚的力量而非解放的力量。课程知识作为一种文化资本而存在,是资本的一种形式,但资本作为权力的实质是不变的,它只是借助于文化的载体实现权力的再生产。总之,阿普尔等人对课程知识作为文化资本的批判,目的在于对社会权力秩序的批判。

2. 批判作为法定文化的课程知识

在阿普尔看来,课程知识是一种官方知识,代表的是一种法定文化。法定文化是国家权力对文化进行选择并加以固定化的结果。从文化的源头来看,文化是一种生活方式,不同的生活方式就意味着不同的文化类型。但是课程知识选择的文化不是所有的文化,而是少部分人的文化,是代表统治阶级的文化类型或者是其认同的文化类型加以赋权的结果。美国尽管倡导多元文化教育,但是长期以来进入课程知识的却主要是代表中上阶层的白人文化,尽管在不断改革之后有所改变,但只是形式上的局部调整。在一定意义上,白人文化作为权力文化跟美国社会价值的各方面包裹在一起。作为一种价值取向,它不是中立的,而是更多地体现了占有权力的阶层的文化。课程知识对文化的选择过程,不是完全按照理性的方式来展开,而是按照雷蒙德·威廉姆斯所说的"选择性传统"(selective tradition)来进行。这一选择性传统使得特定统治阶层的文化进入课程知识,甚至成为美国学校教育主要的文化来源。

威廉姆斯对工人阶级文化的研究,丰富了文化的内涵与指向。作为伯明翰学派的开创者,其对文化的理解也深刻影响到阿普尔的文化观。作为法定文化的课程知识,在形式上是为了实现文化的一致性,防止异质文化

---

① 金生鈜. 资本主义教育精神:教育的现代性困境 [J]. 教育研究与实验,2014 (06):02.

对统治的影响。通过赋予一部分阶层的文化进入课程知识，而对其他阶层的文化甚至是移民的文化加以排斥甚至是遮蔽。比如科学化课程理论的奠基人博比特通过活动分析的方式来编制课程，其文化指向是"大群体意识"。这种大群体意识使移民进入美国必须通过学校课程达成文化的一致性，"从本质上说，他们认为强迫接受价值可以成为社会控制的一个工具，移民能够不断地适应文化，以便拥有中产阶级的价值观、信念和行为标准"①。这样课程知识潜在的实现教育政治功能，使得意识形态在微观的教育领域得到了体现。

学校课程知识作为法定文化的重要体现，在形式上成为一个国家官方认同的共同文化，它一方面使得统治阶层的子弟能够更好地适应学校教育系统，获得先天的教育优势甚至是教育特权，另一方面也改造了底层子弟的价值观念与人生理想，让其自身的文化保持沉默，进而忘掉其长期以来所认同的文化类型。这种对底层文化或者边缘文化的剥夺，很大程度上制造了符号的暴力，使得课程知识所构建的文化脱离学生生存的土壤，遮蔽了学生的文化身份。

批判教育学通过对课程知识作为法定文化的分析，坚持认为学校所进行的传递文化的实践是一种选择性政治行为。当课程研究将工具理性即如何有效传递课程知识当作重要问题或者唯一的问题时，实际上已将文化背后的价值问题遮蔽起来。一旦把课程知识问题只看作是技术问题或者心理问题的时候，教育中的霸权与异化问题就会被掩盖起来，进而消解其作为政治问题的根源。作为马克思主义思想的继承者，批判教育学的学者们洞察到了资本主义教育在课程知识上的政治属性，对于正视教育自身的异化现象提供了一面很好的镜子。

(三) 批判教育学对课程知识实施的建构

批判教育学通过对课程知识的文化批判，试图摆脱单一的文化类型对师生教学生活的控制与固化。如果课程知识仅仅满足于传递统治阶级选择的某种单一文化，就可能导致文化化约成某种固定的符号，使得文化的精

---

① 〔美〕迈克尔·W. 阿普尔. 意识形态与课程 [M]. 黄忠敬，译. 上海：华东师范大学出版社，2001：82.

神无法在人与人之间进行流动，进而脱离文化存在的生活世界，甚至走向反文化的局面。事实上，当课程知识作为法定文化出现时，其本身就是某种文化进行意识形态的选择与加工的产物。这一过程实际上就是一个符码化的过程。"文化符码化从本质上讲就是使某种文化形态物化、神秘化、绝对化、霸权化，即文化走向腐朽、没落的过程。"[①] 长此下去，课程知识就可能塑造出单向度，甚至"空心化"的人。

批判教育学不满足于教育被动适应的现状，试图通过积极的行动来和可能性的语言进行有效的改变。

1. 作为知识分子的教师

从源头而言，"知识分子"最初指 19 世纪俄国的一批具有批判精神的文化人士。教师作为知识分子，意味着教师不仅仅在知识上具有先在性，最重要的是他们在精神上是独立的、批判的。这种角色使得教师能够理解各种文化的产生历史，但不是完全依附于某个特定的阶层文化，这使得他能够对不同文化保持反思性批判的能力。在吉鲁眼中，"知识分子不只是思想的创造者与传播者，也是思想和社会实践的仲裁者、授权者和创造者，发挥着一种在本质上具有显著政治性的功能"[②]。因为对于教育而言，它始终无法在权力真空中进行，意识形态等权力因素始终影响着课程知识的建构。正视课程知识的政治属性，教学才可能融入现实、改变现实进而作为一种行动而出现。

教师作为知识分子，在文化的建设中有着很大的能动作用。在批判教育学看来，文化具有相对的独立性，不能简单地将文化看作是经济或政治的"映像"（epiphenomenal reflection）。无论是阿普尔的"有机知识分子"，还是吉鲁的"转化知识分子"，教师在作为文化实践的教育中扮演着举足轻重的角色。这一角色是对文化传递者的超越，是在与经济和政治保持一定张力的过程中对既有文化进行反思之后的创造。事实上，对于阿普尔、吉鲁等人而言，他们自身从来不是关在书房内进行思考的理论家，而是作

[①] 郝德永. 茧式文化与单向度的课程 [J]. 全球教育展望, 2003（03）: 43.
[②] 〔美〕亨利·A. 吉鲁. 教师作为知识分子——迈向批判教育学 [M]. 朱红文, 译. 北京: 教育科学出版社, 2008, 180.

为社会活动家参与到政治实践中。同时，他们在日常变革实践中，看到一线教师们在政治实践中的积极作用。在批判教育学看来，教育是作为社会中的教育，教师在场才可能让民主生活成为一种现实的可能，才不至于割断现实与未来之间的联系。

因此，对于知识分子的教师而言，他们不仅仅要反思意识形态在课程知识中的作用，同时也要思考大众文化（mass culture）的作用。"在官方知识确立的过程中，国家无疑起着主导的作用，但也不能忽视大众的作用。"① 实际上，通俗文化与课程知识之间并没有必然的边界，需要通过教师进行理解与转化。事实上，对通俗文化予以蔑视或者将其贬斥于课程知识之外，尽管在客观上加强了法定文化的价值，将其塑造成为一种权威，但可能造成文化的抵制与冲突，在社会生活中可能制造文化的霸权。试图"将通俗文化包含进来，对于发展批判教育学的价值在于，它为我们提供了机会，使我们加深对学生怎样在特定社会形式中实践投入的理解"②。教师尽管有自己的学科文化背景，但同时需要注意对社会中的通俗文化进行理解，因为通俗文化已经渗透在教育环境中成为学生生活经验的一部分。

2. 作为文化实践的边界教育

边界教育是由批判教育家吉鲁提出的，并将其视为实现民主社会的一项教育举措。边界教育通过为学生生活提供多种的文化经验，进而将差异的理解引入到实践中。在批判教育学学者的眼中，文化从来不是单一的或者固定不变的，"在那里，不同的历史、语言、经验和声音混合在各种权力和特权的关系中"③。边界教育试图通过理解多种文化经验，进而获得自己身份的认识。这样课程知识中的文化不是高高在上的少数精英的文化，而是需要多种文化的在场。通过对文化加以反思，进行"解蔽"，使得文化从单一的形式变成一种复数形式。

---

① 徐冰鸥. 意识形态解蔽与教育批判——阿普尔教育哲学思想研究［M］. 北京：高等教育出版社，2014：35.
② ［美］亨利·A. 吉罗克斯. 跨越边界：文化工作者与教育政治学［M］. 刘慧珍，译. 上海：华东师范大学出版社，2002：224.
③ ［美］亨利·A. 吉罗克斯. 跨越边界：文化工作者与教育政治学［M］. 刘慧珍，译. 上海：华东师范大学出版社，2002.

边界教育学承认社会各种边界的存在，但教育不是在现有的边界下无所作为，而是对制造边界的方式进行反思后跨越边界。"边界教育学必须为学生提供条件，使他们参与到作为反抗形式的文化重构。"① 这种文化重构的过程，使得多种文化的声音在场，并给不同文化提供了反思的机会，这种跨界使得创造新的文化成为一种可能。

批判教育学对课程知识的文化批判，使得人们洞察到权力因素对课程知识的影响。这种批判既是对马克思主义思想的继承，也是对当今资本主义教育现象的一种揭示，使得人们认识到课程知识营造的种种"幻象"的虚假，让人们获得对教育的某种"真实"。批判教育学以激进的方式唤醒了人们对课程知识的重新理解，这正体现了批判对于生活的价值，恰如卡西尔曾言："人类生活的真正价值，恰恰就在这种审视中，存在于这种对社会生活的批判态度中。"②

三 作为生活体验的课程知识：现象学教育学的课程理解

现象学教育学③是在现象学精神的指引下对教育的追问和思考。20世纪初，德国哲学家胡塞尔开创了现象学，在哲学界掀起了一场影响深远的"现象学运动"。至此，现象学成为现代哲学的重要思潮，海德格尔、舍勒、梅洛·庞蒂等哲学家也先后参与其中。尽管，在现象学自身认识上，哲学家的视角是不同的，具体的研究方法也差异很大，但不妨碍其作为一个重要哲学思潮在现代思想中享有极高的地位。现象学对社会思想的影响不仅仅在哲学内部，同时影响到美学、医学、病理学、心理学、技术学等很多学科的建构。20世纪40年代，以朗格威尔德为代表的"乌德勒支学

---

① 〔美〕亨利·A.吉罗克斯.跨越边界：文化工作者与教育政治学[M].刘慧珍，译.上海：华东师范大学出版社，2002：39.
② 〔德〕恩斯特·卡西尔.人论[M].甘阳，译.上海：上海译文出版社，2004：11.
③ 现象学教育学又称教育现象学。在我国，现象学教育学受到教育学者的广泛关注，代表人物有首都师范大学宁虹教授领导的团队，刘良华、高伟、李政涛等学者。为了表述一致，本研究把采用现象学的视域进行教育研究的范式统称为现象学教育学。

派"开始重视现象学精神在教育研究中的运用。到了20世纪70年代,范梅南、史密斯等人在加拿大阿尔伯塔大学发展了现象学教育学的研究,创办了学术期刊《现象学+教育学》(Phenomenogy + Pedagogy),进一步扩大了现象学教育学的学术影响力。而课程学者青木(Ted Aoki)、派纳(Pinar)等人在"课程理解范式"中运用了现象学的理论,为课程范式的重建提供了理论铺垫。

"现象学教育学,既以现象学名之,意在以现象学作为教育学的哲学基础,把现象学方法引入教育研究。"[1] 现象学固然有方法,但没有固定的方法,现象学更重要的是方法论,即体现为一种现象学精神。现象学精神反对一切中介,通过悬置偏见、去掉假设进而回到现象本身进行回答,即海德格尔所言的"回到事实本身"。现象学教育学反对从抽象的理论文献中获得对教育的理解,试图通过回到教育现象本身来显示教育在人成长过程中的意义。恰如范梅南在《生活体验研究》的副标题"人文科学视野中的教育学"中所表明的那样,现象学关注的不仅是自然科学研究中的教育事实,更重要的是显示教育作为人类生活的意义结构,"现象学人文科学的最终目的是重新获得与世界直接而最初的联系"[2]。通过回到生活世界理解教育教学中的课程知识,重视对儿童经验的理解,关注课程知识的教育意向性,强调精神与生命的融合是现象学教育学的具体主张。

(一)现象学教育学对课程知识价值的思考

不同于科学认识论的理解知识方式,现象学教育学对课程知识的理解试图回到人的成长尤其是儿童成长的议题上进行思考。现象学教育学反对符合论的知识观,而主张回到生活世界中通过个体的生活经验显现个体存在的意义。这样的教育才可能向个体敞开,个体的体验(lived experience)重新获得了教育的意义。具体而言,现象学教育学关注儿童生活中的直接经验与教育体验,洞察儿童成长的秘密,反对将知识作为客体进行灌输的教学方式,注重课程知识中教育意向性的形成。

---

[1] 宁虹,钟亚妮. 现象学教育学探析[J]. 教育研究,2002(08):33.
[2] 高伟. 教育现象学:理解与反思[J]. 教育研究,2011(05):13.

1. 在"生活世界"中理解课程知识

"回归生活世界"这一概念是胡塞尔在《欧洲科学危机和超验现象学》中提出的，是对科学世界遗忘了意义之后的一种理论尝试。通过考察西方科学的历史后，胡塞尔认为，自伽利略以来，数学化成为科学研究的终极追求，它排斥了前科学采用的其他视角，这种单一、偏执的发展思路抽空了科学赖以发展的基础。现代社会中，科学发展得越来越迅速，在人们生活中的作用也越来越大，但这种数学化的方式排斥了人的意识，成了只是关注事实的科学。科学追求客观化的同时忘记了人类认识的起点，"以冷漠的态度避开了对真正的人性具有决定意义的问题"[①]。

科学的发展受到了人们的推崇，使得科学在人们的认识中获得了独断论的地位。这种独断，否认了人类认识的其他向度，造成了认识论对哲学的僭越，使得科学成为衡量价值的标准。科学日渐成为一种得不到反思的"真理"。边界的消失引起科学危机的出现，使得重新发现生活世界对于人的意义显得非常必要，因为"生活世界"指的是"作为唯一实在的，通过知觉实际地被给予的、被经验到并能被经验到的世界，即我们日常的生活世界"[②]。生活世界虽然与科学世界不同，但并非对立的，生活世界这种非课题化、非客观化的直观世界恰恰为科学世界提供了意义的源头和基础。承认生活世界的存在，实际上是承认前理论世界（pre-theoretical world）的存在意义，至此才可能把人的认识看作是融身于存在的理解过程。至此，现象学通过生活世界的回归超越改变主体—客体认识论的局限，在本体论上确立了人与世界的关系（man/world relationships）。

"回归生活世界"的理念拓展了课程知识的理解空间，使得儿童经验进入了课程知识的范畴。哲学家舍勒从伦理现象学的视角揭示出知识的三种类型：教养知识、拯救知识、统治知识。现象学教育家范梅南十分重视对生活经验的研究，因为生活经验才是儿童成长的根本，是认识得以发展的基点，这是现象学基本精神的体现。范梅南认为："教育学要求我们具

---

① 〔德〕胡塞尔. 欧洲科学危机和超验现象学 [M]. 张庆熊, 译. 上海：上海译文出版社, 1988：15 - 16.
② 〔德〕胡塞尔. 欧洲科学危机和超验现象学 [M]. 张庆熊, 译. 上海：上海译文出版社, 1988：58.

备一种解释能力，以对生活世界的现象做出解释性理解，其最终目的是理解与孩子共处情境中的教育意义。"[1] 试图通过对生活中的现象进行解释，才可能走近生活、走近儿童。而以派纳为首的现象学课程理论（phenomenological curriculum theory）提出了把课程作为"现象学文本"，力图以意义的视角展现课程知识的精神实质。这里的现象学文本不是一种简单的认识对象，而是供师生理解的文本。

2. 注重课程知识中教育意向性的建立

意向性是现象学的一个重要概念，贯穿于胡塞尔现象学体系之中，它指的是意识具有的"指向性"。"胡塞尔不用意向活动和两个概念来说明意向性，而引进第三个概念：意义。"[2] 意向性不仅仅指代行为，到了舍勒也指情感。"所谓教育意向性，即个体置身于教育情境之时的潜在性的接受结构，也就是求知过程中的内在意向。"[3] 在教学过程中，课程知识要想进入学生的世界，不能把课程知识看作学生要认识的客观之物，更重要的是要唤起学生进入的精神意向，才可能使学生的学习从被动的学习转变为主动的学习，才可能从理解知识的含义走向对知识意义的理解。

现象学教育学通过对课程知识进行还原，把那些可能遮蔽人成长的东西加上括号，进而将课程知识拉回到儿童的经验中来。长期以来，课程知识走上了科学化之路，科学知识等同于课程知识，这不是本来如此的，而是科学价值不断被选择的结果。科学化的课程知识以阻断教育意向性的方式进入学生，知识就可能成为学生成长体验的痛苦之源。今天的部分学生在高考结束之后，将课本毁掉的行为可以看作是一种发泄与不满，也可以看作是教育意向性建立失败的表现。教育意向性更多的是一种精神与情感的意向性，它实际上是指学生对教育活动整体的内在情感的表达。课程知识建立教育意向性既是一种对世界探究的惊奇，更是一种对世界的爱。如果不能立足于教育意向性，课程知识只可能具有工

---

[1] 〔加〕马克斯·范梅南. 生活体验研究——人文学科视野中的教育学［M］. 宋广文，译. 北京：教育科学出版社，2003：10.
[2] 尚杰. 胡塞尔的意向性概念［J］. 云南大学学报（社会科学版），2006（05）：22.
[3] 刘铁芳. 教育意向性的唤起与"兴"作为教育的技艺——一种教育现象学的探究［J］. 高等教育研究. 2011（10）：28.

具价值的力量（power），只是具有社会分层的区隔价值，而无法让学生真正地感受课程知识中人性的美好，更不可能产生对教育的悦纳和对生命的热爱。

课程知识之所以强调教育意向性，在于它是将儿童成长与社会的期许联系在一起的中介。不同于认识论意义上的知识，课程知识是具有教育功能的知识形态，这一点在基础教育[①]中体现得最为充分。这一功能的界定使得课程知识的编制中都需要考虑教育意向性，否则就会以简单、粗暴的方式进入到课堂教学之中。课程知识如果局限于科学世界，局限于对人类认识成果的占有，就可能只是培养了少数人的科学家思维，而无法形成普通人生活所需要的素养。在教育实践中，诺丁斯提出的关怀教育理论，已经开始将"关心"置于教育的中心，实际上就是唤起人对世界的爱。范梅南重视儿童成长过程中教育的意向性，认为"父母和孩子之间的恰当关系对教师与学生之间的教育关系提供了丰富的信息"[②]。在这里，父母之间的关系正是教育意向性的具体表达，它不同于专业立场上的知识传授，使得教育成为一种在责任伦理下的自觉行动。

现象学教育学并没有对课程知识进行明确的定义，也没有在理论上提出明确的课程知识观，但通过教育的理解和课程观的建构可以窥探到其对课程知识的认识。现象学教育学通过回到生活世界的具体教育情境中思考课程知识，正体现了生活世界作为课程知识建构的基础性作用，使得它不再将科学知识看作课程知识的唯一来源。在现象学看来，科学世界不能代替生活世界对于人成长的价值，生活世界蕴含的课程知识更贴近人的成长，也更能够唤醒人成长的意向，范梅南认为"教育学不是在可观察得到的那类事物中找到的，而是像爱和友谊一样，存在于这种情感的亲身体验中——也就是说，在极其具体的真实的生活情境中。就是在这儿！就在这

[①] 基础教育阶段是形成一个人文化素养的基础阶段，这里课程知识不仅仅是对知识的精选，更多的是培养其对这个世界最基本的素养。而高等教育中知识创新的使命更大，因此选用的大学课程知识可能就是最新知识的反映，直接体现就是将一本学术专著作为一门课程教材，但即便大学的课程知识除了考虑学术的创新性外，也需要考虑其对公民培养的文化性。

[②] 〔加〕马克斯·范梅南. 教学机智——教育智慧的意蕴[M]. 李树英，译. 北京：教育科学出版社，2001：08.

儿！一个成人做了对孩子个人发展正确的事情"[1]。课程知识的建构正需要植根于这种积极情感的体验中，才可能让学生在知识学习中走出知识压迫，获得精神的自由。作为人文学科的现象学教育学，其思考的切入点正是每个具体、活生生的教育情境，而不是抽象化的教育理论，这使得课程知识的建构不再是一个对科学知识的选择过程，而是对个体经验的反思过程。

（二）现象学教育学对课程知识内涵的理解

现象学教育学对课程理论的影响，在威廉·派纳的"理解课程论"中得到了体现。从 20 世纪 70 年代开始，派纳在考察课程开发范式之后，看到了以"泰勒原理"为主的课程开发理论主要关注的是理性控制的过程，将课程知识主要等同于学科知识，使得课程知识远离人们的日常生活。由于课程开发范式中出现"无人"的状况，派纳等人对课程理论进行了概念重建，试图将课程理解为一个生命动态的"奔跑"过程，一个对话的过程。为了展现个体生命的独特性，派纳将课程理解为现象学文本，在具体的课程建构上提出了自传性课程，将个体的生命经验也纳入课程知识的建构中。

1. 作为现象学文本的课程

文本这一概念来源于解释学，最开始指的是经典的作品，后来文本的概念得以扩展，不再局限于书面文本，也用来指代供人们解释的世界。在派纳看来，课程就是一种现象学文本（phenomenological text）。作为现象学文本，并不是人们直接认识进而掌握的对象，而是需要进行还原、批判和反思，才能够摆脱"文本中心"对人的束缚。通过还原，课程文本的类型是多样的，有政治学的文本、神学的文本、美学的文本、科学文本等。这些文本需要采取不同方式的解释。解释的过程，是一个主体间理解的过程，不仅仅意味着简单地还原文本原来的含义，更重要的是师生调动自身的经验创造性地解释文本，进而获得意义的提升。

2. 作为个人知识的课程知识

现象学教育学强调回到个人成长经验中来建构课程，使得个人知识成

---

[1] 〔加〕马克斯·范梅南. 教学机智——教育智慧的意蕴 [M]. 李树英, 译. 北京：教育科学出版社, 2001：43.

为一种课程知识。20世纪70年代,派纳、鲁梅格特在其自传课程论中,用自传的方法来研究和反思个体的教育经验,进而促进个人生命意识的唤醒与解放。自传最开始作为一种文体而存在,从词源而言,autobiography 由"自我"(auto)、"生命"(bios)和"书写"(graphy)构成,自传实际上就是对个人生命的书写。自传课程是对"关于我们曾经是谁、我们现在是谁和我们将来是谁的知识"建构和重建。[①] 长期以来,课程知识的建构更多地注重的是客观性的公共知识,忽视了主观性个人知识,甚至压抑了个人在课程中的存在。派纳看到了传统课程研究更多地是立足于将课程看作预设的轨道,而忽视了课程具有的动态的一面。

自传课程确认了个人知识的课程价值,这是现象学精神在课程领域中的一种具体体现。个人知识是由英国哲学家波兰尼提出的,他认为认知都包含有个人的参与,即便是科学知识的产生过程也包含有个人的创造。而课程知识的科学化危机正是因为科学知识的独断割断了个人知识的存在空间,要想让课程知识重新具有意义,必须回到儿童的生活世界中来,自传无疑提供了一种很好的文本形式。自传上记录的个人知识通过连续的经验使得成长具有了连续性,使得自我的意义在生命的过程中得到了孕育。事实上,课程知识重视客观的公共知识注重的是对一致性的认识,而个人知识指向的是差异性、独特性的理解。公共知识往往以专门化的学科形式出现,而"个体知识的精神实质在于它是消解了知识客体性的知识,是个体体验到的真、善、美方面的知识,是与个体的认识、情感、意志相融合的知识"[②]。因此,个人知识作为一个整合的知识,具有丰富的课程价值,它回到人的成长立场上,使得人从一个片面的人成长为一个立体的丰富的人。通过自传课程,个人知识才可能摆脱"物"的认识束缚,走向具体人的日常生活的观照。这样基于个人知识的课程知识不再是冷酷无情的标志,而具有了温暖的生命印迹,成为师生"寓居"的存在,如同波兰尼所言的"通过寓居而认知"(knowing by indwelling)。自传课程回到人的起

---

① 〔美〕威廉·派纳. 自传、政治和性别 [M]. 陈雨亭,译. 北京:教育科学出版社,2007:200.
② 余文森. 论个体知识的课程论意义 [J]. 教育研究. 2008(12):47.

点，这样的课程知识理解逐渐走出认识论这一单一的维度，具有了存在论的意味。

（三）现象学教育学对课程知识生成的建构

为了回到个人的生活经验中，唤起人对过往的审视，派纳等人在自传课程理论中总结了"回溯—前瞻—分析—综合"四个阶段的步骤。这个阶段不是线性的过程，而是一个循环的过程，目的在于通过调动对过往的人生记忆，统整人生经验，实现个体反思水平的提升。这一提升的过程不是知识数量上的增加，而是在觉悟水平上的提升，有效地改变了长期的教学过程造成的个体的迷失。承认个体知识在课程中的合理性，事实上是对人作为主体的一种尊重，就某种意义上而言，只有个体知识的激活，教学才可能不被湮没于知识的爆炸之中，才有可能实现"转识成智"的目的。

1. 回溯

回溯（regressive）是建构个体课程知识的第一步，意味着你回到过去，在意识中重现成长的经历。在人的成长中，个体的教育经验是非常丰富的，有些记忆随着时间的流逝已经不再清晰，这时需要通过回溯的方式才能唤起过去的存在，才可能让过去的事件中蕴含的意义得以产生。回溯的过程，同时也是一个重新认识自我与重建自我的过程。"因此，对过去的回忆可以获得有意义的体验，借着对体验的探察和理解，个体就能明晰自我的生命历程。"[①] 这样通过回溯，个体就激活了存在的经验，让当下的我与过去的我之间建立了教育的意向性。这种意向性才可能让教育从外在的教育转变为自我的教育。这种自我教育才可能使个体获得一致性的认同，进而使个体意义系统得以确立。

2. 前瞻

前瞻（progressive）是个体对未来的筹划，是通过自由的想象获得对可能性实现的积极体验。在个体知识的生成过程中，回溯不是沉溺于过去的场景中，更不是通过回忆获得他人的赞许与褒扬，而是通过回溯后更好地投身于未来的真实的生活之中。前瞻是在对过去与现实的"我"获得体

---

① 冯加渔. 自传课程理论 [D]. 华东师范大学，2015：137.

认的基础之上，对"理想自我"的设计，体现了自身的理想对现实的超越。前瞻需要在一个放松、安全的心理氛围中进行，个体才能放飞想象，让意识从现实时间之流中穿越到未来，对意识中浮现的事物加以记录。这一前瞻的过程，主要是一个人对未来的直觉，应该尽量排除理性思维限制，让意识之流朝不同方向发散、流淌，以获得一种感性直观的丰富资料。

3. 分析

分析（analytical）主要是考察过去、未来与现在之间的联系，并对自我的经验进行时间性的考察。在分析过程中，首先要做的是对现在进行描述，刻画当下的反应以及存在的状态，回答现在的我是怎样的。其次，对回溯、前瞻过程所记录的意识内容进行考察，并进行批判性的反思。最后，对过去、现在与未来的主题内容进行整合性的思考，厘清自我经验在过去、现在和未来之中的不同变化及其内在联系。分析的过程不同于回溯和前瞻，更重要的是以一种现实的态度对不同的经验进行一种理性批判，进而获得对成长经验的一种洞察。

4. 综合

综合（synthetic）是在回溯、前瞻、分析的基础之上进行的整合，以实现对自我认识的"概念完形"（conceptual gestalt）。通过对过去、现在与未来的自我经验进行整体性思考，获得自我在认识、情感、意志和行为方面的一致性的理解。综合的过程，是对部分片段认识的一个统整。这一统整的过程就是对自我进行反思性理解的过程，不仅仅获得对生活史的整体性认识，更重要的是使个体知识成为意义世界建构的基础。

现象学教育学对课程知识的理解是以儿童生活世界为基础的，通过确认个体知识的课程价值，唤起了教育意向性的存在。这种意向性的确认使得教学生活成为一种文化精神生活的前提，它使得儿童在面向课程知识的时候不仅仅需要认识与掌握，更需要回到个体的生活史中去理解，进而为恢复课程知识与精神生命之间的融合提供了前提。现象学教育学尽管没有统一的学说和固定的方法，但其对现代课程知识的反思基础进行的概念重建，无疑是一种有意义的尝试。尽管我国处于现代性的未完成阶段，但现象学教育学作为一种精神让我们回到教育本源的基础上去探寻课程知识的本来面目。这种努力虽然无法改变世界现代性的整体格局，但至少可以提醒我们注意课程知识作为教育过程中的知识所具有的文化性。

四　作为存在意义的课程知识："文化存在论教育学"的课程理解

从文化教育学的建立开始，人们意识到课程知识的精神唤醒作用，进而将课程知识与人的精神存在之间建立了联系。从此，文化存在论开始作为一种观点不断发展，经过现象学运动，尤其是海德格尔、伽达默尔等人的创造性思考与阐发，文化存在论得以形成。从思想渊源而言，存在论的哲学思想，不仅仅是现象学发展到一定阶段的产物，同时跟中国传统哲学的"天人合一"思想是相契合的。这一视角可以概括为"人—世界"，它不同于科学实证主义的观点，不是将课程知识看作是文化无涉、价值中立的客观存在，而是将课程知识放在文化世界中进行审视，进而通过文化存在将个体的存在与人类的存在紧密联系在一起。

（一）存在论、文化存在论、"文化存在论教育学"

1. 存在论

存在论是对现象学的延续，更是对现象学的新发展。海德格尔在《存在与时间》中明确说道："哲学是普遍的现象学存在论。"[①] 与现象学的开创者胡塞尔强调意向活动不同的是，海德格尔对现象学理解深入到人的存在思考之中，"在他看来，现象学的中心问题不是认识论，而是存在论"[②]。在他的影响下，其弟子伽达默尔将理解作为一种存在加以确认，以此形成了哲学解释学（诠释学）。事实上，存在论的产生主要针对 20 世纪的精神困境，是对人的问题进行的一种根本性的思考，正如成中英对《真理与方法》的评价："我们可以把此书看成是本世纪上半叶泛科学主义的逻辑实证主义的总批判，更可以看成对哲学与人文真理的价值的现代性的深度肯

---

① 〔德〕海德格尔. 存在与时间 [M]. 陈嘉映、王庆节，译. 北京：三联书店，1999：45.
② 赵敦华. 现代西方哲学新编（第二版）[M]. 北京：北京大学出版社，2001：162.

定与认同。"①

就一定意义而言，是海德格尔将西方哲学长期以来遗忘的存在问题进行了澄明。存在成为海德格尔哲学最重要的主题，也是其建构哲学的核心概念。海氏区分"存在"与"存在者（存在物）"，认为"'存在'的意义是过程，是动词（sein/to be）的含义，'存在物'的意义是实体，是事物的名称"②。而为了探寻存在的意义，需要从此在开始，是从人的生存方式进行的思考。而此在，不是在生存的世界之外，而是"在世之在"（being-in-the-world）。

对这种"在世之在"的理解，我国哲学家张世英将其概括为"人—世界"结构。它不同于传统西方哲学的"主体—客体"结构，存在论将人看作是"融身"在世界之中的存在，"在之中"才能实现认识的澄明。"按照海德格尔的这种解释，人认识万物之所以可能，是因为人一向就已经融合于世界万物之中，亦即一向生活于、实践于万物之中。"③ 因此，在海德格尔看来，本体论和认识论是统一的，人的存在的意义只有在世界之中得到回答，而不是世界之外。真理的获得不是通过知觉来完成对属性的抽象，而是需要人在世界之中进行整体的把握。因此，"真理的处所不在认识上的判断，而是人（'此在'）对存在者以如其所是的样子的揭示、去蔽"④。

在海德格尔看来，此在是以"共在"的方式存在。"共在"决定了人与他者的关系不是割裂的，而是相互联系、相互影响的。此在不是单个的存在，而是一种整体性存在。"属于用具的存在的一向总是一个用具整体。只有在这个用具整体中那件用具才能够是它所是的东西。"⑤ 比如，房间中的桌子、墙壁上的画都是在这种"照面"中显示出来的。这种存在的整体性在教学理解中也体现得十分清楚，学生、教师总是教学中的存在，两者作为一种整体会相互促进，也可能此消彼长。

---

① 〔美〕成中英主编. 本体与诠释 [M]. 北京：三联书店，2000：1.
② 赵敦华. 现代西方哲学新编（第二版）[M]. 北京：北京大学出版社，2001：163.
③ 张世英. 哲学导论 [M]. 北京：北京大学出版社，2002：6.
④ 张世英. 哲学导论 [M]. 北京：北京大学出版社，2002：65.
⑤ 〔德〕海德格尔. 存在与时间 [M]. 陈嘉映、王庆节，译. 北京：三联书店，1999：80.

此在同时也是时间性的。无论是本真的存在还是非本真的存在，都是一种时间性存在。"时间性是原始的、自在自为的'出离自身'本身"①。在海德格尔看来，时间就不只是进行物理测量的单位，而且是个人存在相关联的存在形式。在过去、现在与将来之间，"烦"作为一种在世的结构将三者相互联系，作为一种存在发生的境域。

存在论作为一种哲学的主张，是针对现代哲学中存在的遗忘而提出的，是对西方传统哲学思维的一种反思性批判。存在论不仅仅在西方哲学界影响深远，同时对中国哲学也产生了很大的影响，激活了中国哲学的活力，很多学者（如张祥龙）开始将其跟中国传统哲学观念放在一起进行思考。

2. 文化存在论

文化存在论是运用存在论的视野理解文化现象，以达成对文化作为人之存在的意义理解与生成。在文化研究中，本质主义思维驱动下人们都试图通过定义的方式建立基本的概念，结果却陷入了"定义的困境"。这种困境一方面承认了文化复杂性很难达成共识，另一方面也在于文化不同于物的一面，而存在于人的生活实践的各个方面之中，正如学者杨耕所言："文化不可能单独地从文化自身得到解释。"② 在一定程度上，对文化定义的目的是试图在各种文化现象中抽象一个实体的本质，这是本质主义思维的体现，它追求的是一种确定性的答案。这种思考文化的方式在于以物的方式去认识人的存在，它正是海德格尔所批判的那种"主体—客体"的思维方式。

文化的存在作为人的存在，很难从文化世界之外对文化进行严格的定义。因为"作为存在论的文化，显然不是作为科学认识对象的文化形态，而是决定各种不同文化在者的那个文化自身"③。文化存在论将人放在文化世界之中，进而将意义的领悟过程与人自身本质的展现过程统一起来。尽管文化有多种形式，比如有神话、语言、宗教等，但它们实际上仍是以不同的方式体现人的意义。

---

① 〔德〕海德格尔. 存在与时间 [M]. 陈嘉映、王庆节，译. 北京：三联书店，1999：375.
② 杨耕. 文化何以陷入"定义困境"——关于文化本质和作用的再思考 [N]. 北京日报，2015.04.27. 22 版：1.
③ 吴宏政. 文化存在论的先验基础及其思辨逻辑 [J]. 求是学刊，2000（05）：11.

文化存在论不再将文化当作一个抽象的概念，而试图将文化还原到具体历史的生活世界之中。只有显现文化的时间性，才可能最大地显现具体的文化发展脉络，文化因走向的具体历史存在而具有生命力。这样，文化不再是某种不变的实体，而是一种过程性的指向。这种过程性的存在才是文化之"化"的含义。只有通过人类精神的流动，文化才成为属人的文化。这种流动不仅仅是文化作为信息或者知识的传递，更重要的是在人与人之间、代与代之间意向性的发生。

进一步而言，文化存在体现的是人的意向性的存在。"在一定意义上来说，意向性是文化的灵魂，是文化精神的聚居地。"[①] 没有意向性的存在，文化就可能只是物化的知识或者是物品，其内在的精神就会受到忽视，进而走向凝固，甚至僵化。文化世界之所以在人与人之间可能建立纽带，就在于其中包含的意向性在不断传递和创生。这种意向性是一种不断趋近的姿态，一种召唤的态度，如同人们在欣赏《兰亭集序》时，它会在人与作品之间建立一种精神共识。这种意向性不是短暂的记忆，它可以在人生文化记忆中持续存在，进而使个体的精神意义得到不断提升。

3. "文化存在论教育学"

"文化存在论教育学"（Cultural Existentialism Pedagogy）[②] 不仅仅是一种研究教育的方式，同时也是一种理解教育的方式。"文化存在论教育学"将文化的存在看作是教育的基础存在，进而突破了科学认识论理解教育的局限。

首先，"文化存在论教育学"将教育看作是一种在一定文化中生长起来的实践活动。文化存在直接体现的是文化的差异性，不同的文化类型使得世界教育具有不同的文化性格。如果不能理解这种文化性格，教育实践可能就会盲目地将别国的经验移植过来，发生文化的不适与冲突，甚至演变成为一种文化的压迫。在一定意义上，教育实践的民族性、本土性都是文化存在论的具体表达。但深层次的内涵，文化存在是包含有差异性与统

[①] 李鹏程. 当代文化哲学沉思（修订版）[M]. 北京：人民出版社，2008：26.
[②] 姜勇、戴乃恩. 论"基于证据"的教育研究的限度——"文化存在论教育学"的视角[J]. 华东师范大学学报（教育科学版），2017（03）：73-75.

一性的文化世界，它处于流动与融合的过程，是人在"类"的意义上的规定。因此，"文化存在论教育学"不能完全等同于"民族教育学"，如果文化存在固守为某种单一的文化类型，教育就可能固化和加剧文化间的差异，导致亨廷顿所说的"文明的冲突"。

进一步而言，教育实践之所以不同于生产活动，是因为它以人的培养为根本目的，人的成长需要经历一个文化的过程。这一过程的根本特点是人与人之间的精神的相遇。这种相遇实际上包含着人类的文化资源与当下的师生之间产生的理解。这种理解不是认识论层面的，而是存在层面的，它使得人的共在关系在教育中得到彰显。因此，教育实践的时间不是可以用物理时间来衡量的当下，而是将过去、现在、未来凝聚在一点，使得人能够获得精神意义的提升。

其次，"文化存在教育学"反对将教育研究看作是"冷冰冰"的过程，而是主张将个体的情感、思考融入研究过程之中，使得教育研究成为一个生命在场的体验过程。研究者与研究对象之间是一个相遇的过程，充满着心灵的交流。这个研究过程不是将研究对象放在一个固定的框架内去控制和利用，而是双方都敞开心灵去诉说与倾听。只有双方彼此接纳，放下防备，才可能将对教育本真的想法揭示出来。这种想法在语言上不是一种结构化的观点表达，而是对个体的存在经验的描述。这样教育研究才是一种融入教育之中的研究，"在研究过程中我们探索构成这个世界的奥秘，使这个世界成为我们的世界，进入我们的心中"[①]。

从研究谱系来看，"文化存在论教育学"是对现象学教育学的发展，同时将文化教育学派、精神科学的精神延续下来。这种对人的意向性的强调，更是对教育原初世界的回归，它使得"文化存在论教育学"成为一门人文科学。这样，教育研究不再脱离于教育，而回到教育之中，其自身具有了教育性。

（二）"文化存在论教育学"对课程知识的基本假设

"文化存在论教育学"的价值在于通过视角的转换追问时代教育的遮

---

① 〔加〕马克斯·范梅南. 生活体验研究——人文科学视野中的教育学 [M]. 宋广文, 译. 北京：教育科学出版社, 2003：7.

蔽问题。这种追问是逼近人存在的一种方式，是对知识论图景的一种突破。知识论作为哲学的中心问题，不仅仅塑造了现代知识，也塑造了教育中的生活，甚至"在今天，教育的一切病症都可以在知识论的时代背景找到根源"①。因此，"文化存在论教育学"需要通过追问课程知识，进而理解其跟文化之间的联系。

首先，课程知识是一种文化存在。这意味着，师生与课程知识之间发生相遇。在相遇的过程中，师生实现"共在"。在这个过程中，师生不仅需要完成知识目标与教学任务，更是对人的存在的一种承认。学者石中英认为："受制于现代的教育对象观和教师的自我意识，现代的师生关系基本上是一种'功能性的关系'，即为了满足某种外在的个体或社会的功能性目的而建立起来的社会关系。"② 现代教育赋予的这种社会关系，更多的是形式的，是对存在的遗忘。

其次，课程知识在教学过程中是为了唤醒学生的精神世界。人的成长，不仅仅是身体的发育与成熟，更重要的是精神的丰富与境界的提升。著名哲学家雅斯贝尔斯曾说过："人是精神，人之所以为人的状况乃是一种精神状况。"③ 人的精神赋予人存在的动力，使得人可以不断弥补自身的不足。尽管，课程知识可以以认识的材料而存在，但如果仅局限于此，它就只完成了其知识论意义上的价值，而没有完成教育中育人的价值。而在中国传统哲学中提出的"境界"就是对精神的重视，如儒家提出"仁"就是一种人生，是在教育实践中不断追求的一种理想。

最后，课程知识在教学中是不断生成的。课程知识有静态的一面，但在文化的过程中更重要的是指向生成。这种生成不是从教学方法的角度的界定，而是文化的存在方式。从文化的重要形式——语言来看，人恰恰不是在教育中占有语言或者使用语言，而是在生活中生成语言。"在这个意义上来说，语言是任何世界的生成方式，从而，从原始人的生命存在的文

---

① 高伟. 生存论教育哲学 [M]. 北京：教育科学出版社，2006：135.
② 石中英. 教育哲学 [M]. 北京：北京师范大学出版社，2007：75.
③ 〔德〕卡尔·雅斯贝尔斯. 时代的精神状况 [M]. 王德峰，译. 上海：上海译文出版社，2003：4.

化水平开始，它就是人的基本存在方式，是文化的存在方式。"①

总之，文化存在论教育学延续了文化教育学的精神传统，同时将现象学的思想融入其中。它对课程知识的文化性理解回到师生生活之中，进而为在原初意义上理解文化性提供了可能。

小　结

分析课程知识文化性的研究脉络，是一种回溯，更是对课程知识理解空间的一种探索。之所以在理论上探明课程理解的可能空间，根本目的是摆脱课程知识理解单一化倾向，使课程与教学实践行动留下实践的可能。同时，这种思考也可以看作是教育学自身立场的一种坚持。从教育学的立场思考教育问题正是基于人的存在的理解，因为人的生活是一种可能的生活。这种可能的探索恰恰在于对意义世界的探求。如果教育学将所有的任务都交给知识论，就可能忽视对人的存在的思考，教育学就不再可能在人类的意义上有任何的担当。事实上，当我们对课程知识的理解局限在某种单一限度时，就已将课程知识等同于知识。完全被知识论决定的课程知识，是不足的，甚至可能带来巨大的现实困境。

从教育学研究的过程来看，对课程知识文化性的思考是一个历史的过程，经过不同的历史阶段，呈现出阶段性的特点。在现代教育学中，文化教育学确立了文化在教育中的基础地位，批判教育学对现代课程知识进行文化的批判与反思，现象学教育学试图回到生活世界中理解课程知识。这些不同的理解实际上是对人与知识关系的理解，试图拯救现代教育中出现的知识危机与意义的危机。尽管这些思考并不是体现某种单一的立场，往往有交叉、叠加的部分，比如狄尔泰的解释学既是文化教育学的思考，同时也包含着现象学的精神，但其共同的指向在于通过文化来实现教育的回归，进而实现人的回归。这些思考对于文化的定义不同，但文化的指向却一致，这使得文化与课程知识之间的联系是紧密的，甚至是交融在一起的。

---

① 李鹏程. 当代文化哲学沉思（修订版）[M]. 北京：人民出版社，2008：68-69.

第二章
课程知识文化性的内涵分析

对课程知识的文化性内涵进行认识，是人类教育实践中建构与反思的结果，它包含三个层面：价值指向的文化性、内容表征的文化性与实施过程的文化性。文化性对课程知识而言，不是一种物的属性，而是实践性的体现，是价值属性、内容属性与过程属性的集合体。本章第一节从价值维度分析课程知识作为教育学概念的合理性，在此基础上对课程知识的文化性与课程知识的政治性、经济性进行比较以厘清其特有的价值旨趣。第二节从内容表征的维度对课程知识的组成要素入手，分析人文课程知识、社会课程知识、科学课程知识的文化性。第三节从课程实施的维度对教学行动过程中的课程知识进行考察，分析文化性的诞生、表现与创造过程。

一 价值指向的文化性：课程知识的价值分析

课程知识不仅仅是教学活动的内容与材料，更在于其作为一种生活经验（lived experience）形塑了师生"共在"的教学生活。在一定程度上而言，文化是人类生活在"类"意义上的追求，如何理解课程知识的文化性就意味着师生以何种方式筹划教学生活。在这里，文化性作为教育实践的内在属性，跟教育活动尤其是教化活动有着紧密的联系，因为"文化就是将知识和旨趣融为一体的一种人类实践的方式"[①]。不同于政治实践、经济

[①] 〔英〕齐格蒙特·鲍曼. 作为实践的文化［M］. 郑莉, 译. 北京大学出版社, 2009: 285.

实践的社会方式，文化作为人类实践在价值指向上更多的是从人类生存的意义来思考教育，而不是从个人自我保存的角度来利用教育。"在这个意义上，个人关于某物的想象只是经验，而集体对某物的想象才是文化"①。因此，理解课程知识的文化性，首先应从分析"课程知识"这个概念入手，厘清其成为教育学概念的合理性，以此作为进一步分析其属性的价值起点。

（一）价值起点：课程知识作为教育学概念的合理性

教育研究作为一项人文—社会研究，不仅仅在于其对教育事实进行的描述，更在于其对教育价值的关怀。作为一个教育学概念，课程知识在教育研究与实践中使用日渐增多，但这种使用缺乏对其内涵的把握。知识与课程知识，甚至课程与知识之间并没有确立明确的边界，使得概念混用的现象经常出现。概念混用的弊端在于理论上的无法言说，影响了理论的推理和传播。

概念的产生以实践需要为前提，才能在理论上发挥其引领性的指导作用。概念作为运思的细胞，是廓清实践困境的工具。如果没有对概念的前提进行充分认识与辩护，概念产生的合理性就值得怀疑，这样如果创生一个新的概念就可能制造一堆麻烦，除了制造虚假的理论繁荣外，它可能会误导实践中的教学改革。鉴于此，对课程知识作为一个教育学概念产生的前提进行反思、批判是必要的，它关系到其教育价值的确立。这个价值前提就是知识作为教育学概念是否已经涵盖了课程知识，知识与课程知识之间是否存有界限②，这种界限的区分对于教育研究必要吗？知识的泛化，尤其是知识逻辑无休止的扩张在教育理论与实践中是否存在着价值的僭越？课程知识的提出能否在概念的内涵上弥补这种不足？

1. 知识作为教育学概念的意义与限度

从概念的使用来说，知识的使用要远远早于课程知识。在20世纪初，

---

① 赵汀阳. 文化为什么成了个问题 [J]. 世界哲学, 2004 (3): 35 – 47.
② 概念的过度膨胀可能产生实践的越界，这需要通过哲学批判来进行理论的划界。"通过'界限'的厘定，祛除抽象观念和抽象力量对人的思想和现实生活的扭曲和遮蔽，从而推动思想解放与人的解放，这是哲学'批判'的重要内涵和基本工作方式。"参见贺来. 何谓哲学意义的"批判" [J]. 探索与争鸣, 2016 (06): 37.

知识的概念已在我国教育文献中广泛出现,如"故关于所习之课,孰为有用,孰为无用,孰为必须知之知识,孰为毋须知之知识,或难于分辨"[①]。"文化大革命"以后,知识这个概念的使用日益增多,甚至作为批判"文化大革命"教育的一个口号,有人提出:"学校教育以传授书本知识为主,本是人所共知的教育规律。"[②] 至此,"知识教学"、"知识教育"的使用在教育理论与实践界日益普遍,甚至成为一种教育常识而存在,任何反对知识的教学的思考都可以斥之为异类。在日常教学中,传授知识被看作教学过程的重要任务,教学就是教知识似乎成为一个不言自明的道理。不仅日常生活如此,从教学论的历史而言,知识的出现以及科学化的转向造就了现代教学论的确立,推动了现代教育的普及,但是对知识的过度推崇,尤其是知识论思维的全面渗透导致了教学过程中教育立场的缺位。

(1) 知识作为教育学概念的意义

知识作为教育学概念,塑造了稳定的教学内容,促成了教学过程和教学形式的科学化。通过知识进行教学,使得教学不断显现出知识品性,教学日渐被看作是一个理性的过程。相对于个体日常经验[③]的主观性,知识的客观性使得教学过程更容易进行预设与规范。知识教学的出现,使得教学过程更加体现确定性的要求,更能够满足工业化大规模发展学校教育的要求。一言以蔽之,知识尤其是分科知识的出现,作为稳定的教学内容支撑了现代教学发展,也影响了现代教学论的建构。

捷克著名教育家夸美纽斯在《大教学论》中明确提出"教学就是将一切知识教给一切人的艺术"[④]。围绕分科知识进行教学,而不是单纯地依靠教师个体的生活经验,使得教学过程有了更加稳定的内容基础,使得教师可以摆脱个体经验的局限而获得知识的保护,教学工作开始向理性化、规

---

① 鲍国宝. 学校考试之研究 [J]. 清华学报, 1918 (3): 14.
② 张同善. 学校教育应以传授书本知识为主 [J]. 河南师大学报, 1980 (01): 8.
③ 这里的经验跟杜威教育哲学中的"经验"有着很大的差异,杜威在《经验与教育》中提到的经验并不是简单的日常经验,而是包含有实验的性质,学校作为一个社会实验室可以运用科学、反省的方法检验各种思想、观念。同时杜威认为人类获得的知识可以成为改造的经验。参见〔美〕约翰·杜威. 我们怎样思维·经验与教育 [M]. 姜文闵,译. 北京: 人民教育出版社, 2005: 8-9.
④ 〔捷〕夸美纽斯. 大教学论 [M]. 傅任敢,译. 北京: 教育科学出版社, 1999: 01.

范化过渡。德国著名教育家赫尔巴特提出的四阶段教学法"明了、联想、系统、方法",乃至后来他的学生齐勒尔、赖因改进的"预备、提示、联想、总结、应用"的五段教学法无疑给教师的教学过程提供了相对规范性的支撑。而对我国教育学发展有直接影响的凯洛夫的教育学将教学理解为对知识的"感知、理解、巩固、运用"。尽管,在实际过程中以上这些教学法的运用有形式化的倾向,但不能否认它对于一个教师进行教学工作的指导作用,尤其是使得刚入职的初任教师有了一个明晰、稳定的方法指导。

知识作为固定化的内容进入教学,不仅仅直接推动了课堂教学的制度化,同时在理论上促成了现代教学论的发展。知识教学的出现,推动了学校教育的普及,促进了人类文化的传承与延续。尽管知识不等同于文化,但知识可以负载文化、体现文化。相对于经验传递的教学形式,知识所负载的文化在范围上要宽很多。在教学过程中,经验无疑对于个人的生存来说是十分重要的,但相对于知识而言,其适用、传递的范围也存在局限,完全依赖经验的教学无法培养出适应现代社会的人对文化变迁与交融的要求。就文化传播而言,经验传递的文化往往只是某个族群、特定地域的文化,知识尤其是科学知识的出现,使得课程知识在文化选择的空间与范围上不断扩大,让其他国家、民族的文化进入课程教学中,进而开阔了学生的视野。以知识为教学内容,尤其是分科知识的广泛运用,使得班级授课制成为学校教育制度的重要形式,这使得文化逐渐从官宦家庭向平民子弟下移。从历史而言,这种下移的作用是非常有限的,也不可能根本上改变教育资源的分配,但文化的下移对于人类文化传播而言是积极的,它让文化尤其是代表贵族的精神文化逐渐深入到普通人心中,开阔了人们的视野,增强了普通民众对社会的理解。

(2) 知识作为教育学概念的限度

知识作为教育学概念的出现,促进了教学论的科学化,但其渗透的知识论思维、知性逻辑让教育教学过程陷入了误区。知识作用的不断强化,作为一种知识论立场占据了教育教学的核心,甚至在教学中将"知识人"作为教育的目标指向,误解了教育的育人本质。

首先,知识作为教育学概念不断强化,形塑了"知识本位"的教学论。"传统观点认为，知识是以真命题表达的"①。在知识论的影响下，教育教学过程的知识更注重的是知识的结果，即以系统性的结论呈现知识体系。现代知识以认识世界为手段，以改造外在的世界为目的，因此知识被塑造为高于世界、高于生活的存在。由于知识经受过逻辑与实证的检验，这使得知识作为"真理"进入教育过程之后支配了教学的过程。至此，知识论不仅仅为知识立法，同时也为教学立法，最终形成了"知识本位"的教学论②。这种教学论从夸美纽斯的"分科教学"、赫尔巴特的"统觉联合论"中都可以看到端倪，而在凯洛夫的教育学中得到了最直接的体现。在凯洛夫的教育学中，"通常认为传授知识是教学的主要任务，课程要以一门学科的基本知识和基本技能为核心内容"③。

进而言之，"知识本位"的教学论对教学的基本理解是教师的教和学生的学是以知识为对象展开的认识活动。以知识论思维构建教学目标、内容、过程、评价，使得教学过程成为对知识的传递过程，在很大程度上使得教师的教学关注的是怎么教的方法问题，而将教什么的问题抛给了课程专家。知识的不断强化，使得知识成为教学过程中的"一个或所有问题"。事实上，现代知识论偏重于关于客观世界的知识，而缺乏对人自身存在的理解，人的问题被分科教学所割裂并不断遗忘。"知识在人类历史上第一次是为了传播而不是为了人的成长而存在着——知识的传播目的取代了知识的本质，这是知识的一种现代暴力形式，也是知识的异化。"④ 在这里，知识传播过程产生的异化，就是由于以知识论思维代替教育学思维引起的后果。从历史而言，知识论在自然科学研究中有着十分重要的意义，它促成了知识的创新与传播，但在根本意义上知识论思维彰显的是认识逻辑，而不是教育的育人逻辑，它可能培养具有高超认识能力的专家，但很难满足普通人对素养的要求。知识论在教育中体现的知性逻辑不仅仅在智育中

---

① 胡军. 知识论 [M]. 北京：北京大学出版社，2006：11.
② "知识本位"的教学论跟"知识导向"的教学论有着质的区别，后者强调以探寻教学活动的本质规律为任务，以提供新的理论知识为目标，而前者更多的是对教学过程的理解，是基于知识论思维建构起来的教学认识体系。参见吉标."知识导向"教学论研究的反思与超越 [J]. 课程·教材·教法，2012（09）：32-37.
③ 李秉德. 教学论 [M]. 北京：人民教育出版社，2001：156.
④ 高伟. 知识论批判：一种教育哲学批判 [J]. 自然辩证法研究，2012（4）：98.

体现得非常充分，甚至在德育过程中也有所渗透。我国学者高德胜针对当前德育的现状提出：

> 以传授道德知识为特征的德育舍本逐末，将道德符号而不是这些符号所代表的道德意义看成教育的目标，在教学过程中远离这些道德知识符号得以产生、运行的历史的、现实的生活，虚构一个虚幻的道德知识世界，热衷于对这些道德符号的记诵和逻辑演绎。①

知识作为教育学概念的产生无疑是一种历史的进步，但是知识可以证实认识，但不能保证教育的价值与意义，更不能在方向上指引教育的未来。在知识论上确立的知识主要满足人们认识世界进而控制世界的需要，它并不必然符合教学的教育性目的，即是说知识的传递并不必然导向育人功能的实现，而过度重视知识可能在教学中出现对知识的误用、滥用进而出现知识对人的奴役。所以，知识作为教育学概念的不断强化，构建了科学的教学论体系，促成了教师职业的专业化，但是对知识价值的无限推崇，有可能消解教学育人的价值。

其次，知识作为教育学概念的不断强化，简化了教师角色，不能充分显现教师教学工作的复杂性与创造性。知识作为教育学概念不仅仅体现在教学论的建构中，更重要的是作为一种观念甚至信念塑造了教师在实践中的个体教学哲学。由于个体教学哲学中体现出对知识的推崇，使得教师认为知识传授是教学的根本任务，这不仅仅是对教学价值的片面认识，同时也是对教师自身教学工作的误解。这种误解在于教师自身将教学工作简化为课堂教学工作，而丰富的课外教学活动、社会实践活动被屏蔽在教学工作之外，教学工作越来越远离教师的个体生命，甚至有人会将教学工作变成一种知识贩卖（杜威语）、培训考试的营生。当今时代，科学发展突飞猛进，产生的知识越来越多，客观上导致课程中的知识越来越呈现压缩化的趋势，增加了教师的工作任务，挤压了教师个体精神的成长。

进一步而言，知识占据教学工作的重心使得教学工作日渐显现出单调

---

① 高德胜. 论现代知性德育与生活的割裂 [J]. 思想理论教育，2003（04）：42.

化、划一化、刻板化的趋向。在教学过程中不断精细化的教学讲解、作业布置、单元总结，以实现知识点的掌握为目标，教学过程变成了一个供师生共同完成的知识传递的过程。这种现象不仅仅在讲授新课时如此，在复习课与练习课中，教师不断强化与巩固知识点，甚至害怕任何疏漏影响了学业成绩。尽管这种单调化的教学工作是稳定的，彰显了教师对知识确定性的寻求，但是却忽视了教学工作作为育人实践的复杂性。很难想象有人评价一节课时指出它存在知识问题，这对于其任课教师的教学而言是多么灾难性的后果[①]，这种现象本身就反映了知识对于教学工作而言是决定性的，有着控制性的作用。正是对知识的无限推崇，教师成为知识传递者，教师在教学工作中首先要做的是研究教材、吃透教材[②]，让每一个知识点烂熟于心，以便在教学中完成任务。尽管一个学科的知识点作为教师教学的基础材料无疑是重要的，但是如果所有的教学工作都只围绕知识点来组织，就可能使教学过程忽视师生生命的在场，不可能真正成为一种激扬生命的活动，教学就不可能显现其内在的育人品质。至此，教师的教学工作依附于知识，尤其是依附于书本知识，教学过程追求的是准确无误地传递知识，教学固化为"教书"，教师成为"教书匠"。由于忽视了对学生生命本身的关注，教师角色日渐简化，尽管教学过程中也重视了知识，但传递的知识并不能实现对知识的理解，甚至导致知识本质的误解，因为"在所谓的知识传递论中，教师能够传递的只是表层信息与能指成分，其实践的根基、内涵与所指是无法全盘进行传递的"[③]。

最后，知识作为教育学概念的不断强化，最终指向"知识人"的塑造，无法充分展现学生学习的全面性与主动性。围绕知识传递建立起的教

[①] 这种后果在很多教学管理文件中被命名为"教学事故"。在W学校的管理文件中，明确规定一学期出现两次以上的教学事故，要扣奖励性绩效，年终考核不合格，两年内不准进行更高一级的职称申报。

[②] 吃透教材的做法不仅仅对于教师而言是必备工作，而且也开始在职前教师教育中盛行。为了准备地方的教师招考，某师范学院的师范生开始在教学法课程中购买了中学的学科教材，教师专门引导师范生钻研教材，以适应一线教学实践的需要。这种过早的以教学工作为直接目标的职业训练，对于教师专业素养提升的持久效果是值得商榷的。

[③] 龙宝新. 知识教学论的典型形态与"剖根"批判[J]. 苏州大学学报（教育科学版），2017（02）：54.

学过程论，不仅仅将教师放在传授者的位置，更重要的是将学生理解为知识的接受者。尽管知识可以影响学生的发展，但是知识影响学生的发展是部分发展，而非全面发展。知识不断强化，使得知识超越了人的存在而成为教学的中心，知识论逻辑支配教学生活甚至是支配了儿童成长的逻辑。

进一步而言，知识概念的强化，使得学生局限于知识接受者角色，不能体现学生作为发展中的人具有全面性与主动性的需要。知识教学的系统化、精致化的过程以知识接受为目的，注重了及时训练，在"堂堂清"、"天天清"、"周周清"的任务下，学生表面上掌握了课本知识，但不断强化的背后却可能产生学习兴趣的倦怠。事实上，很多学校教育中不仅仅是课堂学习围绕知识传递，课外学习也成为知识教学的延伸，在不断的巩固和强化中学生丧失了主动性的学习自由。

> 每天放学回来，吃完饭，我就开始不停地写作业，要做到十点左右才能完成，最晚的时候还延长到十二点甚至凌晨。语文、数学、英语教师不仅仅布置了习题，有些背诵的事还要家长签字。现在作业多了，打球的时间、跟伴耍（玩）的时间很少了，甚至个把月才去耍一次。（170623 WB 同学访谈）

当学生在知识学习时间上丧失了自由时，闲暇的时间就会被压缩掉，学生个性就会被统一的知识所规训。上面访谈的学生是小学五年级的学生，到了初中之后，学生在知识学习方面的时间会更多，留给学生自由选择的时间会更少。对于乡镇初中的学生而言，通过读书改变命运依然是很多学生的选择，因此在课后拼命进行知识的储备，正是为了获得几年后高考的成功。在 G 省农村寄宿制初中的考察过程中我们看到，这些学生都是在室内学习，除了极少的体育课在户外，绝大多数时间都在课堂上完成知识教学的准备与传授。知识作为教育学概念的强化，使得学生停留在"读书郎"，也即知识储备者的角色上。在一些人看来，学生没有学习书本知识，学习就没有发生。学生生活中知识的不断强化，割断了理性的反思与批判功能，成为一种规训的力量，阻碍了学生对可能生活的向往。至此，学生成为被迫的学习者，他们自由学习的空间被不断压缩，甚至原定的自习时间也被教师教学所占用。

> 这里的初中生，都安排上晚自习，三节课，分给各个主科老师来上。说是晚自习，其实跟白天上课都是差不多的。而且上课的效果比自习要好。(170402 ZH 教师访谈)

在这里，知识学习占据了学生学习活动的大部分时间，甚至成为学生生活的重心。当知识的作用跨越了认识的边界，成为一种霸权后，有可能将学生的发展引向了单向度的发展。在这里，知识概念主要是局限为静态的文本知识，通过占有知识虽然能够提高学生的逻辑思维能力，但是让学生在情感体验、生活能力方面却出现了失衡。

以上从三个方面回答了知识概念不断强化可能对学科立场、教师角色、学生角色带来的负面效应。需要指出的是，知识作为教育学概念不仅仅是在学科意义上成为基本分析单位，更重要的是作为实践概念渗透在教师的个体教学哲学中，影响着日常教学行为的选择。如前所述，知识在源头上是现代认识论、知识论意义上的概念，现代意义上的知识范型主要是自然科学知识。知识进入教育，尽管有着深刻的社会需要，但在知识与教育之间存在边界，这一边界是我们需要注意其限度的理论原因，也是作为教育哲学进行前提性批判与反思的使命所在。虽然知识存在限度，知识误用可能导致教育异化，但并不能以此认为教育需要轻视知识、放弃知识，回到经验，那样可能让教育从一个极端走向另一个极端。因此，在理论上提出课程知识这个概念，正是对知识的一种转化，它可以视为对知识概念的一种教育学重构。

2. 课程知识作为教育学概念的可能意义

课程知识作为一个概念提出，是为了对教学中的知识进行教育的规定与理解。这种立场的变化，意味着从知识论立场思考之外还需要有教育的立场，暗含着对知识论立场的反思与修正。相对于知识论立场对必然性的寻求，课程知识的理解更多地体现人的可能性，而可能性的存在正好给教育教学行动留下了创造与生成的空间，恰如学者赵汀阳所言："必然性正是意义的终结，而可能性才是意义的基础，没有可能性就没有任何的意义，因此，可能性所留出的'余地'就是一种生命或文明的最重要问题。"①因此，课程知识作为教育学概念提出，意味着教育教学过程不能仅局限于对知识的传递，师生不能仅局限于"搬运工"、"存储器"的角色，更需要的是对知识进行选择与创造，使知识在教育中符合人的发展需要，以彰显教学的教育性价值。

（1）课程知识的提出有利于沟通课程与教学之间的联系，促进课程与教学论②的学科完善

课程知识在概念层面有着明确的价值定位，它指的是在课程实践中运用并创造的知识和关于课程的知识。尽管知识论可以为课程研究、教学研究提供理论基础，但课程与教学论探讨的是课程知识问题，前者属于哲学问题，后者才是教育哲学问题③。

课程知识作为一个教育学概念，不仅关注课程中的静态知识，同时也关注动态的知识，甚至指向教学行动的知识。从概念界定而言，课程知识除了课程中的知识外，还有开发、运用课程的知识，这里的课程知识已经突破静态课程的理解范畴，走向了动态的课程开发与创生，甚至走向了教学的生成。课程作为教学事件④，制定与形成教学事件的课程知识实际上就是教师对教学的理解。因此课程知识的动态化过程必然引向教学，这使得课程与教学之间成为一个不可分割的连续体。

课程知识的动态化理解，突破了教学内容的认识范畴，使得教师教学过程与课程知识创造融合在一起。在这里，课程知识不仅仅是国家课程、地方课程开发者所关注的内容，更重要的是一线教师在教学过程中理解并创生的内容。这样，课程知识突破了课程论的局限，同时在教学论的分析框架中也发挥了其理论功能。在这方面，已经有学者进行了这种尝试，在

---

① 赵汀阳. 历史观：一种文化还是知识？[J]. 新疆师范大学学报（哲社版），2017（04）：9.
② 课程与教学论作为教育学的二级学科是以整合的方式出现的，但在具体的研究过程中课程论、教学论是分开的，各有其自身的研究话语、研究团队。课程与教学论的出现不是对两者的简单拼接，而是需要将两者内在联系整合在一起。
③ 学者郝文武在其专著《教育哲学》中专门探讨了课程知识，并将其视为课程与教学哲学的重要问题。参见郝文武. 教育哲学 [M]. 北京：人民教育出版社.
④ 张华. 课程与教学论 [M]. 上海：上海教育出版社，2015：92.

郝文武的《教育哲学》一书中也专门分析了课程知识。因此，课程论与教学论的整合，不仅仅体现为对学科认识的一种观点，更重要的是适应了变革实践的发展趋势。课程知识作为一个概念的提出暗含了这种趋势，它有助于跨越课程论、教学论固有的学科边界，通过教师的行动将两者融合在一起。

（2）课程知识的提出有利于塑造教师的实践性知识分子角色，引导教师在教学中生成与创造

课程知识的提出，丰富了教师专业知识的内涵，使得教师作为知识分子，尤其是具有实践性的知识分子[1]成为可能。一直以来，中小学教师承担的主要角色是知识传授，而将知识的开发权与选择权交给教材编订的科学家、学科专家和少数特级教师。教师的角色局限于使用知识，这使得其教学行为更多地受到知识的控制，同时也受到学科专家的控制。知识与教师的关系，是一种决定性的关系，教师的教学主要是方法的选择，进而实现了知识的有效传递。课程知识的提出，使得教师拥有了体现自身专业活动的专业知识基础，使得其在课程知识面前展现了专业性的认识和话语权，进而可能获得专业内在的独立性。而"'独立'应当是知识分子比较明显和普遍的辨识标志，是知识分子的优先"[2]。因此，教师作为课程知识的创造者，使得自己的专业行动有了专业知识的保障，进而使得其有了成为知识分子的可能。

进一步而言，教师的知识分子角色通过对课程知识的理解与创造来体现。承认教师在课程知识中的创造性角色，有利于其摆脱单一的知识传递角色，获得自身的专业认同。事实上，教学实践是一种文化反思性实践，需要的不仅仅是方法、技术，更需要对课程知识的理解与创造。"如果将教师作为一种技术性专业，教师只需要掌握纯熟的教育教学技能，就可以成为合格的乃至优秀的教师"[3]，这种技术理性思维误解了教师的育人本

---

[1] 陈向明，王红艳. 从实践性知识的角度看教师的知识分子属性 [J]. 全球教育展望，2010（01）：51–56.
[2] 何怀宏. 独立知识分子 [M]. 重庆：重庆出版社，2013.
[3] 申卫革. 教师专业标准中"知识分子"角色的缺失 [J]. 陕西师范大学学报（哲学社会科学版），2014（6）：166.

质，也误解了知识的本质，使得教学陷入了方法的迷恋之中不能自拔。而课程知识的提出，承认了教师在其专业生活中进行的知识创造的权力，使得教师能够运用自己的专业知识去体认课程—教学这个连续的教育过程，而不是将教学方法、教学技术看作是自己专业工作的全部或者主要部分。这样，教师通过对课程知识的体认与反思，使得教学成为一个独立、理性的过程，教学过程的生成与创造都是其作为独立知识分子角色在教学实践中的本真表达。当实践中的教师在课程知识面前有了创造可能时，教学的有效、高效、卓越才可能从教师自觉层面得到承认。至此，课程知识使教师有了自己的知识基础，这个基础不是对知识的搬移，而是教师以人生教育经验与智慧对课程知识的体认与创造。就根本意义而言，教师是课程知识的创造者，课程知识让教师成为知识分子，成为教育的行动者。

（3）课程知识的提出有利于重塑学生的学习者角色，提升其进入教学生活的参与度和表现力

课程知识的提出，不仅可能赋予教师新的角色，同时也可能改变了学生作为知识接受者、占有者的角色。在知识本位的教学过程中，学生更多的只是从认识和掌握知识的角度来理解，目的是通过知识获得未来的职业资本，进而在社会中获得成功。知识的价值跟个人的未来生活联系在一起，实际上形成一种规训的力量。"在控制的规训中，知识成为一种消费品，同时是对人的布置。"[①] 课程知识的动态化理解，不仅仅指向了教师的教学，更是指向了师生共在的教学生活。在教学生活中，不仅教师参与并创造了课程知识，学生的参与、表现与生成的过程也是在创造课程知识。

进一步而言，课程知识赋予了学生作为知识理解者和创造者的身份，使得教学生活作为自在生活具有了课程价值。在教学生成中，教师设置情境、提出任务，学生积极参与以及个体化的表现过程，就是一个课程知识不断生成的过程。在这里，儿童像科学家一样探究，像哲学家一样思考，尽管表现形式与程度不同，但都是在对世界感到惊奇后提出的对世界的理解。从知识到课程知识的转换，学生与课程的关系得以重建，重新将学生置于教育的中心来安排课程教学。至此，课程知识成了学生需要参与并得

---

① 金生鈜. 规训与教化 [M]. 北京：教育科学出版社，2004：26.

以建构的知识，而不完全是独立于生活之外的知识。

从知识到课程知识的转变，不仅仅体现为名称的变化，更重要的是在于价值旨趣的不同以及导致在实践中教学图景的变化。通过对两者在教育学价值中的比较，试图还原课程知识作为一个教育学概念的本来面目，以此为基点去分析与批判课程知识具有的不同属性，进而为文化性的确立提供价值参照。在一定程度上，这为从教育学立场探讨文化性提供了价值的基点，以此作为透视林林总总、纷繁复杂文化现象的"学科之眼"。概而言之，课程知识的价值基点在于其作为一个教育学概念的教育性，体现了教育行动的价值。课程知识不仅仅规定了知识的范围，更是从实践的角度规定了知识的旨趣。

（二）价值澄明：文化性作为课程知识规定的必要性

课程知识是按照一定的教育旨趣对知识进行社会选择与建构的结果，受到社会诸要素的影响。课程知识产生过程的复杂性表明，它不是由单一要素所决定的产物，而是由政治、经济、文化等多种要素共同作用的结果。试图将课程知识看成不变的、纯粹的、高贵文化的产物，势必忽视了课程知识建构的社会逻辑，最后可能沦为"幻想的乌托邦"[①]。根本而言，课程知识的文化性，不是作为课程知识的唯一属性而存在，而是作为多种属性之一，其价值指向也是在政治性、经济性的博弈过程中产生与显现出来的，恰如布迪厄所言："文化实践从来不隔绝于社会的政治经济权力运作以及社会变迁和历史转型，文化从来不只是这些历史过程的被动记录，它是生产和再生产社会等级结构的重要力量。"[②] 因此，理解课程知识的文化性，不仅仅需要从概念的角度反思课程知识的价值前提，同时需要从比较的视角澄明其价值内涵。

1. **课程知识的政治性及其价值指向**

课程知识的政治性是指课程知识与权力结构之间的互动关系，反映了人们对意识形态的维护与抵抗。在马克思看来，"占统治地位的思想不过

[①] 参见朱文辉. 精神洁癖与幻想乌托邦：课程知识选择的双重病症[J]. 教育研究与实验，2012（05）：63.

[②] 布迪厄. 实践的文化理论与除魅[J]. 外国文学，2003，（1）：

是占统治地位的物质关系在观念上的表现，不过是以思想的形式表现出来的占统治地位的物质关系"①。课程知识作为官方选择并认同的知识形态，必然要求适合统治阶级维护权力秩序的需要。对于政治而言，其核心问题是权力，正因为如此，施米特将政治的核心范畴分析为"敌/友"的关系，毛泽东在《中国社会各阶级分析》一文中更是直接提出：谁是我们的敌人，谁是我们的朋友，这个问题是革命的首要问题。而阿普尔探寻的"谁的知识最有价值"实际上已经切入课程知识的政治性问题。尽管在科学主义与消费主义双重存在的时代中，政治性表现没有在阶级斗争时期那样明显，但政治逻辑对课程知识的影响始终是存在的，而且是影响课程知识的显在因素。在一定意义上，课程知识的政治性在形式上关注的是"谁的知识最有价值"的问题，而实质上思考的问题是"为谁培养人"即"接班人"的诞生问题②。

课程知识的政治性集中表现了政治对教育的影响，这种影响往往通过政策文件的形式对课程知识进行了直接的选择与修改。相对于教育活动的其他事件而言（比如管理、教学、考试等），课程知识感受政治的敏感度更高，甚至一度成为反映政治控制的"晴雨表"。从权力分析而言，课程知识作为一种官方的知识，其产生与选择的过程都受到了政治的影响，一方面统治阶级希望以此维系与生产既有的政治权力，进而使得权力合法化，另一方面新兴的政治力量，暂时处于被统治地位的阶级，总是希望通过课程知识的改写为其政治主张进行宣传，进而为其政治利益的谋求奠定舆论基础。因此，对于一个国家而言，课程知识在历史、现在和未来的叙事中希望建构其服务政治需要的理想认同、国家认同与制度认同

（1）课程知识通过文本中重要人物、重要作品的设定，渗透了国家的理想价值以实现国家的理想认同。

课程知识的政治性，直接体现在对重要人物、重要作品的设定上，进而影响学生对未来人的设计与想象。而课程知识中反复出现的人物可能成

---

① 马克思恩格斯选集（第1卷）[M]. 北京：人民出版社，1995：98.
② 程天君. "接班人"的诞生：学校中的政治仪式考察 [M]. 南京：南京师范大学出版社，2008.

为其人生社会化过程中的"重要他人"(significant others)。美国社会学家米尔斯认为重要他人是指在个体社会化以及心理人格形成的过程中具有重要影响的具体人物,这些人不仅仅指父母、教师或者亲人,也可能是不认识的某个人。课程知识中经常出现的人物,不仅仅是在某个领域取得过卓越成就的人物,同时也是受到一定政治标准衡量并遴选出来的人物。

新中国成立以来我国的语文教科书对鲁迅个人及其作品的引入,充分体现了国家树立理想人物的政治考量。以1956年人教版语文课本为例,鲁迅的作品多达14篇,改革开放以后,语文教科书中选入的鲁迅作品近30篇[1],2017年9月我国开始使用的"部编本"语文教科书有《故乡》、《阿长与山海经》等9篇,这充分体现了国家意识形态在教育上的作用。对于大多数中国人而言,鲁迅先生的《从百草园到三味书屋》、《记念刘和珍君》、《为了忘却的记念》等文章已经通过学校教育进入了学生的精神世界,成为其成长过程中永远无法抹去的精神符号。这种对国民精神的影响,不仅仅来自鲁迅文章中的字句,还有鲁迅自身的人物形象,甚至在一定程度上可以说鲁迅塑造了现代中国人的国民性格。

新中国建立以来,教科书之所以选择鲁迅的文学作品,而不是其他同时代的作家的,比如胡适的作品或者其弟周作人的作品,不完全是因为文学史上的作品价值比较,更直接的原因在于鲁迅的象征意义符合了国家塑造理想人的要求。作为新生的国家政权,长期以反帝反封建为其革命主张,在获得政治权力后不能将传统封建社会中国人物或资本主义社会的财富英雄设定为标准,供学生作为精神偶像,那样可能会跟新生的工农联盟为基础的政权产生冲突。

新中国的成立要求割断封建社会与资本主义的残留,意识形态的重建迫切需要在教育过程中确立新的"偶像",而鲁迅其人、其文所反映的精神追求、文化品格恰恰符合了这样的标准。作为左翼作家领袖的鲁迅去世后,毛泽东对他的评价是:孔子是封建社会的圣人,而鲁迅是新中国的圣人。正是由于受到国家政治领袖的肯定,鲁迅的大量文章进入了教科书,

---

[1] 参见吴小鸥,石玉. 经典的理念与启蒙的思路——以中小学语文教科书中鲁迅作品为例[J]. 湖南师范大学教育科学学院学报,2010(09):13.

并且对鲁迅的介绍采用的是毛泽东认定的"中国伟大的文学家、思想家、革命家"。从维护政权而言，鲁迅作为革命者的形象有利于达成课程知识的权力再生产，因为其作品表现了对中国封建社会的批判以至于国民性的反思，这种批判与反思正是新中国政权建立的观念基础。鲁迅作为思想的革命者，其形象的确立有利于保证新中国教育是培养接班人的革命教育，同时为教育祛除封建的、资本主义的毒害提供了可能。在毛泽东看来，新中国的建立需要进行"思想的改造"①，而课程知识承担着这种改造任务才能使教育在价值上代表人民的立场，而不是旧有意识形态的延续。从历史而言，大量的鲁迅文章进入教科书，也实现了预期的政治价值和思想改造的目的。

进入新世纪后，有人从文字风格、语言的规范性角度②对鲁迅的文章提出过质疑，但究其历史而言，鲁迅的文章作为中国政治教化的文化追求仍然是国家所需要的，因为"鲁迅身上凝聚着中华民族坚强不屈的精神，他甚至是人类在面临困境时追求非凡、维持精神高贵的一个象征"③。总之，通过对理想人的塑造，来实现政治教化，这是我国"道统"、"政统"和"学统"相统一的传统秩序的延续。事实上语文教科书不仅仅塑造了鲁迅的形象，还出现了其他人的形象，但鲁迅的价值是不可替代的，而其丰富、深刻的批判性作品是实现这种政治性的前提和保障。

就我国语文课程对鲁迅作品的重视而言，正体现了国家对理想的塑造。语文教育中理想人物形象的塑造，通过文学的方式进入每个人的精神世界，无形中培养了学生的思维方式与价值关怀。

（2）课程知识通过历史进程的叙述，有助于公民理解过去，实现政治认同

课程知识不仅仅选择理想的人物、作品来建构对未来的理解，同时通

---

① "改造"这个词在毛泽东思想中经常出现，比如其经典的文章《改造我们的学习》、《在延安文艺座谈会上的讲话》阐述其对知识分子进行思想改造的必要性。这种改造是政治意义的改造，主要是阶级立场的根本改变。参见程天君. 改革教育改革——从作为政治—经济改革到作为社会—文化改革. 湖南师范大学教育科学学报，2012（02）.
② 顾之川. 论述语文教科书的语言规范问题——以鲁迅作品为例[J]. 课程·教材·教法，2010（01）：19.
③ 陈国恩. 鲁迅的经典意义与中国形象问题[J]. 学术月刊，2010（11）：99.

过对历史的叙事形成对过去的基本认识。在我国，历史教育一直备受重视，甚至将历史跟国家、民族的认同联系在一起，使得国家政治的变革对历史课程知识产生直接的影响。

历史发生在过去，但历史塑造现在。"历史是被物化的过去"①，历史是一个民族的记忆，一个没有自己历史记忆的国家就无法形成文化意义的国家，龚自珍曾言："灭人之国，必先去其史；隳人之枋，败人之纲纪，必先去其史；绝人之材，湮塞人之教，必先去其史；夷人之祖宗，必先去其史。"② 历史尽管已经发生，但历史对现实的影响依然存在，并将持久地发生影响。历史知识尽管有其真实的一面，但是历史知识不能完全还原历史的真相，留给后人在有限的材料基础上去想象与阐释。具体而言，历史教育对历史知识进行选择与重构，以此建构学生对当下政治的认同。

从教育社会学学者程天君对 1981 年版《中国历史》教科书的分析来看③，我国历史知识的叙事采取的是"五阶段论"，即将历史过程划分为：原始社会、奴隶社会、封建社会、资本主义社会、社会主义社会。这种划分将历史看作是一个社会进化的过程，后一种社会形态代替前面的社会形态成为一种趋势。这种进化背后起支撑作用的是生产力与生产关系之间的矛盾，尤其形成了历史叙事中的"革命与反动"的对立。直到新中国成立之后，历史教科书才将矛盾从阶级矛盾转化为内部矛盾。在对每种社会形态进行批判之后，总是以新的社会产生为前提，进而为国家的政治认同确立了历史的依据。我国历史教科书对悠久的历史、辉煌的过去（盛唐）到灾难深重、备受凌辱的近现代的梳理，在极具反差性的历史叙事中，使得对国家的富强、民主成为政治选择的必然，进而为"复兴"这一政治认同提供了前提。

（3）课程知识通过对现有制度的叙述，有助于公民理解现实，实现制度认同

课程知识的政治性还体现在社会课、思想政治课中，主要让学生对现

---

① 〔德〕阿莱达·阿斯曼. 记忆中的历史 [M]. 袁斯乔译. 中译版序言. 南京：南京大学出版社，2017：Ⅹ.
② 龚自珍全集（上册）[M]. 北京：中华书局，1959：22.
③ 程天君. 历史的再现与国家政治 [J]. 湖南师范大学教育科学学报，2009（05）：43.

有国家各种具体政治制度有所了解。如果说历史课程知识只是指明了国家的根本政治任务与方针，那么社会、政治课程知识则讲述了如何实现政治任务的基本制度和改革方案。因为历史的叙事只能提供趋势与方向，具体的当下的政策与方案却是不断变化、调整的。对这些当下制度的理解，恰恰是实现当下国家政治稳定的现实基础。如在人教版《思想品德》九年级第二单元《了解祖国爱我中华》中设置了《了解基本国策与发展使命》一课。这一课的主要知识体现了当下国家的四大政策："对外开放的基本国策、计划生育与保护环境的基本国策、实施可持续发展战略、实施科教兴国战略。"[1] 通过这些政策的讲述，让学生更加理解国家现有具体制度的合理性，为政治认同奠定基础。在某中学的课堂观察中，Q老师[2]在布置作业的时候这样对学生说：

环保政策是国策，是我们每个人必须遵守的，它是国家对我们提出的要求。不仅仅你们自己要学好，回家后，你们还要给自己的爸爸、妈妈讲甚至还要给你们的亲戚讲。让你们的父母爱护环境，监督他们的行为，这样我们的家乡才会更美。（20170915 QXR 老师）

这种政治教育不仅仅面向学生进行，而且试图通过学生的观念影响到家长的观念与行为，这是在乡镇教育中经常看到的现象。在新时代精准扶贫中，教师也会在课堂中讲述这一政策，以此来实现政府对贫困群众的支持。在我们的调查研究中，党员教师本身也需要承担精准扶贫的任务，这不仅仅是在课堂中需要讲述这一政策，而且在实践中要引导学生执行。

2. 课程知识的经济性及其价值指向

课程知识的经济性指的是课程知识与经济结构之间的互动关系，集中

---

[1] 参见课程教材研究所，思想品德课程开发研究中心．义务教育实验教科书思想品德九年级全一册［M］．北京：人民教育出版社，2013：46-60.
[2] Q教师扮演了政策传递者的角色，这一角色是国家所赋予的。在中国的基层农村社会中，教师在农民心目中也是"吃公家粮食"的，跟公务员一样。在跟教师实际的访谈中，教师觉得自己比公务员社会地位低下，并没有公务员那么大的权力。

体现的是人对利益的追求。自亚当·斯密出版《国富论》以来，其"经济人"的观念得以传播，成为西方经济学理论体系的核心观念。亚当·斯密认为人具有自利性，人在经济社会中以最大限度地获得个人利益为目的。"经济人"的人性观念不仅仅在自由经济中起着支配作用，同时也影响到泰罗《科学管理原理》(The Principles of Scientific Management)的产生。而泰罗的《科学管理原理》也很大程度上影响了泰勒的《课程与教学的基本原理》(The Basic Principles of Curriculum and Instruction)，使得现代课程理论从一开始就跟资本主义的经济发展有着内生的关系。以泰勒原理为代表的课程开发理论表面上看来直接追求如何开发课程，但实际的旨趣仍然是效率取向，复制了资本主义的经济逻辑。

从正式的课程知识而言，西方"七艺"和中国的"六艺"更多的是文化的传承。到了资本主义社会产生以后，尤其是义务教育的普及后，课程知识如何服务于工业生产、如何塑造合格的工人成为课程建设的基本功能。课程知识经济性的考量，不仅仅意味着通过内容反映一些经济生活的技能知识，以实现劳动者素养与能力的提升，更重要的是通过生产、交换、消费观念的渗透，使得"经济人"的诞生在学校中实现。在"经济人"的假设中，劳动成为获取产品的工具，学校中知识成为谋取利益的筹码。人们不再关注课程知识本身是什么形态的知识，更为关注什么知识在社会中最具有交换价值。具体而言，课程知识通过生产观念、交换观念、消费观念的渗透塑造了现代人的精神性格，在一定程度上是世俗化教育价值最集中的体现。相对于政治的直接作用而言，这种经济性价值在课程知识中更为隐性，但更加彻底地反映了现代人通过知识的占有获得资本的过程。就博比特、泰勒所开创的现代课程理论而言，课程知识对经济生活的考量远远大于文化因素，在一定程度上反映了"教育为未来生活做准备"（斯宾塞语）。

（1）课程知识注重对职业的"活动分析"，塑造了现代人的职业生产意识

随着现代生产方式的确立，尤其是机器大工业的发展，职业技能的塑造日渐成为现代学校教育的重要内容。对于个体而言，职业能力的培养是

现代人生活的前提，"职业劳动是最基本的服务，代表着最基本的社会服务"①。

在博比特看来，古典的课程知识早已经不能适应现代人的生活，仅仅靠文法、修辞、辩证法来塑造的能力不能跟上工业生产对人的要求。20世纪20年代，泰勒等人进行了"八年研究"（Eight-year Study），其重要的背景是大量中学生升学无望，同时就业困难重重，社会面临巨大的危机，人们纷纷将批判的矛头指向进步主义教育改革。针对这一危机，泰勒等人力图通过改革传统课程来进行，主要是从学术性课程、分科性课程入手，代之以反映日常生活的核心课程（Core Currcicula）的开发。而作为八年研究的理论成果的《课程与教学的基本理论》则是对博比特"活动分析法"的延续与深化，同时也体现了泰勒对中学教育的目的的追问："中学教育除了传授知识，还应该为学生提供什么。"② 这种对职业生产的考量，使得技术类的知识跟未来的经济生活的准备紧密地结合起来。泰勒对生产知识的重视，实际上体现的就是课程知识为谋生的准备，这种准备不仅仅局限在专门的职业教育上，而且在普通教育中也开始关注生产意识的培养。自此之后，技术类知识日渐渗透到普通教育的课程体系中，同时也成为现代人生活最基本素养的要求。

（2）课程知识注重的是知识的交换价值，塑造了现代人的资本意识

在现代课程知识的形塑中，知识跟人的现实生活直接联系在一起。对知识的衡量，不再是从知识本身出发，而是看重知识的交换价值，即知识是否能够为个人或者企业创造资本。"知识资本"的提法生动地刻画了课程知识具有的这种交换价值。知识经济中，知识不仅仅是作为一种认识成果而存在，同时可以作为一种可以交换的"商品"。古典的课程知识观注重的是人的美德养成，而现代课程知识直接面向了人们的经济生活，知识不再是崇高的自给的精神满足，而是服务于生活的工具。这里，知识资本不仅仅直接是生产技能的资本，也同时是可能指代一种象征的资本，即获

---

① 〔美〕约翰·富兰克林·博比特. 课程 [M]. 刘幸, 译. 北京：教育科学出版社，2017：48.

② 张斌贤. "八年研究"始末 [C]. 教育的传统与变革——纪念教育史研究创刊二十周年. 2009.

得某种学历带来的经济回报。无论交换的形式如何变化，知识都不再以教化的方式出现，而体现出实际的好处来允诺知识的这种交换价值。

事实上，学校教育中的知识资本并不能直接带来金钱的回报，因为"知识资本是一种预付价值或垫付价值"[①]。随着资本观点的盛行，知识资本化的趋势在教育观念上体现得更加明显，甚至在小学生心目中也开始形成"读书好，好赚钱"的观点。知识与资本的联姻，意味着人们学习课程知识最直接与现实的目的就是改善个人的生活。

> 读书也是为了生活，为了以后能够有一份好点的工作，养活我的家人。我爸爸妈妈在浙江工地上打工太辛苦了，整天日晒雨淋，没有假期，没有保险，他们再苦再累也希望我读书以后不要跟他们一样下苦力，最好找个体面、舒服的工作，能够干干净净地在办公室上班，在银行干金融工作是最好的，那样待遇好，不愁吃穿。（20170625YCL同学）

对于处于 G 省的乡村学生而言，他们努力学习的直接目的就是走出农村，"跳出农门"过上真正的城市生活。离开农村，是这里乡村教育最直接的目标，学校教育中也渗透着对城市美好生活的设想。从进入学堂的那天起，他们就承担着家庭的所有希望，更承担着改变生活的希望。随着城镇化的到来，乡村日渐成为城市的边缘，城市成为乡村改造的目标，这无疑加大了这种知识工具化的倾向，使得课程知识负载了太多的外在价值。资本观念的渗透，使得人们越来越注重的是"有用"的知识，人们开始精心算计如何让知识更"有用"。当人们进入学校接受教育时，就开始计算回报，并且把这种算计的心理渗透到教育的各个环节。在接受教育的过程中，与其说是害怕"输在起跑线"，不如说是害怕知识投入无法获得最有利的回报，究其根本而言在于"资本逻辑的本质是追求资本增殖"[②]。这样

[①] 张兆国，宋丽梦，吕鹏飞. 试论知识资本的涵义 [J]. 武汉大学学报（人文社会科学版），2000（11）：777.

[②] 山磊，冯丽洁，郑柏茹. 从需求到欲求——当代消费社会的经济哲学解读 [J]. 兰州学刊，2016（12）：173.

的结果是"我们的知识不关注人自身,让人的精神无法回归到人自身之上"①。

现代性的消费观念加剧了学校教育的资本意识。法兰克福代表人物马尔库塞提出了"消费社会"的概念用来描述这个时代观念的转变,消费作为人生目的开始控制我们的生活,也影响到教育的过程。从生产型生活到消费型生活过渡,人的欲求得到了不断的扩张。随之而来的是课程知识日渐成为一种符号化的生活资本,占有这种资本本身没有意义,而是作为工具实现与满足个体的消费,获得当下的幸福。这种对物化生活的追求不断异化,甚至在部分极端的观点看来,幸福生活与消费能力是等同的,幸福就等同于消费上肆意妄为、毫无节制的"买买买"。

在现代生活中,消费不仅仅是作为经济过程的一个环节,而且控制了整个社会生活。消费至上的观念表明,消费不再是为了满足人们的基本生活需要(needs),而是实现个人的欲求(wants),或者占有的一种心理体验。这种体验是一种永远生长但却无法满足的欲求。"欲求超过了生理的本能,进入心理的层次,它因而是无限的要求。"② 这种欲求本身使得感官满足成为最直接的目的,而共在的理想追求日渐远离了教育生活。由此,教育成为经济的附庸品,其价值开始由经济来决定。经济价值的扩张,使得马克思所言的片面劳动产生的人的异化现象也在教育中延伸开来。教育这个本该具有全面发展人的使命也因为资本的渗透走向它的反面。

对课程知识的经济性无限推崇甚至成为一种统治性价值,最终使得课程知识变异为一种资本性存在。这种异化的出现,根源于现代社会中资本力量的过度强大,它无孔不入侵蚀了教育过程的内在肌体,而教育产业化的提出正是这种经济逻辑的具体表现,这里产业化显然不仅仅是一种调配教育资源的工具,更重要的是对教育价值的消解。如果说早期工业化时代,课程开发是对经济的积极适应,但过度适应之后使得课程知识成为一种单纯满足、适应经济生活的工具,甚至是一种满足无休止消费欲求的工

---

① 曹永国. 自我与现代性的教育危机 [M]. 福州:福建教育出版社,2010:78.
② 〔美〕丹尼尔·贝尔. 资本主义文化矛盾 [M]. 赵一凡,等,译. 北京:三联书店,1989:68.

具，课程知识日渐远离了个体精神生活的追求。按照舍勒的理解，人的教化需要不同的知识，不仅仅需要有宰制的知识，同时也需要教养的知识与救赎的知识。而现代课程只是重视了宰制的知识，使得人的统一、整体的生活被现代的学科知识所分割进而呈现出碎片化、片面化的趋势。

课程知识的经济性作为一种重要价值主宰了现代课程知识，制造出教育价值的颠覆。这种价值颠覆的结果是经过人们算计的课程知识不再是学生爱的对象而成为学生一生怨恨的对象。课程知识一旦沦为怨恨的知识，表现出来就是学生厌学、逃学，更为极端的是通过撕书的形式发泄内心对知识的恨。事实上，那种通过单独经济性决定的课程知识不可能带来人们精神上的满足，而过度适应、过度强化带来的后果是教育自在价值的消解。经济性的核心在于"它在成本和收益方面的对比通常以金钱的形式反映出来"①，课程知识也被人们放在市场天平上进行衡量，并直接以金钱的形式表示其价值，进而让课程知识褪去了神圣的精神指向。课程知识的经济性，注重的是知识为经济的服务功能，有着很强的现实取向，但过于强化后就可能将教育精神不断降格，但教育不能由此拒绝神圣的追求，拒绝神圣的课程知识可能就不再是教育的知识，因为它否定了未来。

3. 课程知识的文化性及其价值指向

课程知识的文化性表征的是课程知识与人的精神意义之间的互动关系，集中体现了人类在教育实践中对意义的追求。尽管文化的内涵极其丰富，可以表现在物质、器物、行为等多个层面，但文化性作为文化的内在规定性跟人的精神存在之间的联系却更为紧密。

从文化的词源学分析，"文"通"纹"，指纹理、痕迹，如《易》载"物相杂，古曰文"。而在《说文解字》中："文，错画也，象交叉。"在此基础上，"文"引申为礼仪以及做人的伦理规范，如《论语·雍也》称："质胜文则野，文胜质则史，文质彬彬，然后君子。"从这个过程中，我们可以看到文指的是人的对象化活动尤其是精神的创造。"化"，本义为生成，《易·系辞》："子曰：知变化之道者，其知神之所为乎？""化"后来

---

① 〔美〕丹尼尔·贝尔. 资本主义文化矛盾 [M]. 赵一凡，等，译. 北京：三联书店，1989：57.

引申为对万物和人类的创生与变化。化既可以指向万物的生长,也特指人心性的变化,即教化的过程。这样,"化"跟"文"一样都是人性的提升,具有了教行迁善的价值。两者一起使用出现在《易经》中,"刚柔交错,天文也;文明以止,人文也。观乎天文以察时变,观乎人文以化成天下"。"人文"跟人伦、教育联系紧密,导向了对文明生活的教化。自西汉以后,"文"与"化"成为一个整词出现,如"圣人之治天下也,先文德而后武力。凡武之兴,为不服也。文化不改,然后加诛","文化内辑,武功外悠"。这里的文化指的是教化,跟无教化的"野蛮"相对立。而在西方,文化(culture)指的是土地上的耕作与改良,后来引申为心灵的培育。通过词源分析可以得出的基本结论是:文化的最初含义是农业意义上的耕作和繁育,后来延伸到人对自身的教化,它不仅体现为人对自然的改造,也表现为人的心智成熟、后天习得的能力以及德行、修养等。

文化研究的兴起,使得学术界对文化的思考更加深入与全面,霍尔提出了三种关于文化的界定方式:"第一种理想的文化定义,即文化是人类完善的一种状态或者过程;第二种是文献式的文化定义,即文化是知性的想象和想象作品的整体;最后一种是文化'社会'定义,即文化是一种整体的生活方式。"[①] 霍尔在此基础上提出了文化是一种表征与意指实践。意指实践(signifying practices)体现了在文化过程中实践对意义的追求,表征符号的过程就是意义赋予与生成的过程。因此,文化性作为文化活动的本质属性,是人存在意义的集中表现。

不同于政治性对权力的推崇与经济性对资本的关注,课程知识的文化性更多地立足于人的意义生成。这种意义是属人的意义,在卡西尔的《人论》中建构了人、符号、文化三位一体的哲学思想,正是通过符号化、文化化的过程,人才得以从自然世界进入到文化的世界。而我们通常所说的"文化育人"实际上就体现了人通过文化摆脱对"物性"依赖实现对"人性"与"神性"等超越性的提升。文化有不同的样态与表现形式,但就其根本而言,文化的要义是植根于人类群体生活史中进行的一种意义探寻,

---

[①] 邹赞. 表征与意指实践——斯图亚特·霍尔的文化定义 [J]. 石河子大学学报(哲学社会科学版), 2009:86-87.

恰如贝尔所言:"文化领域是意义的领域(realms of meanings)"①。具体而言,课程知识的文化性是通过历史的对话、阐释、艺术形式实现这种意义的生长。

(1) 课程知识以历史对话的方式进行叙述,体现了文化的生存意义

课程知识并不是简单地将知识直接加以叙述,而是以对话的方式调动学生已有的文化经验。对话的方式实际是承认课程知识的主体间性,它不是仅仅按照学科逻辑来讲述知识的层级,而是以适应儿童的认知方式还原到生活场景中,进而才能实现意义的理解。《开明国语课本》中《商代人的书》一课就体现了这一点。

商代人的书

父亲又从桌子的抽屉里取出一叠画片给我,说:"你再看这个。"这些画片上印着一块块黑色的东西,式样和大小不一样。上面有一簇簇的白纹,好像是文字,但是我不识。父亲说:"这些是商代人的书。"我说:"我们在白纸上印黑字,商代人却在黑纸上印白字。他们同我们是相反的。"父亲说:"商代人哪里有纸?又哪有印书的机器?这一块块的是龟壳和牛骨头。文字是刻上去的。这些东西也是黄河北岸掘出来的。用纸用墨拓下来,就成黑纸白字了。"我说:"好奇怪的文字呀!"父亲说:"你说它奇怪,确是现在的文字的祖宗呢。"啊,被我认出来了!这是今字,这是日字,祖宗的相貌竟然同子孙的差不多。②

以上作为小学初级阶段的课程知识,并没有直接叙述历史的知识,而是通过父与子的对话来阐释"书"的文化意义。通过探寻、比较、联想,将历史事件跟现代生活联系在一起。在这里,课本的叙述过程不同于知识的呈现逻辑,而主要是从儿童认知的角度来进行表述。因此课程知识所追

---

① 〔美〕丹尼尔·贝尔. 资本主义文化矛盾[M]. 赵一凡,等,译. 北京:三联书店,1989:30.
② 叶圣陶编,丰子恺绘. 开明国语课本(下册)[M]. 上海科技文献出版社,2015:6 – 7.

求的文化性,不仅仅结合了有关文化的材料,更重要的是以一种主体间的对话方式来激活个体的生活经验,进而调动精神的意向性。《开明国语课本》之所以称得上经典,在于它体现了儿童的视角,让历史跟现实之间产生了对话,进而激发了学生的兴趣。这套课本虽然是1935年出版的,70年之后作为"老课本"再一次重新再版,但其散发的文化价值为越来越多的人所认同。这种认同根本在于文化性产生本身就是一个创造的过程,这种创造表现出来的就是一种视角和立场的转换。这种对历史的回首不仅仅是一种群体的记忆,更重要的是一种存在的确认。在存在的确认之后,人才可能让当下的生活跟历史的生存之间形成联系,个体才可能从物性的生活追求走向对精神生活的追求。

(2) 课程知识以规范的形式要求行为,体现了文化的伦理意义

课程知识的文化性、教育意义上的文化性,体现了教育实践的规范性要求。教育的根本使命是人的德行实现,因此课程知识追求的意义不仅仅是符号的心理意义,同时包含有规范生活的伦理意义。"所谓伦理就其中文的词源含义来看,便是人际关系事实如何的规律及其应该如何的规范。"[①] 相对于道德的个人属性,伦理更多地强调的是公共属性。这种伦理意义在我国课程知识中体现得非常充分。如我国古代蒙学教材《三字经》的"香九龄,能温席。孝于亲,所当执。融四岁,能让梨。弟于长,宜先知"便是对儿童行为的伦理要求。而《论语》对君子的要求,实际上也是一种伦理要求,如"其为人也孝弟,而好犯上者,鲜矣;不好犯上者,而好作乱者,未之有也。君子务本,本立而道生。孝弟也者,其为仁之本与"。

不仅古代课程知识贯穿了伦理规范这一根本的文化宗旨,现代课程知识中也同样重视了伦理规范的教育功能。比如《开明国语课本》下册《蔺相如》一文关于完璧归赵的故事同样出现在今天的沪教版三年级下册、人教版五年级下册的课本中。在这里,完璧归赵的故事之所以反复出现在课本中,其根本价值在于蔺相如信守诺言、不辱使命捍卫国家尊严的伦理形象。这一伦理形象不仅仅在封建国家中需要,在社会主义国家教育中同样

[①] 韩升. 伦理与道德之辩证 [J]. 伦理学研究, 2006 (01): 90.

需要。随着时代的变化，伦理也在变化，因此课本中伦理指向可以是孝、忠、信、义等，具有不同的时代内涵。尽管伦理有时代差异，但伦理的一致价值在于约束自私的物性，寻求在共同体意义上的超越。伦理的存在，使得人区别于动物而活着，赋予人基本的道德使命，这实际上是课程知识在文化性上最基本的内涵。如《商务国语教科书》上册《亲恩》一课便体现了这种文化的伦理性特点。

> 人出生时，饥不能自食，寒不能自衣，父母乳哺之，怀抱之；有疾，则延医治；及年稍长，又使入学，其劳苦如此。为子女者，岂可忘恩乎。①

以上文字通过对父母养育孩子艰辛历程的回顾，使得孝敬父母这一基本的伦理要求自然成为一种生命内在的道德召唤。在这里，课程知识之所以体现了伦理价值，根本在于它是教育个体社会化②功能在课程上的体现。相反，课程知识如果丧失了对伦理意义的追求，教育中的文化可能被社会世俗生活中消费文化或者流行文化所占据，就不能体现教育自身的文化立场。

(3) 课程知识以艺术的方式进行组织与呈现，体现了文化的审美意义

课程知识的产生不仅仅是对已有知识的搜集、汇编、浓缩，更重要的是它以一种审美的方式呈现出来，体现出文化的审美意义。相对于利用知识获得经济价值的功利心态与世俗心态，"审美是劳动的理想价值形态，它体现着人类自我超越的自由方向"③。有了审美的参与，知识呈现才可能成为人悦纳与欣赏的对象，才可能唤起个人探究的惊奇之心，课程知识跟人的相遇才可能最大限度地调动人的精神意向。

课程知识文化性体现出的审美意义，是编制过程的艺术创造的结晶。

---

① 庄俞. 商务国语教科书（上册）[M]. 上海：上海科技文献出版社，2015：163.
② 学者石中英将教育界定为："教育是在一定社会背景下发生的促使个体社会化和社会个性化的实践活动。"见全国十二所重点师范大学. 教育学基础. 北京：教育科学出版社，2002.
③ 《美学原理》编写组. 美学原理 [M]. 北京：高等教育出版社，2015：39.

这种创造是自由精神的体现，也正是因为有了创造，才可能在审美意义上获得情感的共鸣。"开明教科书"便体现了这样的特点，它是由叶圣陶与丰子恺两位先生协同创造的结晶。叶圣陶以儿童文学方式编写课文，丰子恺创作文中的插图。文字简洁，插图充满童趣，图文结合，相得益彰，给人以美的享受。课文《先生早》、《荷花》在编制形式上就体现了这种审美特点。

图3 开明课本节选

以艺术的方式将认识对象变为审美对象，进而获得审美意义，是课程知识表现文化性的最高形态。事实上，现代课程知识往往注重的是真，将知识论的标准作为课程知识建构的主要标准甚至是唯一的标准。求真固然是文化性追求的一个维度，但寻美则是文化性追求不可缺少的另外一个维度。在一定意义上审美之维更能够让人与文本之间获得心灵的感受与精神的熏陶。现代科学强调以对象的区分来进行研究，而审美更强调以身心统一的方式来体验，进而让人获得审美共通感。"审美共通感的存在调动了主体的集体审美意识，在审美活动中找到文化认同感和群体归属感。"[1]

---

[1] 《美学原理》编写组. 美学原理［M］. 北京：高等教育出版社，2015：39.

课程知识的文化性体现了人对意义的追求，是教育教学作为人生教育实践的内在表达。文化作为属人的标志，不仅仅体现在物质财富的创造上，更体现在精神成果的创造上，后者更能跨越时代具有某种永恒的精神价值。文化性的存在使得课程知识不再局限于知识的含义，更重要的是体现出人类生存的意义。"意义是含义的人性化，或者说，意义是对动物自我中心生存状态的超越。"[1] 这种超越彰显的正是人性的高贵，也是教育过程内在的、难以言说的美好。这种美好体现了教育对文化创造的审美特征，同时体现了对文化的积极追求。课程知识的文化性不是简单地反映社会生活的文化，同时也是基于教育的立场进行的文化反思与创造。因此，文化性作为课程知识的属性之一，不是政治性与经济性的附属物，而是有着自身的价值指向。

通过以上分析，可以看到课程知识的文化性跟政治性、经济性之间有着不同的价值指向。正是因为这种差异使得课程知识是在价值博弈中产生的。表1列举了三者之间在价值指向上的不同。

表1 课程知识属性的分类

属性名称	价值指向	关键词	关系	举例
课程知识的政治性	意识形态的维护与抵抗	权力控制	敌/我	"国家的产生"
课程知识的经济性	经济利益的生产与消费	资本占有	得/失	"商品的销售"
课程知识的文化性	意义世界的阐释与创造	意义理解	离/合	"永字八法"

同时，三种属性之间的联系是紧密的，一方面在课程知识的形成过程中，政治、经济影响着文化性的形成，甚至在特定的历史阶段会出现政治决定文化、经济决定文化的极端现象；另一方面课程知识的文化性具有相对的独立性，一旦形成之后，就不会轻易改变，甚至作为稳定的"文化性格"影响到人的发展，并成为教育文化的直接反映。因此，三种属性之间存在差异与边界，是课程知识得以健康发展并产生张力的条件。

---

[1] 尤西林. 人文科学导论 [M]. 北京：高等教育出版社，2002：83.

以上三者之间存在着不同的价值指向，但彼此联系，经过相互作用后会产生不同类型的课程知识。在不同时代的课程知识中，三种价值具有不同的权重，这跟历史传统和时代精神有着复杂的联系。我国是一个文化悠久的国度，历来重视教育的文化传承功能。自20世纪以来，我国开始进行基础教育改革，当下又开始基于核心素养的教育改革，这些不断进行的改革实践中也在不断吸纳、创造新的文化。一方面，不仅仅课程改革实践为文化的创新提供了条件，另一方面教育学者广泛关注教育的文化逻辑、教学的文化属性、教育改革的文化逻辑，在理论上思考教育与文化的关系。这种对教育进行的文化思考实际上可能都包含对文化性的反思，因为政治性、经济性过于强势的影响甚至决定课程改革，可能会导致精神危机的出现，恰如教育社会学学者程天君所言："作为政治—经济改革的教育改革，要么沦为政治的工具，要么用于经济的筹码，抑或受两者钳夹，效果堪忧。"[1] 事实上，课程知识的工具价值凸显，正是政治性与经济性过度渗透的结果，那样做可能在短时间内达成教育的外在目的，但是长此下去，就可能让课程知识的文化性无法显现出来，甚至人们会把政治性与经济性所附加在课程知识上的文化看作是教育文化的追求。如前所述，课程知识的探讨需要立足于教育立场思考文化的问题，这种立场要求我们不能简单地将经济或政治形成的"权力文化"或者"资本文本"看成是课程知识应该表征的文化，因为将一切反映现实的文化都看作是文化，这可能导致文化的虚无化，这正需要从教育立场对文化现象加以反思和批判。

总之，试图在理论上澄明课程知识的文化性是对教育学自身立场的坚持。课程知识的存在，不是由某个单一属性支配或者决定的结果，而是多种属性共同作用的结果。课程知识的存在一方面受制于经济和政治的作用，必然表现出经济性与政治性，但其文化性是不能被替代的。对于教育这项人类实践活动而言，文化性的价值指向是不能被其他价值所支配或者消解的，其显现的程度在一定意义上表征了课程知识的活力与健康程度，更确认了师生在教学生活中作为类存在的根本价值。

---

[1] 程天君. 改革教育改革——从作为政治—经济改革到作为社会—文化改革 [J]. 湖南师范大学教育科学学报，2012（02）：15.

二 内容表征的文化性：课程知识的要素分析

课程知识主要由科学课程知识、社会课程知识与人文课程知识三种类型构成。这种类型的区分是人类知识积累到一定阶段后进行分化的结果。从历史而言，最初的教育活动主要渗透在原始的宗教仪式等日常生活过程中，其课程知识主要有两种形式："一种是仪式性知识，一种是神秘性知识，前者是为后者服务的。"① 随着人的认识水平的提高、认识能力的不断分化，课程知识出现了形而上学的知识以及科学知识，并且在不同的历史时期有了其不同的主导价值。进入现代社会，按照对象进行专门研究进而形成分科的课程知识成为现代教育的主要特征。课程知识的构成从整合走向分化，这是现代教育发展的必然产物，尽管当下课程改革中提倡课程整合的理念，但分科的课程知识仍然是课程的主体。暂且抛开这种分化是否合理的纷争，论述课程知识的文化性就应从它的主要构成类型进行分析。

（一）科学课程知识的文化性分析

科学课程知识不仅仅是现代课程知识的主体，更是作为一种带有规范性的知识形态出现在学校教育中。在现代教育中，"科学"一词的运用十分广泛，如政治教育中的"科学发展观"、"科学的价值观"，科学教育中的"科学的方法"，但作为一个学科概念主要分为广义与狭义两种类型。广义的科学指的是"反映自然、社会、思维等的客观规律的分科的知识体系"②。狭义的科学指的是自然科学，主要是有关对自然现象的专门认识。广义上的科学包含的范围涵盖了自然科学、社会科学、人文科学，成了知识的代名词，几乎囊括学校教育内容的各个方面。这种极为宽泛的用法，使得科学丧失了其自身的边界，在一定程度上反映了科学主义认识论对教育的影响。基于此，本研究提到的科学课程知识，是狭义的科学，即反映

---

① 石中英．知识转型与教育改革 [M]．北京：教育科学出版社，2001：92.
② 中国社会科学院语言研究所词典编辑室编．现代汉语词典．北京：商务印书馆，2012：731.

人们对"自然世界"的认识，是一种自然知识（natural knowledge）。

科学课程知识不仅仅作为一种知识体系而存在，更体现为一种特殊的文化而存在。科学课程知识是对自然知识的选择、组合和重构，集中体现了科学文化在精神上对人的塑造功能。"科学作为一种文化，不仅是智力意义上的文化，也是人类学意义上的文化，因而具有不同于政治、宗教等文化的特质与精神气质。"① 这种科学精神气质对现代人的熏染，无疑是科学课程知识发挥其文化性的重要指向。事实上，科学知识作为人类认识发展的重要成果，不仅仅可以在理智上启发人的智慧，同时也包含着人类共同体对自然世界的求真意识。任鸿隽在"科学精神论"中指出："科学精神者何？求真理是已。"美国科学社会学家默顿认为科学精神气质（the ethos of science）指的是普遍性、共有性、无私利性和有组织的怀疑主义。因此，从文化立场理解科学课程知识是塑造现代人的要求。从课程知识的动态过程而言，它包含从理念到制度，进而转化为正式的课程文本这一过程。以下主要从课程标准和课程文本两个方面分析科学课程知识的文化性。

1. 科学课程标准在目标和内容框架上体现了科学文化

自 2001 年我国颁布《基础教育课程改革实施纲要（试行）》以来，课程标准成为教师们日常课程教学行动的"指挥棒"。课程标准作为一个国家制定课程、实施课程、评价课程的依据，"它体现国家对不同阶段的学生在知识与技能、过程与方法、情感态度与价值观等方面的基本要求，规定各门课程的性质、目标、内容框架，提出教学和评价建议"②。作为引领当下教育改革的纲领性文件，课程标准是课程理念的反映，它事实上作为一种关于课程的知识，勾勒出具体课程在目标、内容、实施和评价方面的愿景。

（1）科学素养作为科学教育总目标的提出，聚焦科学文化这一维度

从我国小学科学课程标准来看，无论是 2001 年的课程标准（试行），还是后来在 2017 年修订的课程标准，都以提升学生的科学素养（science

---

① 刘大椿. 科学文化与文化科学 [J]. 自然辩证法通讯, 2012 (6): 2.
② 崔允漷. 国家课程标准与框架的解读 [J]. 全球教育展望, 2001 (08): 4.

literacy）为目标。2001年版课程标准指出："小学科学课程是以培养科学素养为宗旨的科学启蒙课程。"[①] 而2017年修订课程标准对课程性质的表述是"小学科学课程是一门以培养学生科学素养为宗旨的基础性课程；小学科学课程是一门活动性和实践性课程；小学科学课程是一门与其他学科有密切联系的综合性课程"[②]。这里的科学素养不仅仅是对科学知识的掌握，同时包含有科学精神、态度这一重要的文化内涵。

不仅仅我国的科学课程标准在目标上体现出对科学素养的关注，早在1989年美国发布的科学教育改革纲领文件《面向全体美国人的科学》（*Sciences for All Americans*）即重点强调了科学素养这一重要的目标维度。作为美国科学促进协会实施"2061计划"的重要成果，科学素养的这一目标实际上是在反思科学教育片面化的基础上提出的。科学素养是面向普通人的，它超越了从知识掌握的角度去认识科学概念，更强调从公民的角度而非学科专家的角度去认识科学、理解科学。比如其科学素养的具体内容表述为[③]：

> 熟悉自然世界，认识它的多样性和统一性
> 了解科学的关键概念与原理
> 了解科学、数学和技术相互依存的重要方式
> 认识到科学、数学和技术是人类的伟大事业，认识到它们的优势与局限
> 具备科学思考能力
> 运用科学知识和科学思维方法处理个人和社会问题

科学课程标准将科学素养作为科学教育的总目标，正是体现了科学作为一种文化的教育功能。而我国在2017年实施的小学课程标准中提出，小学科学从一年级开设，这实际上是国家层面肯定了科学在现代人的精神成

---

① 中华人民共和国教育部. 全日制义务教育科学课程标准（3－6年级）实验稿. 2001.
② 中华人民共和国教育部. 全日制义务教育科学课程标准. 2017.
③ 美国科学促进协会. 面向全体美国人的科学［M］. 北京：科学普及出版社，2001.

长中的重要作用，这是对科学育人功能的确认。这种重视不是从知识论意义进行科学知识的传递，而更多的是将科学作为一种认识、理解世界的方式。

相对于过去精英式的科学观更多强调科学知识的高高在上，当下的科学教育改革更多的是从文化的角度去理解作为公民需要的科学，将科学的态度纳入学校教育的日常生活中进行培养。至此，科学不仅仅对于科学家的工作而言是必要的，对于普通人融入现代的民主生活来说也是必要的，因为"科学在不断揭示客观世界和人类自身规律的同时，也促进了人类思维方式的发展和认识水平的提高，科学蕴含的科学精神和科学伦理已经成为先进文化的重要组成部分，不断升华着人类的精神境界。"[1] 因此各国普遍将科学素养作为一个科学教育目标提出，这是在文化意义层面确认科学课程知识的教育价值。

（2）科学探究作为科学教育分目标的提出，蕴含了对科学过程文化的关注

进入20世纪以来，各国的小学科学课程标准都不同程度地重视了科学探究，实际是培养学生的好奇心，培养对科学的兴趣，比如在英国、澳大利亚和我国都明确了科学探究的作用。在我国2017年颁布的小学科学课程标准中专门在目标维度上设置了科学探究目标，其总目标的表述如下[2]：

  1. 了解科学探究是获取科学知识的主要途径，是通过多种方法寻找证据，运用创造性思维和逻辑推理解决问题，并通过评价与交流等方式达成共识的过程。

  2. 知道科学探究需要围绕已提出和聚焦的问题设计研究方案，通过收集和分析信息获取证据，经过推理得出结论，并通过有效表达与他人交流自己的探究结果和观点，能运用科学探究方法解决比较简单的日常生活问题。

---

[1] 中华人民共和国教育部. 义务教育初中科学课程标准（2011年版）[M]. 北京：北京师范大学出版社，2012，1.

[2] 中华人民共和国教育部. 全日制义务教育科学课程标准. 2017.

3. 初步了解分析、综合、比较、分类、抽象、概括、推理、类比等思维方法，发展学习能力、思维能力、实践能力和创新能力，以及运用科学语言与他人交流和沟通的能力。

4. 初步了解通过科学探究达成共识的科学知识在一定阶段是正确的，但是随着新证据的增加，会不断完善和深入，甚至会发展变化。

科学探究体现了科学发展的过程逻辑。从标准的表述来看，科学探究的提出实际上反映了科学观念的变化对科学认识的影响，改变了对科学"真理论"的偏见。事实上，这种过程逻辑体现了科学的实质，它是对科学主义思潮进行反思后提出的。以往的科学教育中注重了科学知识的普遍性和客观性，塑造了绝对化的科学知识观，而缺失了科学探究的科学课程是反科学的，它可能消解了科学发展自身的理性传统。标准中"科学知识在一定阶段是正确的"正体现了科学知识的暂时性、发展性甚至是可证伪性的观点，这实际上可以看作是后现代科学文化对科学认识的影响。

2. 科学教科书对科学史的运用具体展现了科学文化

教科书作为课程知识文化性的主要载体，既体现了课程标准的主要理念，同时也体现了课程开发者的创造性。课程标准作为一种规定、一个蓝本，在内容框架和理念选择上发挥指导作用，而具体的课程开发则需要对知识进行不断的选择与重组，其中交织着学科逻辑与儿童认识逻辑之间的碰撞、冲突与糅合。科学课程标准主要从宏观层面规划了课程知识的结构，而文化性却体现在科学教科书中。

从教科书文本分析来看，科学课程知识的文化性主要体现在科学史和科学哲学的运用上。科学史与科学哲学，尽管分属不同的学科，但两者之间相互联系，在功能上共同致力于提升学生对科学本质的理解，这正是作为学生科学素养的重要一环。国际科学教育中兴起的 HPS（History, Philosophy and Sociology of Science）教育便可以看作是从科学文化方面改善科学教育的例证[1]。因此，教科书中对科学史、科学哲学的叙述实际上反映

---

[1] 参见丁邦平. HPS 教育与国际科学教育改革 [J]. 比较教育研究，2000 (06): 6–12.

了科学文化在科学教育中的渗透。

科学教科书通过科学史的叙述展现了科学产生的过程。科学是人的科学，它反映了人类自身的发展历程，在一定程度上可以说，科学的历史就是人类不断认识自然、理解自然的历史，它反映了人类认识能力的提升。科学史作为一门历史学科，记录着科学发展的不同阶段，见证着科学范式不断转变的历程。科学史能够最大限度地展现科学文化景观，进而唤起学生对科学精神的体验。在科学史中，"我们可以看到的是，科学像其他人类文化一样，实际上植根于特定的文化土壤，是由特定的文化素养和文化传统的人推动的，并依赖特定的历史条件而产生出来"[①]。

正是因为意识到科学史的文化功能，科学教科书的编制注重将科学史的内容纳入课程知识之中。在《面向全体美国人的科学》中就将万有引力、相对论、物质守恒等列为公众学习科学的十大主题。美国在1970年出版了《改革物理学教程》，这成为科学教育史上第一部基于大量科学史进行科学人文教育的教材。而我国湖南科技出版社和湖南少儿出版社共同组织编写的小学科学教材也鲜明地体现了对科学史的重视，其史料的运用主要包括科学原理、科学方法和科学技术三大类。[②] 这部教材自2005年开始出版并在全国使用，科学史的大量运用成为其鲜明的特点。从科学史在各册的分布情况统计来看[③]，从三年级到六年级，科学史的出现分别是12处、20处、10处、9处、19处、14处、15处、12处。通过科学史展现科学文化，使得科学精神能够以一种叙事的方式呈现在学生面前，引发了学生的共鸣。因为对于绝大多数人而言，成为科学家只是少数人能够达到的目标，但通过科学史的讲述能够让更多人了解科学的发展，进而提高其科学素养。在科学的发展过程中，人们对自然的认识是不断发展的，在发展过程中新的证据出现就会证伪一些旧有的观点，证实并发展一些新的科学观点。如湘教版《科学》六年级下册《生命的历程》中就安排了不同的学说。

[①] 吴国盛. 科学史的意义 [J]. 中国科学史杂志, 2005 (1): 62.
[②] 参见林向荣. 湘版小学《科学》教材特点介绍 [J]. 科学课（小学版）, 2006 (03): 32.
[③] 参见汤用莎. 湘版小学科学课程标准实验教科书研究 [D]. 湖南师范大学, 2011: 33.

关于生物进化的辩论

居维叶是18世纪法国动物学家、古生物学家。他认为地球的发展经历了多次突然发生的变革或灾变,灾变后原有生物灭绝,随后又创造新的物种,而生物的种是不变的。

拉马克是18世纪法国博物学家。他认为生物的种是可以改变的。后来达尔文经过5年的科学考察,搜集了大量的资料,于1859年提出生物进化论的理论。由于达尔文的证据充足,他的观点得到了全世界的赞同。[①]

新课程改革以来,越来越多的科学教科书重视科学史的文化功能,这跟我国改革开放以来科学精神的兴起有着紧密的联系。科学精神作为一种文化,有别于科学主义思潮,它更多的是从人类发展的角度切入对科学的理解。在湘教版《科学》教科书设计了总结性的一课《科学的历程》,集中体现了科学史与人类发展的紧密联系。《科学的历程》一课不仅仅讲述了西方科学的发展历史,同时对中国古代的科技发展进行了叙述,这样能够让学生形成一个比较全面的科学文化认识,不至于陷入西方科学中心的泥潭。这一课的出现跟我国著名科学史学者吴国盛早在20世纪90年代编写的《科学的历程》[②] 是有渊源的,它们都是从历史的视角去反映科学文化。

科学课程知识的文化性既体现了科学长期发展过程中所形成的精神态度,同时也体现了科学教育不断反思的行动反思。这种文化性的生成,在一定程度上可以看作是科学文化与教育实践文化叠加的产物。之所以出现文化的叠加效应,是因为文化本质是属人的、是相通的,都指向对人的精神的塑造。通过确认科学课程知识的文化性,科学教育本身才不至于陷入科学主义的困境中,不至于将近代科学文化作为唯一的文化型加以推崇,导致"科学万能"的霸权思想。事实上,从科学发展而言,"近代科学是

[①] 石鸥,黄一九. 义务教育课程标准实验教科书科学六年级(下册)[M]. 长沙:湖南科学技术出版社,2016:05.

[②] 《科学的历程》一书在1995年由湖南科学技术出版社出版,2002年由北京大学出版社进行修订再版。这本书在科学普及领域产生了很大的影响,曾经获得过"五个一工程奖"。

希腊科学传统的直接继承者,这种继承性体现在近代科学的理性形式和自由精神上"①。科学课程知识也需要将这种传统精神渗透进去,科学教育才可能促进人的成长,否则就可能成为一种科学的异化和科学教育的异化。尽管现代科学直接表现为一种直接的效用价值服务于经济社会,但作为一种形塑人精神的知识,首先必须承认文化性才可能是教育的,否则就可能短视地利用科学的经济性,进而导致科学教育远离普通人的生活,日益制造出科学与人文的分裂,不利于人的健康、和谐发展。

(二) 社会课程知识的文化性分析

社会课程知识是塑造学生的社会认识、促进个体社会性发展的综合课程知识。不同于自然知识对自然世界的"描述"与"说明",社会知识更多的是从一定的价值旨趣出发对社会的一种分析与解释,反映了社会化对个体的规范性要求。尽管当今的社会知识也是以科学的形式出现,但"社会知识在实质上具有相当程度的文化性,与建构它们的社会主流价值观念有着内在的不可分割的联系"②。社会课程作为从历史学科中分离出来的一门新兴课程,无论是分科还是综合形态都包含了对时代文化的关注。社会课程标准作为选择社会知识的一种规定,它在目标和内容方面都直接受到文化变迁的影响。与科学课程相比,社会课程标准受到的这种影响更为直接。

社会课程作为实现人从自然人到社会人转变的形塑力量,它在知识选择上注重时代文化对人成长的影响。具体而言,社会课程知识包含了历史、地理、政治等多科知识,这些知识既可以单独分科方式存在,同时也可以综合的形态存在,它们的共同目标在于去塑造一个社会人所需要的道德水平与政治修养。在我国,社会课程自身名称的变化跟社会的发展有着紧密的联系。从传统的修身课,到《钦定学堂章程》中的历史(史学)、地理(舆地),再到1922年壬戌学制后出现的综合卫生、地理、历史、公民,乃至新中国建立之后的政治、思想品德,改革开放以后的思想品德、思想政治,基础教育课程改革之后的品德与生活、品德与社会,2016年9

---

① 吴国盛. 科学与人文 [J]. 中国社会科学, 2001 (04): 10.
② 石中英. 知识转型与教育改革 [M]. 北京: 教育科学出版社, 2002: 284.

月开始编制、2017 年 9 月开始实施的道德与法制。这些课程名称的不断变化反映了时代文化的不断变迁。自课程改革以来，小学阶段的社会课程日渐以综合的方式出现，而在中学主要是以分科的方式出现。从社会课程标准、社会教科书可以看到文化的变迁在社会课程知识上留下的印迹。以 21 世纪以来小学阶段社会课程为例，可以看到当前社会课程知识的建构深受当前时代文化尤其是公民文化的直接影响。

1. 社会课程标准反映了时代文化的影响

社会课程直接关注的是社会人的培养。作为现代社会课程，其产生跟现代国家观念的形成有着紧密的联系，它是现代公民文化的反映。现代国家不同于封建国家的重要标志是人的诞生，公民作为现代社会人，不同于以往社会中的臣民。《辞海》1979 年版对公民的界定是："公民通常指具有一个国家的国籍，并根据该国的宪法和法律规定，享有权利并承担义务的人。"通过明晰个人在社会中的权利与义务，才能够获得对公民的认识。公民文化的诞生，是五四以来实现人的启蒙意识的历史延续，也是我国改革开放以来教育转型的时代需要。[①]

当下社会课程知识的选择体现了公民文化的要求，这是适应公共生活的内在要求。随着市场经济的发展，人们开始摆脱对土地的依赖，逐渐走向城市，成为市场的劳动者，人们之间的交往开始突破原有血缘模式和地缘模式，基于市场交往的公共生活逐渐形成。公共生活要求公民素质的养成，这是公民文化对人的基本要求，它体现在我国 2011 年颁布的《品德与社会课程标准》中。

> 良好的品德是健全人格的根基，是公民素质的核心。……在我国，构建社会主义和谐社会，加快建设创新型国家的历史重任，要求基础教育必须加强社会主义核心价值体系的教育，培养学生良好的公民道德素质和勇于探究的创新精神与实践能力。

作为公民道德素质的提出，不仅仅是一种理念，而且也体现在课程目标的具体设计上。在社会课中包含了情感、态度、价值观、能力

---

① 参见冯建军. 教育转型·人的转型·公民教育［J］. 高等教育研究，2012（04）：9–15.

与方法和知识目标，共同指向的是良好公民的培育。

2. 社会课程内容框架体现了时代文化对人的素质要求

时代文化不仅体现为一种趋势，更是一种对人的素质的要求。我国作为社会主义法治国家，需要的是积极参与社会的合格公民，这需要将公民文化体现在课程知识之中。

社会课作为国家对人的社会化的要求，必然将时代文化体现的公民素质表现出来。公民素质的形成不是凭空而来的，需要在一定的场域来完成，并在不同的阶段进行分化与扩展。公民素质要求本质上是人生活世界的不断延伸所带来的产物，它不是按照封建社会中君臣、父子、夫妻人伦依附关系来设计，而是按照公共生活图景的发展来进行规范。在品德与社会课程标准中，课程内容主要包括：我的健康成长、我的健康生活、我们的学校生活、我们的社区生活、我们的国家、我们共同的世界。这些内容安排体现了个体不断融入社会的进程。学生理解公共生活，意味着在学校教育中个体与社会之间联系的发生，同时也是其社会性不断形成与发展的过程。在这里，"我"的出现不仅仅是一种指代，更重要的是作为公民生活所需要的主体而存在。从"我"到"我们"的不断扩展，意味着个体社会化的成熟，更意味着从个体出发具有了代表"我们"的共同意识。共同意识的形成，是人类的意识在公民生活中的体现，个体只有通过公民生活的理解才能摆脱生物性的奴役或传统道德观的束缚，成为现代意义上的公民。

因此，从社会课的课程标准来看，公民素质作为一种目标和内容的规定，是时代文化的体现，也反映了社会课在培养人的素质的过程中具有的不可替代的作用。社会课不仅仅是作为维护社会统治的工具，更重要的是以积极的姿态回应文化变迁的需要，为培养未来公民奠定观念基础。

3. 社会课的教科书展现了时代文化的内涵

社会课的教科书直接展现了时代文化的精神内涵。社会课需要完成教育的个体社会化功能，因此社会化要求的文化指向需要渗透在课程知识中。尽管，社会课也努力实现社会个性化的功能，但前提是受教育者完成社会化，而社会化就是将时代文化所体现的素质规定渗透在教科书中，并成为学生的价值追求与自觉践行。相比而言，自然课程更多地受制于学科自身的发展需要，体现出学科的文化特点，"而社会课的出现和发展则更直接地来自政治和社会变革，是现代社会的产物，并且从一开始就是以公民教育为目的和任务的"[①]。

自改革开放以来，我国的国家建设日渐步入了法治轨道，公民的权利和义务不断受到重视。伴随着国家的发展与进步，人民的生活水平也得到巨大的提高，它不仅仅体现在物质生活水平的改善上，同时也体现在精神生活中自由度和参与度的提升。1999年，"依法治国"被写入我国的宪法，成为人民生活的重要政治准则，也使得社会主义国家的法制建设必然将公民文化渗透在社会课中。比如人教版《品德与生活》三年级上册就安排了《我和规则交朋友》、《我的角色与责任》，体现了培养公民所需要的规则意识和责任意识。与传统的修身教育相比，公民教育不是一种单方面的劝解、绝对性的服从，更多的是通过一种协商的方式理解社会秩序的建立与运行。通过对公共生活的关注，培养未来的国家公民正是社会课对时代文化的回应。而在部编本《道德与法治》小学一年级上册第一单元《我是小学生》第四课《在上学路上》，就安排了如何认识、遵守交通规则。同时，"部编本教材《道德与法治》中，小学和初中的《道德与法治》教学内容，分别有一个册次的法治教育专册，即小学六年级上册和初中八年级下册"[②]。

对日常生活中规则意识、法律意识的重视，是当下我国社会教科书改革的关键。1988年，国家颁布《义务教育全日制小学、初级中学教学计划（试行草案）》。其中，明确提到在小学阶段开设社会课，这跟公民文化的兴起有着紧密的联系。它不同于臣民的培养，公民的培养更多的是立足于人的主体性来建构其素质。臣民的培养是一种依附关系，人的命运寄托于贤明的君王，即依附他者来确定自身的价值，而"公民是以行使权利和履行义务为基本方式参与社会生活"[③]。

---

① 丛立新. 公民教育与小学社会课 [J]. 中国教育学刊，2002（04）：23.
② 高德胜. 教材更名后德育课程的变与不变 [J]. 中国德育，2017（01）：07.
③ 丛立新. 公民教育与小学教育 [J]. 中国教育学刊，2002（04）：23.

随着社会主义市场经济的广泛建立，公民意识的培育成了建立现代中国的必然要求。"从根本上说，公民教育的产生和推进是适应大工业生产方式及现代社会文明发展要求的产物。"① 社会课所发生的范式转变，使得它从一门边缘课程日渐成为学校课程体系中的一门重要课程。课程改革后的社会课不是按照以前的道德知识传授逻辑来进行的一种灌输，而是按照现代公民生活的形态来塑造与培育。至此，社会课程回归到生活世界之中，不再是高高在上的道德训诫，而是对公民作为主体的确定。公民作为社会的主体，它不是被动的控制者，而是可以通过社会规则的理解来融入社会之中，并可以能动地改造社会。人教版《品德与社会》五年级上册第二单元《我们的民主生活》，就直接关注了个体如何作为积极的行动者参与到公共生活中。民主生活的建构需要个体公民素质的完善，这实际上是对人的主体性的一种承认。

总之，社会课程知识的建构体现了时代文化的印迹，赋予了社会课鲜明的时代性。从修身课到道德与法治课的出现，社会课程知识回应了现代社会对公民的塑造。在一定意义上，今天的社会课程知识已经超越了传统德育的范畴，成为培养人的社会性的一种综合规定。随着法治社会的到来，法治教育不断提升，社会课程不再是原有道德教育所能涵盖的，而更多地反映了公民社会对人的社会性的一种规定。尽管当下的社会课程知识反映了公民文化的要求，是对传统道德教育的重建，但这并非现代社会中道德要求的弱化，而是由现代社会人所要求的素养决定的。对于我国而言，公民塑造不是单一因素的结果，而是在公共生活中不断养成的，因此社会课程知识的选择需要突破知识性的范畴，回到当下的生活，实现社会课对社会生活的建构。

（三）人文课程知识的文化性分析

人文课程知识是学校教育中对人文学科知识进行选择并得到承认的一种法定知识。在这里，"人文学科是关于人和人的特殊性的学科群，主要研究人本身或与个体精神直接相关的信仰、情感、心态、理想、道德、审

---

① 李萍，钟明华. 公民教育——传统德育的历史转型 [J]. 教育研究，2002（10）：67.

美、意义、价值等的各门科学的总称"①。相对于社会课程知识、自然课程知识,人文课程知识的主观性、个体性更强,更能切实反映人自身存在的意义问题。

从历史而言,人文课程的出现与人文学科自身的发展有着紧密的联系,在很大程度上可以说,正是由于人文学科对自身价值的捍卫影响了人文课程的开设。尽管人文知识是古典课程知识的主要来源,但到了科学的时代,人文学科自身逐渐弱化走向边缘。19世纪以来,狄尔泰等人对人文学科进行价值重建,指出人文学科自身独特的价值,从而为人文课程知识的合法性建立提供了理论支撑。

就现代课程体系而言,人文课程知识主要通过语言、历史课程来体现,在语言、历史课程中实现主体间精神的理解。尽管语言知识、历史知识也包含有事实,但"人文知识陈述的是经过价值解释、理解和选择了的事实,是一个被意义化、价值化了,即被主观化了的客观事实,这种事实当然也就不再限定于充分客观的事实"②。

1. 人文课程标准在目标和内容框架上体现了人文文化

人文课程标准作为对人文课程内容的设计,体现了国家对其课程价值的理解与规定。在基础教育中,语文课程是人文课程的代表,承担了人文教化的使命。语文课在我国不仅仅是作为母语课程而存在,更重要的是渗透了传统文化的人文精神。在一定意义上可以说,语文课程的文化性就体现在这种人文性中,并通过人文性表现出来。以下将语文课程作为一个范例来分析其人文课程知识的文化性存在。

(1) 人文课程标准在目标上展现了人文文化的价值

"语言文字是人类重要的交际工具和信息载体,是人类文化的重要组成部分。"③ 语文课通过语言文字的学习,继承本国优秀的传统文化以及其中内含的思维方式。作为一门人文课程,语文课在基础教育中扮演着十分重要的角色,直接影响着人们意义世界的建构。尽管语文课也有工具性的

---

① 李醒民. 知识的三大部类:自然科学、社会科学和人文学科 [J]. 学术界,2012(08):8.
② 张祥云. 人文知识的特性及其价值意蕴 [J]. 教育研究,2004(06):8.
③ 中华人民共和国教育部. 义务教育语文课程标准 (2011年版).

存在，但鲜明的文化性才是其区别于其他课程的关键所在。

　　语文课作为一门人文课程，关系到学生对本民族文化的认同。各国基础教育都将国语作为核心课程进行安排，根源在于语言是一个国家文化的直接体现。在这里，语言是表征文化的存在形式，不同的语言体现了不同的文化性格。一个人要想获得文化自信，首先是从语言开始，如果丧失了对自身语言的信心，国家的文化认同也将无从谈起。新中国成立以来，我国的语文教育一直被看作是塑造国民性格的重要课程。进入21世纪后，我国在语文教育方面的改革鲜明地体现了人文文化的指向。从2011年义务教育阶段语文课程标准就可以看到文化的影响。课程标准对课程性质进行界定时便多处体现了文化的指向。

　　　　语文课程对继承和弘扬中华民族优秀文化传统和革命传统，增强民族文化认同感，增强民族凝聚力和创造力，具有不可替代的优势。
　　　　语文课程还应通过优秀文化的熏陶感染，促进学生和谐发展，使他们提高思想道德修养和审美情趣，逐步形成良好的个性和健全的人格。

　　课程标准不仅在价值方面赋予了语文课在文化育人方面的重要性，而且在具体目标上肯定了其作为人文课程的特殊性，进而将学习语文与中华文化的理解、认同联系在一起。在2011年义务教育语文课程标准中提到了下列目标：

　　　　1. 在语文学习过程中，培养爱国主义、集体主义、社会主义思想道德和健康的审美情趣，发展个性，培养创新精神和合作精神，逐步形成积极的人生态度和正确的世界观、价值观。
　　　　2. 认识中华文化的丰厚博大，汲取民族文化智慧。关心当代文化生活，尊重多样文化，吸收人类优秀文化的营养，提高文化品位。
　　　　3. 培育热爱祖国语言文字的情感，增强学习语文的自信心，养成良好的语文学习习惯，初步掌握学习语文的基本方法。

(2)人文课程标准在内容上体现人文文化的精神

语文课程标准体现了语文课程的价值,并且在学段上进行了内容的设计。作为一门人文课程,语文课程标准在分阶段的内容框架上都内含了这种人文文化的观照。从第一学段开始,作为启蒙阶段的语文教育已经开始建立这种精神意向性,比如在识字与写字目标中设计的内容有"掌握汉字的基本笔画和常用的偏旁部首,能按笔顺规则用硬笔写字,注意间架结构。初步感受汉字的形体美"。学生从小在汉字字形中获得的这种审美感受,有利于学生认同中华文化的价值。除了从字形感受美的存在外,也重视在文字的阅读上建立这种积极的意向,比如阅读内容就规定了"诵读儿歌、儿童诗和浅近的古诗,展开想象,获得初步的情感体验,感受语言的美"。进入第二学段后,课程标准在写字环节加入了"用毛笔临摹正楷字",到了第三学段,写字更提升了这种要求,内容上的要求是"能用毛笔书写楷书,在书写中体会汉字的美",到了第四学段,写字的审美要求深化到书法层次,其内容的要求是"临摹名家书法,体会书法的审美价值"。从写字要求的提升来看,关注于一个人对汉字所负载的文化的逐步理解的过程。在课程标准中,语文课程虽然体现出不同的层级要求,但不是围绕知识概念而来,而是从精神的角度不断提升个体对传统文化的体验与认同。

2. 人文课程在教科书中诠释了人文文化

语文课程知识作为人文知识的代表,集中反映了传统文化对个体精神的塑造。尽管语文课中也会规定书写、阅读、写作等基本技能,但其根本指向是为了诠释与理解人文文化的存在,进而影响个体在文化意义上的续存。在语文课程中,写字、阅读、写作过程都需要训练的参与,但这种训练只是手段并不是终极的价值追求。语文课程知识的最终价值是通过这种训练获得人文知识,更好地吸引个体进入人文世界中。人文世界的建构离不开语文课本中选择的经典文章,这些文章往往是经过时代选择的结果,是一个民族文化的历史结晶。学生学习这些篇目本身并不能创造财富,也不能直接指导现实生活,但其蕴含的人文价值可以奠基个人的意义世界,证明人性超越之后可能达到的审美境界。因此,人文课程中塑造的人文世界不是占有、控制的权力世界,也不是现实的功利世界,而是一个凭借个体的精神进入直接感知的人文世界。通过个体对人文世界的体验与理解，人才可能在功利的世界之外体会到生命不一样的色彩，为其理想生活的开启建立精神意向，也同时使其在历史的存在中感受到人类的意义。从根本而言，语文课程知识不是对现实生活语言的截取，而是从汉语言发展历史过程中选择了经典渗透其中。比如我国部编本教科书特别关注传统诗词的渗透，小学一年级上册的教科书中就安排了《对韵歌》一课。

对韵歌这种文学形式在日常生活中的运用已经不多，但作为一种展现文字美的传统形式，对其进行设计，正是看到了汉字作为经典文化符号所特有的文化意象，它可能让儿童直观感受到音律的和谐之美。语文课程作为中华传统文化的集中代表，需要不断地诠释这些传统精神，才能够让中华传统文化进入现代人的心灵世界，而不被现代的忙碌生活所遗忘。2017在全国推广使用的部编本语文教材加大了传统诗歌的篇目，正是对语文课程文化性的重视的体现。与其他版本教材相比，部编本"小学一年级开始就有古诗文，整个小学6个年级12册共优选古诗文124篇，占所有选篇的30%，比原有人教版增加55篇，增幅达80%"[①]。让学生从小在语文课中接触古诗文，形成对传统文化的亲近感，进而为其一生的阅读奠定基础。

以上通过对科学课程知识、社会课程知识、人文课程知识的剖析可以看到其作为理想型课程知识所具有的文化性存在要素。在这里，不同的课程知识其文化的表征形式和存在的内容是不一样的，分别体现为科学文化、时代文化和人文文化，三者在不同的历史时期会存在冲突，但根本价值都指向对心性的培养与意义的实现。三者之间的差别，使得三种文化之间存在着互补性，需要通过教育过程进行融合。对于人的发展而言，仅仅依靠单一的某种文化是不足以支撑个体健全的文化素养的，需要通过三种文化间的互补，才可能融合为现代社会所需要的文化品格。尽管三者之间也存在冲突，但是科学文化、时代文化、人文文化在根本上都是人的文化，都是人在历史发展过程中形成的积极的精神成果，尽管它们的内容和形式不同，但是在根本目的上都是引领人实现从符号世界向意义世界的跨越。

---

① 温儒敏. 部编本语文教材的编写理念、特色与使用建议[J]. 课程·教材·教法，2016(11)：6.

三　实施过程的文化性：课程知识的过程分析

课程知识不仅仅体现在课程标准与教科书中，同时也体现在课程实施的过程中。课程标准与教科书作为一种法定的课程文本，在一定阶段中适用于教学过程。它是一种静态化的符号，需要经过师生的对话、生成才可能进入教学生活之中。而在静态的课程知识之外，还有课程实施过程中动态的、不断生成的课程知识，这种知识以事件的形式展现。

美国课程专家古德莱德分析了课程实施过程中出现的不同形态。按照课程实施的过程来理解，课程知识不仅仅包括文本的课程知识，同时也有教学过程中动态的课程知识。两者的关系是，静态的课程知识与动态的课程知识是一个连续体，静态的课程知识是暂时的静态，反映了人类一定阶段认识世界的结果，需要通过活动的方式才能将文化活化，进入人的精神世界。动态的课程知识是文化性的生成与转向，没有教学这一创造性的转化，课程知识文化性的流动就可能停滞甚至走向异化。

在动态维度对课程知识进行分析，正体现了文化的流动性与生成性。教科书是课程知识的主要形式，但绝非唯一的形式。如果将其唯一就会窄化课程知识的含义，误解了课程知识与日常生活的联系。将课程知识等同于教科书的知识依然是延续认识过程的知性逻辑，这将无法在人类文化与个体的经验之间建立其意向性联系。将课程知识进行动态化理解，以此激活文化符号进入个体的精神世界，也是将作为历史的文化经验引入到师生当下的教学生活中。以下从教学过程主要环节——教学准备、讲授、对话来分析文化性的产生过程。从准备、讲授、对话到生成是课程知识文化性不断从文本形态走向活动形态进而融入学生精神世界的过程。这一过程不是单向的流动，而是主体间的对话与生成的文化活动。

(一) 教学准备中的文化经验影响课程知识文化性的诞生

教学准备是教学活动的首要环节，同时也是教师感知课程知识作为文化存在的起点。教学准备之所以被视为一种教学行动的开启，原因在于教师教学准备的过程不仅仅局限于课程知识的记忆、储存、传递，更在于教师通过教学设计筹划师生"共在"的教学生活。在这里，教学设计的过程不仅仅是体现知识的认识逻辑，更重要的是体现"共在"的生活逻辑。在教学设计中，教师在头脑中预演教学对话、教学生成的生活图景，这种生活图景本身就是人作为文化存在的重要环节。

对于教师而言，教学准备不仅仅满足于设计如何传授课程知识的有效流程，而且通过课程知识将学生带入人类的生活中。在共在的关系构建中，课程知识的生成关涉人类的行动。在阿伦特看来，"行动"的独特性在于它"是仅有的在人们之间不需要以物或事为中介而直接进行的活动，相应于复数性的人之境况，即不是单个的人，而是人们，生活在地球上和栖息于世界"①。从准备开始，教学行动不是仅仅从知识传授的任务来完成教学，而是将教学提升到文化传承与创新的使命上来，指向创造人类可以栖居的精神世界。通过观照复数的人的未来指向，教学准备显现出人类行动的"共在"特征。从意向性的分析来看，教师教学准备过程是对课程知识中文化因子进行感知与理解的过程，是作为主体的教师在文化经验上与课程知识的文化因子产生碰撞，并达成认同的过程，这个过程同时也蕴含着教师"为天地立心、为生民立命"的伦理示范角色的文化自觉。

教学准备是文化经验不断激活并发挥作用的过程。教师的文化经验是教师作为文化主体在长期生活、教育过程中所积累的对地方文化、学科文化的认识与理解。文化经验往往具有缄默性，以潜在的方式影响教学过程中对课程知识的理解。文化经验的影响尽管没有知识的影响直接，但始终是存在的，而且是根深性的存在，影响着教学的本真，如果在教学准备过程中，忽视自身的文化经验，教师就可能只是充当传授者，而不可能将个体经验跟文本的课程知识融汇到一起，这样塑造的课堂只是知识传授的课堂，而不是本真的课堂。

教师的文化经验影响课程知识的展开。一方面教师的文化认知影响着教师对课程知识中文化因子的认识和判断，没有文化认知的参与，就不可能真正感受到课程知识背后的文化存在价值。另一方面教师的文化理解影响教学过程中的转化，在理解之后才可能将静止的符号表现为教学的语言

---

① 〔美〕汉娜·阿伦特. 人的境况 [M]. 王寅丽，译. 上海：上海人民出版社，2009：1-2.

与动作。因此，课程知识的文化性是需要通过教师理解的教学行为来表现的，将教师自身的文化经验纳入教学准备过程中，教学的起点才可能找到文化的基点。对文化经验的承认，使得教师的教学准备向教师的原初文化体验开放，这样教学准备才可能成为一种文化的理解过程。如果教师的教学准备过程局限于固定的教学参考书和课本，教学准备过程就可能只是将教学目标、教学过程的流程记录下来。事实上，形式上的备课除了留下一份份不断重复的教案外，不可能成为一种有意义的教学生活。调动教师已有的文化经验，并且让教师自觉地在日常生活中丰富自己的文化经验，这才是在生存论意义上进行教学准备的要义所在。对于教师而言，其承担的文化角色要求教师的教学准备不是简单地围绕课本来进行设计，而是在文本课程知识理解的基础上对自己的文化经验和所在地方的文化知识进行一种回溯，这种回溯使得教师以文化主体的身份开始理解与加工文本知识的文化符号，进而筹划将文化融入教学过程中。

（二）教学讲授中的文化阐释影响课程知识文化性的表现

通过教学准备中的文化理解后，教师开始进入具体的课堂教学中。在课堂中，教学讲授作为一种主要的教学行为，不仅可以实现知识的传授，同时也可以表现文本中所暗含的文化。教师在讲授过程中有意识地进行文化阐释是文化性得以产生的前提。教师的阐释，可以将陌生的文化现象熟悉化，缩短文化间的距离，进而让学生领会到文化符号背后的文化意向。

教师讲授过程中的文化阐释是对作为文本的课程知识进行的理解与表现，是通过生动的教学语言"转译"文化现象以营造意义世界的过程。事实上，教科书中的文化因子，更多的是以符号的形式存在，它代表的历史经验不能自动发声，需要教师作为文化主体来进行解读，才能将陌生的文本跟学生当下的文化经验形成联系，并建立连续性的文化意义。伽达默尔指出，"每一时代都必须按照它自己的方式来理解历史流传下来的文本，因为这文本是属于整个传统的一部分，而每一时代则是对这整个传统有一种实际的兴趣，并试图在这种传统中理解自身"[①]。在

---

① 〔德〕伽达默尔. 诠释学Ⅰ·真理与方法（修订译本）[M]. 洪汉鼎，译. 北京：商务印书馆，2010：419.

这里，教师进行文化阐释跟教师自身的文化经验是密切相关的，这种经验不仅是感知文化的前提，同时也是阐释的过程，进行创造性的表现的原初动力，没有这种原初的文化经验，教师的教学讲授更多的是符号的传递，教学的品质很难获得提升。在这里，我们可以看到文化性的表现如果仅仅停留在教科书与课程标准上是不够的，需要在课堂中通过教师的主体活动尤其是一种创造性的获得才可能显现出来，才能让文化融入教学生活中滋养学生的心灵。

教师讲授过程中的文化阐释，是一个接近原初文化意义的过程。尽管教师在文化阐释的过程中有可能存在个性化的理解，但是作为文本的课程知识在设定文化意义的时候是具有规范要求的。课程知识作为法定知识，其原初设定的文化意义有一定方向性与价值性的预设，不能随意进行更改与无限制的发挥。正是由于这种规范性的存在，教师的阐释不是漫无方向随意解读，更不能以戏说的方式去误读，而是需要沿着一定的历史脉络尽量接近文化的原初意义。在这个意义上，教师首先是作为文化的传递者而存在，是在传递意义上对已有的传统文化进行理解，而不是肆意地解构或者无厘头地"戏说"。如果丧失了对文化的敬畏，文化的传递可能就会以一种反文化的方式进行传播。因此，教师进行文化阐释是基于文本原初意义进行的一种创造活动，而不是一种随意的创造。如果教师缺乏对文化的尊重进行随意的创造，就可能破坏文化原初的神圣性，使得文化的传承远离学生的精神生活。

(三) 教学对话中的文化交流影响课程知识文化性的创造

通过教师的有效阐释，学生能够了解、体验特定的文化现象。通过这一阶段的初步理解后，文化的生成并没有完全实现，还需要通过教学对话来检视自己的判断力与价值观，进而实现观念世界与生活世界的文化创造。这一创造的过程，既是对文化的体认，也是对原有文化进行批判性的省察。教学对话是师生作为文化主体进行的文化交流，是实现文化传承到文化创造的重要环节。在这里，教师通过讲授之后，学生们由于自己文化经验的差异对文化现象的理解是不一样的，这就需要师生对话、生生对话的过程来实现这种文化交流，进而通过碰撞与融合进行文化的创造。因此对话的过程一方面让文化交流得以产生，另一方面也拓展了文化的包容度与丰富性，使得创造新的文化成为一种可能。如果课堂教学中仅仅停留于对课程知识预设的文化观念的传承，教师就可能固化为单一文化的传递者，而忽视学生由于生活经验所产生的文化冲突，阻碍文化自身的流动。课堂教学中一旦文化固化为单一的立场，就可能使得文化本身成为一种形式而被固化，就不可能让文化融入生活中，真正促进教学品质的提升。

"教学对话不仅使教学主体间的相互理解成为可能，也使教学主体的自我理解不断实现。"[1] 教学对话中的文化交流不仅仅促成了文化主体间的理解，同时对教师和学生而言都是一种自我理解的更新与创造，它可能消解个体的文化偏见，进而在更大的尺度上理解文化的意义。对于个体而言，学生最初对课程知识文化现象的认识是单一维度的，更多是本土立场产生的一种文化惯性，但是如果完全凭借这种惯性也是危险的，它可能使这种惯性一步步生长为偏见。因此，应在文化对话的过程中理解不同的文化视角，尤其是理解他者的文化现象，进而在差异的对话中重塑自己的文化立场。

从课程知识文化性的诞生、表现到创造的过程，实际上是教学过程中文化性的生成过程。这个过程既有对已有文化的理解与体认，更是师生在教学生活中理解文本的已有基础上，同时进行文化的对话、融合和创造。

小 结

通过对课程知识的文化性在价值指向、内容表征和实施过程三个维度上的分析，我们试图在立体、动态的实践中建构起对这一属性的理解。三者的关系是紧密联系、相互影响的。首先价值指向的文化性是前提，没有在价值上的承认，文化性就不可能得以形成。其次，内容的文化性体现了价值指向的文化性，并且具体将其转化为一种文本。最后，教学实施中生成的文化性是价值文化性、内容文化性在课程教学实施过程中的动态体

---

[1] 李小红. 论作为教学精神的教学对话 [J]. 教育理论与实践, 2006 (26): 39.

现，它通过行动的方式在师生对话、交往中实现了文化性的融合与创造，最终进入了人的精神世界。这里主要从理想型课程知识进行分析，在理论上证明文化性是课程知识的属性之一。从属性比较的角度而言，文化性与政治性、经济性之间是并列关系，它不是后者的派生，其相对独立性表明课程知识虽然与政治、经济有着密切联系，但同时也有其独特的价值追求，即对人类意义的守护。因此文化性并非依附于政治性、经济性之中，它是支撑课程知识实现教育价值的内在属性，丧失了文化性的课程知识就可能消解了教育实践作为意义实践的内在依据。

第三章
课程知识文化性的演变历程

课程知识不仅仅包含人类已有的认识成果，同时也展现了人类文明的历程。在一定程度上，课程知识的转换是文化转向的结果，反映了不同时代的人们对教育意义的探索。对课程知识文化性的理解需要进入具体的历史中，通过对其进行历时性与共时性的考察来实现。由于现代文明对于人类生活样式的广泛影响，使得其成为一个重要的时间节点。本章通过对前现代文明时期、现代文明时期和后现代文明时期的课程知识进行历史分析，进而在历史的变迁中理解其文化性的演变。

一 前现代文明时期的课程知识：文化传统的形成

跟人类的历史一样，课程知识的发展经历了漫长的过程。从最初的教育活动来看，教育与劳动、生活是同一过程，其产生的课程知识主要是日常经验。这些经验产生在原始人的群体交往之中，包含最初的劳动经验和生活经验。经验传递的出现使得原始人适应自然的能力得到提升。这种提升是类意义上的提升，当经验从个体认识进入传递的阶段后，群居的人与人之间的联系得到加强，原始人在精神上获得了群意识，指向"共在"的生存形式得以出现，原始的文化就此诞生。尽管这时候的文化在范围上还是局限在个别的群体中，但是它扩大和巩固了群内部成员之间的联系，让族群的"群"意识甚至是类意识得以萌芽。

经验传递从最初偶然的个体行为后来逐渐成为一种有意识的群体行

为,这种转化对于人类文化意义的诞生而言是决定性的。从经验内容而言,原始社会的课程知识主要是以生活中的劳动技能为主,如采集野果、捕获猎物等初步的生活技能。这些技能的获得是为了实现个体保存这一根本的前提。原始初民之所以不同于动物的自然生存,原因在于他们已经有了模糊的自我意识,使得其课程知识的建构并未完全停留在生活经验的复制上,已经开始出现对人类精神世界的探索。

在原始社会,人类的生存环境极其艰苦,在强大的自然环境中,人显得无比渺小与脆弱,各种自然性灾害随时威胁人类的生存,疾病、死亡随时降临。在严酷的生存环境中,原始初民试图通过图腾、巫术等形式的类属性思维[①]进而理解并崇拜那些不可知之物,这种意识集中反映在敬畏上。敬畏的出现是人的精神觉醒,它使人开始将内在精神世界与外界环境之间建立起一种联系,这种反应不同于动物本能的单纯的害怕,因为"敬中有畏"体现了人类文化的意向性,恰如学者唐代兴所言:"敬畏是人类从动物向人质方向迈出第一步时所生发出来的最初文化观念,这种最初的文化观念亦是人类最原初的伦理观念,或者换句话讲,人类最初的文化观念,就是其伦理观念。"[②] 在这里,原始初民的敬畏所产生的对象感、存在感促使着人对自身进行反思。人类敬畏的观念作为一种伦理观念在史怀泽的文化哲学那里被作为最高理念确认下来,他认为:"伦理与肯定世界和生命都出于这一根源。因为伦理就是敬畏生命。"[③] 因此,最早的原始居民是在敬畏的意向下产生了对精神世界的思考,进而孕育了原始社会的课程知识。这种课程知识虽然只是群意义上的朴素经验,但因为包含了精神意向,故而为轴心时代文化根性的形成奠定了基础。

文化性植根于各个民族的生存历史之中。在一般意义上而言,文化性作为一种根性力量,影响甚至塑造不同文化类型的人们的生存选择与教育

---

① 美国心理学教授黎岳庭在对图腾文化、巫傩文化研究的基础上提出:类属性思维(Stereotyping)是图腾认知信仰的产物。类属性思维的差异成为不同文化之间最核心的差别,成为文化分野的源头,参见〔美〕黎岳庭. 类属性思维与东西方文化的异同[J]. 战略决策研究,2012(03):38-44.

② 唐代兴. 生存与幸福——伦理构建的知识论原理. 北京:中国社会科学出版社,2010:193.

③ 〔法〕阿尔贝特. 施韦泽. 文化哲学[M]. 陈泽环译. 上海:上海人民出版社,2017:117.

选择。著名哲学家雅斯贝尔斯在《历史的起源与目标》中提出了"轴心时代"的著名命题。针对公元前500年前的中国、西方和印度出现的文化突破现象在人类文明史上的重要作用，雅氏将这段时期称为人类文明的"轴心时代"。我国学者刘家和将这一时代界定为"人类精神的觉醒"。"所谓人类精神的觉醒，乃是人类经过对自身存在的反省而达到的精神上的自觉。"①"轴心时代"所发生的是人类精神上的突破，"这种突破使得人类从原始状态，进入到有系统思想的状态，并且有了即创意即因袭的文献典籍"②。在轴心时代，中国出现了孔子、印度出现了释迦牟尼、希腊出现了泰勒斯等一批划时代的"大哲学家"，这些伟大的哲人从不同视角去理解和建构这个世界，进而形成了三种截然不同的文化传统。这种传统作为一种根性塑造了不同向度的文化性格。在梁漱溟的《东西方文化及其哲学》一书中，将世界的文化分成了中国、西洋和印度三种类型，并将其看作三种不同的人生路向。本研究依据这种类型分析中国课程知识、印度课程知识和西方课程知识所具有的文化根性。

（一）"尊德性而道问学"：中国课程知识的文化传统

对于教育实践而言，中国并非只是一个政治概念或者地理概念，同时也是一个文化概念，即杜维明所说的"文化中国"和沟口雄三所说的"作为方法论的中国"③。中国文化主要由儒释道构成，是在不同时代中三种文化汇聚、交流、冲突、融合的结果。从历史而言，中国文化表现出较强的适应性和包容性，其发展过程中虽然不断受到各种文化的冲击甚至遭受外来文化的入侵，但儒家思想的影响一直延续至今。因此，从儒家课程知识入手，成为理解中国传统课程知识文化性的切入点。

在儒家课程知识的建构中，孔子做出了基础性的贡献。从历史而言，儒家思想可以追溯到周朝，如孔子对儒家进行建构的时候多次提到周朝礼仪制度。孔子不仅仅在哲学层面阐明了儒家思想，而且在其教育教学实践

---

① 刘家和. 古代人类的精神觉醒 [J]. 北京师范大学学报，1989（05）：1.
② 鲁鹏一，杜维明. 论轴心时代孔子的存在选择 [J]. 上海交通大学学报（哲社版），2013（03）：5.
③ 〔日〕沟口雄三. 作为方法论的中国 [M]. 北京：三联书店，2011.

中践行了儒家哲学。《论语》作为对话集，记录了孔子师生的对话与交往，是其个体课程哲学的集中体现。

从教育史而言，孔子奠定了儒家课程知识的精神传统。孔子之后，其弟子不断地加以传承，使得儒家教育不断在历史上得以丰富并发展。儒家课程知识的生命力之所以延续至今，在于其不断地在新的时代中进行阐释、发展与重构，它不是一套固定不变的条文，而是人与人通过心灵（by heart）可以感悟到的一套准则。从历史来看，儒家课程知识的发展一方面在时间上经历了从孔子、孟子、董仲舒到朱熹、二程等思想家的延续，另一方面在空间上不断从中国向外扩展到世界各地。"从历史上看，儒学不仅仅是曲阜的地方文化，也不仅仅为中原文明，儒学也属于整个汉字文化圈，属于东亚文明。"[①] 因此，儒家课程知识处于动态的发展之中，在历史中被不断地注入新的内容，但作为一种自成一体的课程体系，对伦理的关怀是其一脉相承的精神内核。

1. 成"仁"：中国课程知识的伦理目标

"仁"是儒家的人生理想，也是儒家建构课程知识的核心目标。从孔子开始，儒家哲学对人的思考不是以抽象的化约方式来进行，而是在具体的生活中建构人的理解。对于理想人的筹划，成为儒家切入教育的起点。在这里，人不是认识自然的主体，而是处于生活尤其是伦理生活中的具体人。因此，儒家教育中关注的是如何在真实的社会生活中培养人，伦理精神被视为人之为人的规范性要求。从一开始，儒家课程知识就不是对物的世界进行探究，而是跟人的德性实践紧密地联系在一起。

在儒家哲学中，"仁"作为一个核心概念集中表现了儒家在人之理想上的建构。据钱穆的统计，"仁"在论语中出现了109次之多。哲学家牟宗三认为："儒家对人类的贡献，就在他对夏商周三代的文化，开始做一个反省，反省就提出了'仁'的观念。"[②] 而杜维明认为："仁的观念在《论语》里居于最重要地位，引发出累累硕果，这是古代中国思想符号世

---

① 杜维明. 二十一世纪的儒学 [M]. 北京：中华书局，2014：5.
② 牟宗三. 中国哲学十九讲 [M]. 上海：上海古籍出版社，1997：59.

界中的划时代的事件。"① 何为"仁",孔子并没有给出统一的定义,而是在不同的语境中阐释其不同层次的内涵。

首先,仁是一种伦理的价值追求。孔子在《论语·微子》中说,"鸟兽不可与同群,吾非斯人之徒与而谁与"②,从人与动物的区别出发去思考人的意义,建构"仁"的观念,仁成为人之为人的根本价值。在《论语·述而》中孔子提到"志于道,据于德,依于仁,游于艺"。朱熹对此的注释是"仁,则私欲尽去而心德之全也。功夫至此而无终食之违,则存养之熟,无适而非天理之流行矣"③。在这里,道、德和仁是并列在一起的理念,艺则是形而下的,是对前面理念目标的实现活动。这里的艺是指礼、乐、射、御等具体活动,实际上可看作是具体的课程知识,而仁是通过这些活动或者内容的学习达成的伦理目标。在孔子看来,礼、乐是重要的,但"仁"才是根本的,在《论语·八佾》中孔子提出:"人而不仁,如礼何?人而不仁,如乐何?"仁作为一种理念被提出,是对具体德的超越,进而成为中国人道思想的源头。在《论语·阳货》中说:"子张问仁于孔子。孔子曰:'能行五者于天下,为仁矣。''请问之。'曰:'恭,宽,信,敏,惠。恭则不侮,宽则得众,信则人任焉,敏则有功,惠则足以使人。'"到了孟子那里,仁的思想得到了发展,"仁也者,人也。合而言之,道也"(《孟子·尽心上》),仁成为做人的根本道理得到承认。

其次,仁是人在一生中不断完善并获得意义的精神向度。仁不仅仅作为一个终极的伦理目标统摄人生,同时也作为一个意向性精神过程而具体存在。从孔子晚年的思想来看,他清晰地看到成"仁"的艰难,因此"仁"不能仅仅作为一个目标停留在理想中任凭命运的安排,更重要的是在人的精神世界中的自我完善。而当一个人无法具备成事的条件即时命不济时,仁就朝着"内圣"的向度去发展。这种对仁的理解是与孔子的命运联系在一起的,孔子一生中颠沛流离、政治上几度沉浮,他深深知道理念的重要性,但是并没有将理念目标看作绝对高于一切的抽象之物,而是试

---

① 杜维明. 道·学·政:儒家公共知识分子的三个面向 [M]. 北京:三联书店,2013:3.
② 杨伯峻. 论语译注 [M]. 北京:中华书局,1958:192. 以下对《论语》的引用均出自此书.
③ (宋)朱熹撰. 四书章句集注 [M]. 北京:中华书局,2012:94.

图在生活过程中不断进行调和，进而在日常生活中建构"仁"。

　　对"仁"的追求一开始强调外在的承认，但在外部环境受挫的情况下，孔子不得不从"内圣"的角度去发现人生的意义。追求和确认"仁"的内在意义成了儒家理解人生的一个重要维度，使得儒家知识分子能够在现实和理想中找到平衡点，他们既能够进入仕途，为官一方，同时又能够安贫乐道、淡泊宁静。这种追求平衡的人生态度，没有偏激地走向任何一种极端，使得中国文化并没有明确形成理性主义文化，而是呈现出一种精神的"中庸"。《论语·颜渊》中，颜渊问仁。子曰："克己复礼为仁。一日克己复礼，天下归仁焉。为仁由己，而由人乎哉？"颜渊曰："请问其目。"子曰："非礼勿视，非礼勿听，非礼勿言，非礼勿动。"颜渊曰："回虽不敏，请事斯语矣。"孔子与颜渊之间师生对话并非知识论意义上的认识过程，而是在行动上价值的一种澄明，更是对于人的精神的理解。通过这一对话使得其确立了践行"仁"的动力，这成为颜渊的人生追求。在孔子看来，颜渊是"仁"的最好践行者，是作为道德的典范而存在的。因此，颜渊的去世让孔子产生了很大的心灵触动。因此，孔子不仅仅提出了对"仁"的学说，同时他的行为是接近"仁"这一理想目标的，而实现"仁"的过程不是高高在上脱离于日常生活，而是在平淡真实的生活中展现出来的言谈、举止。孔子作为一个教育家之所以值得后人敬畏，不在于他远离生活提出了某个抽象的理论，而在于他的伦理精神是融入日常生活的，他相信仁是普通人可以实现的，即人人都可以修身以成"仁"。

　　"仁"作为一种价值向度的确立，使得中国文化在根性上关注的是人的伦理价值。这种价值向度是一种自觉的人生选择，正如《论语·里仁》中说："富与贵，是人之所欲也，不以其道得之，不处也。贫与贱，是人之所恶也，不以其道得之，不去也。君子去仁，恶乎成名？君子无终食之间违仁。造次必于是，颠沛必于是。"这一价值向度的确立，同时成为中国课程知识中的伦理目标，在根本上影响了课程知识的内容和方法的建构。"仁"作为中国文化的"道"，产生的是根本性的影响，一方面使得中国课程知识注重人在社会中的秩序，有利于在社会伦常中实现人与人之间关系的和谐，另一方面这种伦理兴趣造就了中国教育的教化传统，有利于人类文化的传承与维系。

2. 体知：中国课程知识的认识方式

"体知"这一概念是由杜维明先生提出的，是对儒家认识方式的一种概括性理解。"'体知'用英文就是 embodied knowing，是由身体的认知。"① 从《论语》中建构的课程知识来看，师生探讨的并不是神秘的"鬼神"世界，也不是自然的"物"世界，而是立足于日常生活来理解并践行的"生活世界"。《论语》并不是传授通过严格的逻辑论证的理论知识，其呈现的往往是日常教学生活中的对话，是对生活实践智慧的具体表达。《论语》作为一本师生对话集，不仅是文学意义上的经典，更是教育学的经典。从课程的视角审视，《论语》可以被理解为一种文本的课程知识，同时也可被视为孔子和弟子进行教学生活与行动的课程知识。"体知"在论语中得到了充分的体现，它既是孔子在生活中对知识建构的认识方式，也是教学过程中学生习得的方式，同时也是师生"共在"的教学生活方式。

首先，"体知"是一种整体性的认识方式，注重身体与心灵之间的整合、认识与行动的统一。由于儒家立足于生活进行思考，因此认识的过程也在生活之中完成，而不是通过割断具体的时空寻求普遍意义的实在。"体知"的过程即生活的过程，是致思与行动的统一，行动是认识的落脚点和归宿。从认识方式的类型来看，这种整体性的认识是一种人类学的思维方式。这种认识方式不是对存在者的考察，而本身就是一个存在的过程。

其次，"体知"重视人的体验在认识中的作用。"体"一方面指身体，另一方面指体认、体悟这种体验的方式。"'体知'实际上强调的是一种亲历感和在场感，是知识的一个内在化的过程，是把认知活动与生命直接体验融为一体。"② 这种体验是生命的整体在场，这是知识认识的过程同时也是个体生命意义不断彰显与提升的过程。《论语·学而》中说，"子曰：'学而时习之，不亦说乎'"，杨伯峻对习的解释是："一般人把习解释为

---

① 杜维明. 二十一世纪的儒学 [M]. 北京：中华书局，2014：69.
② 景海峰. 中国哲学的"体知"的意义——从西方诠释学的观点看 [J]. 学术月刊，2007 (05)：66.

'温习'，但在古书中，它还有'实习'、'演习'的意义，如礼记射义的'习礼乐'、'习射'。"① 在孔子眼中，习作为认识的重要阶段，是对学的应用与深化。如果仅仅停留于抽象的接受知识是远远不够的，对于知识而言是割裂的，需要通过习的方式才可能实现知识的内化，这样才可能获得积极的学习情绪。

最后，"体知"指向于个体的道德实践。"体知"不仅仅是一个认识论范畴，同时也是实践论的范畴。"儒学没有超越的外在信仰，作为儒者要在行为上得到表现。"② "体知"不是一个独立的认识过程，而是一个人实现德性完善的践行过程。孔子提出的伦理知识具有规范性，如君臣、父子、夫妻、朋友之间都有具体的要求，但这种规范是以回归道德生活为目的的。对于一个人的完善而言，仅仅在符号层面理解道德知识是不够的，还需要通过行动的转化来表现德性，恰如杜维明所言，"体知之知是一种创造性转化之知，知而不行是不能想象的"③。因此，知识的功能不是外在的"资本"，而是个体道德的内化与人生境界的提升，在《论语·宪问》中孔子提到，"古之学者为己，今之学者为人"。这样，儒家所提出的课程知识事实上成为修身的"为己之学"。

3. 教化：中国课程知识的行动方式

从教的角度来看，儒家课程知识承担的是将文化传承下来改造个体生活、实现"化民成俗"的目标。"'儒'起源于殷周时代参与仪礼操持的巫祝史宗一类文化人"④。这一文化身份一方面通过穿上复古服饰提升其象征意义，另一方面通过礼的规范与传递，传递一套社会秩序。这种秩序的意义表面上是为了维护社会关系的稳定，更深层的意义在于人的心性的养成。这一心性养成的过程实际上就是教化最基本的内涵，后来被统治者所利用才形成政治的教化。

首先，儒家课程知识的教化体现为一种连续性的文化观。这种文化观植根于历史的发展脉络之中，通过对古代圣贤行为的确认，激发敬畏感的

---

① 杨伯峻. 论语译注［M］. 北京：中华书局，1958：1.
② 杜维明. 二十一世纪的儒学［M］. 北京：中华书局，2014：12.
③ 杜维明. 杜维明文集（第5卷）［M］. 武汉：武汉大学出版社，2002：358.
④ 葛兆光. 古代中国文化要义［M］. 上海：复旦大学出版社，2015：44.

产生。孔子处于"礼崩乐坏"的时代,他自身并没有放任自己对现实的顺从,而是坚持从历史典籍中去寻找周礼、诗经等课程资源,并且激活其文化的教育价值。《论语·八佾》中说:"子入太庙,每事问。或曰:'孰谓鄹人之子,知礼乎?入太庙,每事问。'子闻之,曰:'是礼也。'"孔子自己认为,他自身从事的教育工作也主要是对历史传统的继承。孔子在编纂《春秋》时并不仅仅是对历史的记述,而是带着神圣感去从事文化事业。"所以,撰写历史就是一项以整个人类社会的名义而实施的政治行为。"[1]这种连续性的文化观也成为儒家课程知识的一个特色,使得其习惯于从历史中去建构现代,而不是以割裂的态度对待当下,进而让个体生命与文化生命之间形成了内在一致性。这种连续性的文化观造就了中国文化的连绵不断,中国文化成为唯一没有中断的文明形态。

其次,儒家课程知识的教化体现了教师对意义世界的引导作用。教化的过程作为一种行动,教师是行动的发起者与主导者。教化的过程不是简单的文化交流与传播过程,而是教师在一定理念和信仰下进行的文化意义的建构。在这里,教师自身也在跟学生进行意义的探索,而不是把一个确定性的结论传递给大家。就孔子自己的经历而言,"吾十有五而志于学,三十而立,四十而不惑,五十而知天命,六十而耳顺,七十而从心所欲,不逾矩"。作为孔子的精神自传,这可以看作是最为精彩的自传课程,钱穆曾点评道:"能孔子之所志,学孔子之所学,乃为读《论语》之最大宗旨。"[2] 因此,教师自身也是通过"志"与"学"来建构意义的示范者,因此也能够最大限度地唤起学生的意向性。儒家课程知识之所以能够唤起后人的关注,成为文化的经典,根本在于其将无限的意义融身于教师的教学实践之中,教师起到的这种楷模作用是不可忽视的。孔子作为一个坐标成为"万世之表",成为儒家文化的象征,也成为中国文化的象征,这是由于"以自我的体验兴发学者的体验,以自我的意义兴发学生学者的意义感,以兴发期待着学生的自我兴发,以师者轻轻的叩问表达着对学者深刻的期待与回应,这就是孔门教化,自然、从容、亲切、善喻,使教化哲学

---

[1] 杜维明.道·学·政:儒家公共知识分子的三个面向[M].北京:三联书店,2013:9.
[2] 钱穆.论语新解[M].北京:三联书店,2012:24.

的精神,在学者意义的自我体验和兴发中内在地焕发"①。

4. "四书""五经":中国课程知识的经典

"五经"是《诗经》、《尚书》、《礼记》、《周易》和《春秋》的简称,来自孔子所编纂的"六经"。其中,《乐经》在秦朝后消失,原因不详,后来就剩下"五经"。"五经"作为重要的典籍进入课程知识,与西汉董仲舒"独尊儒术"有直接关系。在唐代,孔颖达注的《五经正义》受到了官学教育的重视,成为当时国子监的试用教材。

到了宋代,"四书"成为教育中最为重要的课程知识。"四书"具体指《大学》、《中庸》、《论语》、《孟子》,是经由朱熹编订而成的课程体系,是儒家课程知识的经典文本,鲜明地表现出中国文化的伦理兴趣。从对中国文化心性的影响而言,"四书"的影响更大。这种影响从汉朝开始出现,兴盛于宋朝,其影响一直延续到今天。即便是在今天大学开设的国学研修课程中,"四书"也是"作为通识教育与作为专业训练的国学经典课"②。

从形成而言,"四书"反映了伦理文化的价值取向。"四书"发轫于唐代,直接受到韩愈思想的影响。韩愈从"道统"出发,看到了《大学》在儒家文化传承中的重要作用,使得其单独出来成为独立的课程。到了北宋时期,张载、二程等人进一步发展了韩愈的"道统"思想,提升了《大学》与《中庸》在教育中的地位。至此,《大学》中提炼的"三纲领"、"八条目"成为儒生入德定性的规定内容,《中庸》更是被视为儒家的根本之理而被提升到本体层面。到了朱熹那里,他将"语孟学庸"融为一体,并在课程逻辑上进行了合理的重构。因此,"四书"不仅仅是具体内容的汇集,更是基于儒家文化的心理逻辑安排的课程知识。这种逻辑是从个体认知过程出发继而不断激发其伦理意识。朱熹对此进行过深刻的解释:

某要人先读大学,以定其规模;次读论语,以立其根本;次读孟子,以观其发越;次读中庸,以求古人之微妙处。大学一篇有等级次

---

① 周卫勇. 意义的体验、兴发与先秦儒家教化哲学[J]. 教育学报,2016(06):117.
② 郭齐勇. 我开的两类"四书"课程——作为通识教育与作为专业训练的国学经典课[J]. 中国大学教学,2012(09):15.

第，总作一处，易晓，宜先看。论语却实，但言语散见，初看亦难。孟子有感激兴发人心处。中庸亦难读，看三书后，方宜读之。①

"四书"作为儒家课程知识的代表，它是经过教育实践的广泛运用与检验而成为教育经典，成为儒家教化人性的直接载体的。从"四书"产生的历程来看，从分散的文本到编制成为具有内在逻辑架构的"语孟学庸"，体现了中国文化的伦理兴趣。在这个意义上，朱熹编订的《四书集注》所体现的不仅仅是文本形态的创新，更是一种课程理解与重构的尝试，这种重构立足于其对儒家思想在伦理上的阐释，因此也可看作是一种课程伦理意义建构的过程。就历史的演进而言，"四书"不仅仅在历史上形塑了中国读书人的生活方式，同时也作为典型的中国文化影响到现代人的精神生活。

综上，儒家文化在文化根性上确立了中国课程知识的文化品格，这一根性在课程价值、课程内容和课程行动上都得到了体现。儒家课程知识通过官学教育、民间教育和书院教育的传承，成为经典流传下来，最终形成一种公共伦理意识。在一定意义上而言，这种文化根性可以视为中国传统中不可分割的一部分。

(二)"逻各斯"的追求：西方课程知识的文化传统

探寻西方课程知识的文化源头，自然需要回到古希腊先哲的思想中。泰勒斯（又译为泰勒士）将水作为世界的本原，由此开始，寻求世界"始基"成为古希腊人认识世界的主要兴趣。作为一种朴素的自然哲学认识，泰勒斯在思想上的贡献是巨大的，它标志着哲学从神话中分离出来。自此以后，古希腊哲学家延续了这一传统，努力在复杂的现象世界中阐明其本原，这个本原开始是具体的物（水、火）后来演变到数、理念，这种兴趣实际就来源于逻各斯的追求。

逻各斯的概念首先由赫拉克利特提出，其"所意欲表达的就是一种认识自然、力图解释宇宙结构的理性"②。逻各斯有两层含义，一方面指的是

---

① 黎靖德. 朱子语类 [M]. 北京：中华书局，1985：249.
② 黄秦安. "逻各斯"的神化与理性主义的解构及重建 [J]. 陕西师范大学学报（哲社版），2003（02）：43.

理性的方法，另外一方面指的是以理性的方法构造的概念。逻各斯在古希腊具有极其重要的认识作用，这种作用甚至具有神性的价值，因为"逻各斯在创世过程中是创世主神与被创的世界的中介，也是创世以后神人之间的中介"[1]。在逻各斯的追求下，西方课程知识鲜明地体现了对理性的追求，这成为西方课程知识的文化性格，也为现代知识型的产生奠定了观念基础。

1. 求知：西方课程知识的价值兴趣

亚里士多德曾言："求知是所有人的本性。"[2] 这里的求知是对事物本原的认识。在希腊哲学中，求知不是指向外在目的，而更多的是出自其对于世界的惊奇，"为知识自身而求取知识的人，以其最大的努力求取最高的科学。这其中科学就是最可通晓的科学"[3]。这种以追求知识为兴趣从泰勒斯开始，后来一直延续到苏格拉底、柏拉图和亚里士多德那里，成为贯穿古希腊文化发展的内在追求。

苏格拉底在古希腊教育中具有开创性的作用，其"产婆术"影响了后来的教育实践。苏格拉底关于美德、正义、节制的对话选择不是随意的，更不是对个别道德实践的指导，更多的是从理性认识的角度形成普遍的抽象的认识。相对于孔子的对话的特点是对道德生活的回归，是从一到多，追求生活中的"举一反三"，苏格拉底是对理性世界的追求，是从多到一，"'产婆术'式的谈话，其长处在于不断给谈话对象提供刺激，不过，所讨论的，不是谈话对象关注的特殊问题，而是苏格拉底关心的一般问题（一般概念）"[4]。这种对普遍性的追求即"定义"的确定，使得苏格拉底表面不占有知识，但实际却将知识的追求渗透在其教学过程中。

苏格拉底被处死之后，其弟子柏拉图离开了雅典，但其哲学思想上延续了"定义"的认识旨趣，通过其《理想国》建立起了一套"哲学王"的教育体系，形成"理念论"的哲学思想。"正是由于感性事物不断变化，

---

[1] 王晓朝. 两希文化汇聚的产物——犹太哲学家裴洛的"逻各斯"[J]. 浙江大学学报（人文社科版），2000（05）：18.
[2] 〔古希腊〕亚里士多德. 形而上学. 苗力田，译. 北京：中国人民大学出版社，2003：1.
[3] 〔古希腊〕亚里士多德. 形而上学. 苗力田，译. 北京：中国人民大学出版社，2003：4-5.
[4] 陈桂生. 孔子"启发"艺术与苏格拉底"产婆术"比较[J]. 华东师范大学学报（教科版），2001（3）：12.

所以不能有一个共同的定义。他一方面把这些非感性的东西称为理念,另一方面感性的东西全部处于它们之外,并靠它们来说明。"[1] 柏拉图对"理念世界"与"现象世界"的划分,实际上将认识的任务指向了理念,因为只有把握了理念世界才可能把握事物的"共相"。因此,哲学王的培养实际上是认识这个理念世界,这是认识的目的也是教育的最高目的。人一旦陷入现象的认识中,获得的可能就是假象,因为它可能受到很多偶然性因素的影响。因此,柏拉图认为现象世界是不可靠的,依靠人的理性"不靠使用任何感性事物,而只使用理念,从一个理念到一个理念,并且最后归结到理念"[2]。

这种本原性思维在亚里士多德那里得到了继续发展,"既然我们在寻求本原和最根本的原因,就一定有一个由它自身是这样的东西。如果那些寻求万物元素的人是在寻求这样的本原,那元素就必定不是偶然是的,而是它作为'是'所是的。所以我们必须掌握作为是的'是'的最初原因"[3]。亚氏借助于"本体"范畴与属性范畴将经验世界和理念世界联系起来,从而突破了柏拉图二元论思想。这里的范畴实际上是逻辑学的分类,正是通过严格的逻辑论证,认识才可以从经验中获得确定性的知识。"这种意义区分,使亚里士多德在研究中得以分析所是的东西的本性方面和非本性方面,从而把握范畴不同层次的意义。"[4] 具体而言,亚里士多德提出了"证明的三段论",通过证明的知识就是科学的知识。通过逻辑思维的方式的加入,亚里士多德将原有整合状态的哲学分类为理论科学、形而上学、实践科学,第一次提出了"学科"的概念,为后来学科课程知识的建立奠定了基础,在一定意义上塑造了现代课程知识的主要框架。

从苏格拉底的"定义"、柏拉图的"理念"到亚里士多德的"范畴",古希腊思想中鲜明地体现了"求知"的价值兴趣,这实际上是对理性的追

---

[1] 〔古希腊〕亚里士多德. 形而上学 [M]. 苗力田,译. 北京:中国人民大学出版社,2003:17.
[2] 〔古希腊〕柏拉图. 理想国 [M]. 郭斌和,张竹明,译. 北京:商务印书馆,2002:270.
[3] 汪子嵩,范明生,陈村富,姚介厚. 希腊哲学史:第3卷(上)[M]. 北京:人民出版社,2003:590-591.
[4] 王荣江. 亚里士多德的科学知识观及其学科分类思想 [J]. 广西师范大学学报(哲社版),2009(06):28.

求。古希腊所形成的"求知"传统作为一种文化根性塑造了西方课程知识的文化性格。这里的"知"是作为理智之知，使得现代意义科学得以产生在古希腊文化之中。这种理智之知，来源于世界的惊奇，更来源于对世界本原的不断发问，至此，西方科学取得了不断发展的动力，因为"吾爱吾师，吾更爱真理"，真理的极致追求推动了思想的繁荣，也带来了教育的繁荣。

2. 逻各斯中心：西方课程知识的理解方式

在逻各斯兴趣的引导下，认识本原而非现象成为西方人认识世界的最终目的，逻辑的方式成为西方课程知识的致思方式与理解方式。在这里，逻辑认识注重的是人的思维（mind），而不是心灵（heart），这使得西方教育传统中把人的抽象思维能力的培养看作最为重要的素养。这种逻辑思维方式是抽象加工现实世界的能力，是在超越于生活之外对世界的认识。

在古希腊的教育实践中，苏格拉底并没有留下自己的教育作品。苏格拉底的思想也只是从柏拉图的教育著作来体现。柏拉图作为一个理念论的哲学家，其雅典学园所开设的课程都指向了"哲学王"的培养。在这些培养哲学家的课程中，天文、几何、算数是必备的。其中，数学的作用是基础性的准备，是进入哲学之门的前提，甚至在雅典学园门口还曾树立过"不懂数学者不得入内"的牌子。数学之所以如此备受重视在于柏拉图本人受到毕达哥拉斯学派的影响。毕达哥拉斯学派认为数学是纯粹的思辨活动，他们将对数学的研究提高到精神和哲学的高度，提出世界的本原是"数"，现实中所有的关系都可以用数来表示，"一切给我们认识的事物都具有一个数，而没有什么数既不能设想也不能认识"[1]。

在柏拉图看来，数学是最抽象的符号，也是最接近理念的符号，通过学习数学才能进入理念的世界。柏拉图的《理想国》专门探讨了数学的价值："计算的全部技术和全部数学却以数目为对象，而数目的性质看来是有能力引导我们去面向实在，把握真理的。……他们之所以要练习计算，并不像商人或店员们为了做买卖，而是为了保护国家，使心灵本身从变幻

---

[1] 〔法〕莱昂·罗斑. 希腊思想和科学精神的起源[M]. 陈修斋，译. 桂林：广西师范大学出版社，2003：57.

的世界趋向真理的存在。"① 当时雅典学园的确培养了很多著名的数学家、哲学家,这种理解方式使得古希腊哲学一开始就表现出很强的逻辑—数理思维的特征。跟儒家的体知方式有着很大的不同,理智的方式并不是从整体体验世界,而是以主—客分离的方式去认识这个世界。根本而言,儒家的知识依然是生活的知识,而西方哲学是努力建构在生活之外的知识。这种逻辑的理解方式,使得西方的哲学具有很强的科学色彩,也使得在西方哲学家中很多人都有坚实的科学基础,甚至有很多人都是兼具哲学家与科学家双重身份。这种理智的思维方式一直延续到哲学家黑格尔那里,成为西方哲学的主流,因此,"西方古典哲学家大多重视认识论,把认识相同性视为哲学的重要任务"②。

这种以认识论为核心建构起来的西方课程知识观,将追求知识的可靠性作为认识的第一任务。这种逻辑性极强的认识方式能够促进人的智力水平的提高,但是却将人置于认识的世界之外,由此形成的课程知识也成为生活之外的认识对象。对于生活世界的人而言,具象的思考,不反思的行动是常态,而逻辑的方式是以符号的方式抽象真实的世界,进而达到控制世界的目的。"这样一来,知识论就从逻辑进入了社会生活,通过知识(认识)获得意义正是西方整个哲学发展的秘密。"③ 这种逻辑建构起来的课程知识也成为西方教育的特色,后来演化为学科课程知识的学科逻辑。从根源而言,依靠逻辑的方式建构起课程知识是西方认识旨趣的集中体现。

3. 理智:西方课程知识的实践方式

西方课程知识追求的是确定性的知识,注重的是依靠逻辑的方式建构起来的知识。这种知识在教学实践中是以理智的方式进行的,需要师生在不断的对话、反诘中才可能达到认识的目的。

苏格拉底首先提出了"知识即美德"的命题。这个命题具有巨大的解释空间,它不仅可以从道德教育的角度直接加以解读,同时其致思方式所

---

① 华东师范大学教育系,浙江大学教育系.西方古代教育论著选[M].北京:人民教育出版社,2001:59.
② 张世英.哲学导论[M].北京:北京大学出版社,2002:31.
③ 高伟.知识论的批判:一种教育哲学的反思[J].自然辩证法研究,2012(04):96.

包含的认识论价值更值得思考。在苏格拉底跟美诺的对话中,他们探讨的不是具体的美德,因为"在寻求一种美德时我们找到了许多美德,虽然和以前不是同样的方式;但是我们并没有能够找到贯穿一切美德之中的共同的美德"①。在苏氏眼中,不是具体的、个别属性的美德是知识,而是具有普遍意义的美德才能成为知识,而只有具有了这种普遍性意义的知识才能够获得善,才能进行教育,如果陷入个别的道德行为就可能成为一种道德上的欺骗或者像智者派那样为了实惠而进行的诡辩。从苏格拉底跟其学生的对话来看,他通过不断的诘问、反驳正是为了破除具体、个别道德行为的有限性,进而在更普遍意义上获得对美德的理解,这才是对学生的观念负责。苏格拉底的时代是希腊由盛到衰的时代,这个命题产生的背景是对智者派相对论知识观的一种批判,是苏格拉底作为哲人对本原的确认,重新确认希腊哲学的本原性认识传统。苏格拉底认为,如果人类的认识像智者派那样强调感性,夸大了现象认识的重要性,就可能忽视人的理性作用,进而会加速社会的混乱。正是在道德观念泛化的反思上,苏格拉底对普遍意义上的善进行了一种积极探索,并形成一种思考道德的路径。

以下从苏格拉底跟其弟子关于勇敢的讨论中②就可以看到教师的教学实践方式。

> 苏格拉底:拉刻斯,先让我们努力说明,什么是勇敢,然后我们研究青年人如何通过追求或学习而获得它。来吧,照我所说的,请先告诉我,什么是勇敢?
>
> 拉刻斯:苏格拉底,我觉得这根本不难回答!一个能坚守岗位、与敌拼搏而不选逃跑的人,你就可以说他是勇敢的。
>
> 苏格拉底:不错,拉刻斯。不过,我恐怕受到责备,可能因为我把问题说得太含糊,就使你觉得答非所问。
>
> 拉刻斯:什么意思,苏格拉底。

---

① 华东师范大学教育系,浙江大学教育系. 西方古代教育论著选 [M]. 北京:人民教育出版社,2001:9.
② 苗力田. 古希腊哲学 [M]. 北京:中国人民大学出版社,1989:216-217.

苏格拉底：我会解释的。你认为，坚守岗位，与敌拼搏的人是勇敢的。

拉刻斯：我是这样说的。

……

苏格拉底：拉刻斯，或许斯巴达人是例外。据说在普拉德之战中，当斯巴达人遇到手持藤盾的敌人时，他们不是坚守岗位与他们作战，而是撤退了。

拉刻斯：你所说的是事实。

苏格拉底：这就是为什么我刚才说我把问题讲得含糊不清应受责备的原因，也是你答得不妥当的原因。我要你回答的不仅仅是重装步兵中的勇敢的人，也是骑兵及所有战士中勇敢的人……拉刻斯，在所有行业中，勇敢的人都是存在的。

从上面的对话来看，苏格拉底和拉刻斯（又译为拉凯斯）的对话是关于勇敢的探讨，确切的说是关于"什么是勇敢"的这种确定性知识的寻求。苏格拉底通过理智的方式证伪了拉刻斯的观点，试图达到对勇敢最本质的解释。尽管在讨论勇敢，但根本目的不是让你在情感或意志上感到勇敢作为品德的高尚，而是通过概念分析的方式去逼近勇敢本质的认识。这种对话是理智的探究，与孔子不同的是，苏格拉底一开始不是从生活中开始思考，他关注的也不是在教化行动中的转化，而是在不断的否定中提升人的思维层次，因为"苏格拉底对话就是苏格拉底辩证法的体现，在这种对话中，我们可以明显感受到对话过程中思维的流动性、矛盾性和话语的冲突对立"[1]。

4. "七艺"：西方课程知识的经典形态

古希腊的"七艺"是"七种自由艺术"的简称，具体由文法、修辞、辩证法、算术、几何、天文、音乐构成。"七艺"的形成经历了一个历史的过程，首先由智者派提出"三艺"，后来柏拉图提出了"四艺"。"七艺"形成后通过罗马教育的发展与完善，以至于在中世纪的教育中都在沿

---

[1] 仲建维. 孔子和苏格拉底的知识形象及其教学图景 [J]. 全球教育展望，2010（06）：34.

用，直到文艺复兴之后才逐渐淡出。

"三艺"首先由智者派提出，它重视思维、逻辑等语言知识。在古希腊，智者派是一批能言善辩、思维活跃的教师，他们常常通过教授青年人辩论术而获得报酬。智者派并不是严格意义上的学术阵营，更多的是特定群体的总称，其中最著名的代表是普罗泰戈拉，曾经提出过著名的哲学命题"人是万物的尺度"。在智者派的课程中主要是文法、修辞、辩证法，这些课程的学习对于成为一个希腊公民参与公共生活而言是必要的。所谓的"文法"（grammar）指的是构成语言的结构方式，文法课程则是以语言教育的形式培养学生掌握正确的语言规则。文法课在西方教育中处于基础性的地位，更是西方教育的特色，后来发展到"文法学校"（grammar school）。修辞即修饰文辞，通过语言手段的运用以提高语言的艺术性与说服力。由于智者个个都口才极佳、深谙语言艺术，因此通过修辞课培养学生的语言技巧，以获得更好的辩论效果。辩证法即逻辑学，是对语言表达的思维层次进行的训练。因此，"三艺"关注了人的语言表达能力和思维训练，为后来西塞罗"演说家"的教育奠定了基础。

柏拉图在"三艺"的基础上提出了"四艺"。"四艺"指的是算术、几何、天文、音乐。算术对人的职业生活来说具有一定的实用功能，但是"他们之所以要练习计算，并不像商人或店员们为了买卖而是为了保护国家，使心灵本身从变幻的世界趋向真理与实在"[1]。几何作为研究形的科学，是能够通过视觉看到的，并能够抽象具体的世界，因此"几何学是关于永恒存在的知识"[2]。天文则是对天体几何的表达，通过学习天文可以使人的"心灵向上"。音乐在古希腊中占有十分重要的地位，苏格拉底认为选择合适的音乐对于一个人十分重要，因为"体育是为了锻炼身体，音乐是为了陶冶心灵"[3]。他反对那些柔靡的曲调，而应该通过和谐的曲调真正

---

[1] 华东师范大学教育系，浙江大学教育系. 西方古代教育论著选 [M]. 北京：人民教育出版社，2001：59.
[2] 华东师范大学教育系，浙江大学教育系. 西方古代教育论著选 [M]. 北京：人民教育出版社，2001：61.
[3] 华东师范大学教育系，浙江大学教育系. 西方古代教育论著选 [M]. 北京：人民教育出版社，2001：23.

提升个体的精神。

综上，古希腊文化对知识的追求成就了西方的课程知识传统。这种传统是"求知"的兴趣，是对理智和逻辑的肯定，它有利于人的理性思维水平的提升，进而为现代西方科学的繁荣奠定了基础。后来的文艺复兴实际上延续了这种认识方式，依靠理性驱动，能够加速人类知识的增长，也能够在学术研究中不断实现范式的转换。正是在希腊文化的熏陶下，尤其是从亚里士多德之后，现代意义上的学科课程开始从这里产生，并且不断地细分下去。

（三）"转识成智"：印度课程知识的文化传统

印度是一个文明古国，有着悠久的历史，在历史上曾经创造了令世人瞩目的文明。在雅利安人到来之前，印度已经开启人类文明的先河，而且保留有历史的遗存，但后来逐渐中断。雅利安人到来之后，《梨俱吠陀》成为印度最古老的历史文献。从吠陀开始，印度的宗教特点开始萌芽，而后"印度人长期在宗教的熏染和陶冶下，已经形成了一种独特的民族心理和民族文化。宗教性和宗教色彩构成了印度文化的一大特色"①。

印度作为一个神秘的国度，执着于宗教兴趣，在历史上先后兴起过婆罗门教、佛教、耆那教与印度教，其中婆罗门教又分为数论、瑜伽论、正理论、弥曼差论、吠檀多论，这些不同的宗教、不同的流派影响了印度教育的发展。印度的课程知识就是在宗教文化氛围中产生的，它表现出与中国课程知识、西方课程知识截然不同的精神追求。作为一种宗教教育形式，追求精神世界的解脱是其根本使命，因此在其认识论上秉承的是"转识成智"②。严格来说，"转识成智"是一种宗教认识观，"识"指的并不是现代意义上的知识，而是个体的认识，而"智"指的是觉悟。在佛教唯识论中，"转识成智"强调精神的改造，"它以众生的无漏种子为根据，主

---

① 朱明忠. 印度文化的宗教性与印度宗教哲学 [J]. 中国图书评论，2007（06）：36.
② 哲学家冯契对此进行过创造性的转化，在其哲学体系中"借用'转识成智'这一传统的哲学术语表示由知识到智慧的转化"[参见《冯契文集》（第一卷）]。而我国教育学者使用"转识成智"更多是按照冯契先生的用法，如蔡春. 个人知识：教育实现"转识成智"的关键 [J]. 教育研究，2006（01），徐超富. 转识成智：现代教学的认知价值追求 [J]. 华东师范大学学报（教科版），2014（04）等.

张通过主观世界的改造，舍染得净，不断提升生命的境界，直至解脱成佛，赢得绝对自由"①。

1. 解脱：印度课程知识的价值追求

作为一种宗教文化，印度课程知识体现出与世俗价值截然不同的追求方向，这使得它普遍重视精神的存在，鄙视物质财富的占有。在印度人看来，对物质的鄙视在于他们相信人生是苦难的轮回，当下对物质的占有只是短暂的幻象，只有对精神的追求才可以认识"梵"。"梵"在印度哲学中是世界的本源，创造了世界万物而被人崇拜。"印度教认为人生的最大目的就是要通过坚持不懈的修行，获得自我的解脱，达到与梵合一，即所谓'梵我一如'。"②

解脱是宗教兴趣的终极追求。从词源学的角度而言，"解脱"是从梵语"moska"或"vimuki"中翻译出来的概念。《奥义书》最早提出了有关解脱的认识，是针对生命的指向而言的，如果陷入人生轮回之中就会重回生命的苦难，而只有到达梵界的人才不再轮回，实现解脱。在婆罗门教中，解脱被解释为"渐解脱"和"真解脱"，前者是不纯粹的，后者主要通过修行才能认识梵来消除无明。到了佛教那里，解脱思想发展为涅槃观。涅槃的过程就是认识中逐渐消解个体的偏执之后，才能达到"五蕴皆空"与"诸法空相"的状态。"在涅槃的状态，贪婪和嗔恨的根源已经根除，这样的人不再遭受生的痛苦（受苦）或进一步处在轮回的状态中。"③因此，在印度的文化中，认识的过程并不是对知识的占有，而是对认识本身的澄明，这种认识的对象也不是外在之物，而是对人生过程的体悟。在《白骡奥义》中便提到了这一认识过程：

悟知道神明已，粉碎众桎梏；由灭除烦恼，断绝生与死。沉思彼之故，产生第三境；肉体消亡时，升华世自在；单独住世时，众愿得

---

① 魏德东. 论佛教唯识学的转识成智［J］. 世界宗教研究，1998（04）：63.
② 郁龙余等. 印度文化论［M］. 重庆：重庆出版社，2008：212.
③ 〔斯里兰卡〕皮亚那. 上座部的"涅槃"或"解脱"观念［J］. 西南民族大学学报（人文社会科学版），2010（04）：67.

满足。①

从印度最早的课程《吠陀》，以至后来《森林书》、《奥义书》来看，追求解脱的宗教旨趣渗透在其课程知识建构之中。在印度，宗教跟哲学、法律是联系在一起的，是不能分离的混合形态，如印度著名的法典《摩奴法典》，它包含有大量的宗教知识，甚至连婆罗门的权力也是以宗教的名义来赋予的。在印度教中规定了人生的四个阶段：梵行期、家居期、林栖期和修行期。梵行期主要是在教师家里学习三种吠陀，学习期满后才进入家居期完成自己的世俗角色。梵行期人开始在自然生命外感受宗教的意义。到了家居期，人不仅仅需要积累财富，参加生产劳动，履行繁育后代、赡养父母的义务，也不能忘记自己的宗教角色，如《摩奴法典》中规定："要始终不懈地完成吠陀规定的特殊义务；因为努力完成它，可以达到最后解脱这一最高境界。"② 而完成了世俗角色后，开始进入林栖期即到森林进行修行，以摆脱世俗的烦恼。经过森林的隐居生活后，才进入修行期即进入出家云游的阶段。从四个阶段来看，尽管有世俗生活的参与，但其终极指向是脱离世俗生活获得精神的解脱。

作为东方文化的又一代表，印度文化跟儒家的价值观有着非常大的区别，它不是在当下的真实生活中寻找意义，而是在想象世界中建构意义，这使得印度的神话特别发达。印度的宗教认识是一种幻论的认识观，即把现实都看作是虚幻，进而否定现实生活。尽管对于其他文化的人而言，虚幻的认识只是生活中偶然出现的，是"乌托邦"式的未来图景，但"对印度教徒来说，宗教是心灵的体验或心态。它不是一种想象，而是一种力量；不是一种理智的命题，而是一种生活的信念"③。在虚幻中追求"梵我同一"，实际上是对现实的一种否定，在这种否定中实现印度人的神性价值。

2. 体悟：印度课程知识的建构方式

印度课程知识是印度宗教文化的产物，其建构也是以体悟方式进行

---

① 转自巫白慧. 吠陀经和奥义书 [M]. 北京：中国社会科学出版社，2014：321.
② 摩奴法典 [M]. [法] 迭朗善译，马香雪转译，北京：商务印书馆，1982：82.
③ [澳] A. L. 巴沙姆. 印度文化史 [M]. 闵光沛、陶笑虹等译. 北京：商务印书馆，1997：91.

的。从早期的吠陀来看，它是仙人对神的理解与建构。吠陀，是梵文 Veda 的音译，意译"明"，即知识。① 为了更好地理解吠陀本集出现了梵书、森林书、奥义书等经典。梵书是对宗教祭祀礼仪的规定。森林书，顾名思义，是修行者在森林中秘密传授的经文。奥义书意为"传授秘密知识"，它从哲学层次上阐述了吠陀的宗教思想。

从建构过程而言，印度最早的课程知识主要是修行者在体悟过程中的思想阐发。森林书、奥义书这些印度的经典都是在远离世俗生活的森林中完成的。森林作为重要的文化产生地受到了印度人的偏爱，甚至被当成圣地来加以推崇。"森林成了印度人人生的心灵归宿，成为古代印度社会的文化原点。"② 修行者在森林中修行，既是跟大自然的接触，也可触发个体参透人生的契机，这种森林修行活动甚至可以看作是最初的自然教育，也影响到了中国佛教的发展，很多寺庙都建立在名山之上。到了佛陀时代，作为王子的释迦牟尼放弃宫廷的上层生活，去森林中静思修行之后领悟到人生的意义，留下了《四法印》等著作。在佛教看来，只有通过领悟的方式才能够接近佛性，即所谓"一念佛时，众生皆悟"。

印度文化将认识的目的指向人生的解脱，使得他们在认识上重视人的体悟，尤其是在森林中的顿悟。这种对解脱的执着，使得印度课程知识重视了人与神之间的交流，而不是儒家课程知识那样重视的是人与人之间的交流。这种偏执，是对精神世界的执着，使得印度教育中普遍重视心灵教育。这种思维方式是宗教思维的特点，后来佛教，尤其是禅宗十分盛行。学者赖永海认为，"'顿悟'、'体证'的修行方法或曰思维方式的特点，一是认识产生的突发性和思维过程的跳跃性，二是对于对象把握的直接性和整体性，三是认识过程的非逻辑性"③。今天世界各地兴起的瑜伽，其源头就是印度哲学的一个流派，后来发展成为一种健身运动。但瑜伽的本质不是身体，而是对心灵的调节，瑜伽从根本而言是心灵教育。从远古开始，对心灵的执着，成为印度教育最为鲜明的特点，它使得印度课程知识

---

① 方广锠. 从吠陀到奥义书 [J]. 南亚研究，1989（03）：13.
② 郁龙余等. 印度文化论 [M]. 重庆：重庆出版社，2008：235.
③ 赖永海. 对"顿悟"、"体证"的哲学诠释 [J]. 学术月刊，2007（09）：34.

忽视了在世的生活，有着很强的唯心主义的倾向。这种传统使得印度教育一直伴随着宗教的发展而发展，甚至可以将课程知识看作其宗教生活的衍生品。这种倾向一直到英国统治印度之后才有了很大的改变，但其重视心灵体悟的传统仍然在其教育中存在。

3. 吠陀：印度课程知识的经典形式

作为印度文化的早期经典，吠陀也可视为印度教育中最古老的课程知识。它作为宗教生活中的神圣知识历来被印度人尊重，并且在后来不断得到延续。最有代表性的吠陀包括四部《梨俱吠陀》（*Rgveda*）、《娑摩吠陀》（*Sāmaveda*）、《耶柔吠陀》（*Yajurveda*）、《阿闼婆吠陀》（*Atharvaveda*）。这四部吠陀又称为吠陀经，主要以诗歌的形式出现，表达印度人对世界的思考。吠陀的作者是仙人，他们往往借助神的名义来表达思想。在《摩奴法典》中对吠陀的表述为，"他为完成祭祀，从火、风和太阳中抽取称为梨俱、椰柔和娑摩吠陀的三种永久的知识"[1]。因此，吠陀的产生因没有明确的作者而具有了神秘的色彩，这为婆罗门文化权力的获得进行了铺垫。吠陀从产生开始就不是经验可以证实的产物，而是具有定论性质的权威，因此才有了后面的对其延续的森林之书和奥义书。

在四部吠陀中，《梨俱吠陀》出现最早，由 1028 支神曲所构成。它包含的内容极其广泛，成为印度最早的百科全书。这些神曲有对世界的创生《宇宙创造主赞》，也有对基本逻辑的思考《有转神赞》，其中否定思维的出现影响了印度后来的哲学思想。在《有转神赞》中出现了"无既非有，有亦非有；无空气界，无远天界"[2]。这种否定性的用法后来也延续到佛教的思想中，如《心经》中有"是故空中无色，无受想行识，无眼耳鼻舌身意，无色声香味触法，无眼界乃至无意识界，无无明亦无无明尽，乃至无老死，亦无老死尽，无苦集灭道，无智亦无得，以无所得故"。这种否定思维在根本上走上了与西方本质主义不同的道路，它正是通过否定来消解实体思维。因为执着于实体的追寻，可能看到的只是具体的存在者，而无法证明存在。因此从吠陀开始，印度课程知识展示了对无的深刻思考，为

---

[1] 摩奴法典 [M]．[法] 迭朗善译，马香雪转译，北京：商务印书馆，1982：9.
[2] 参见巫白慧．梨俱吠陀神曲选 [M]．北京：商务印书馆，2010：245.

意义的探讨留下不同的可能空间,因为"否定反对任何对意义的肯定性把握,在持续的瓦解中释放被同一性压制的内容,展现出生命的无尽的意义"①。否定性思维在印度文化中存在,提升了其辩证思维乃至哲学思维。否定的过程就是反思的过程,反思才可能成为哲学意义上的"爱智",恰如赵汀阳所言:"'是'其实是科学的基础,并不是哲学的基础。作为思想反思的方式,哲学的基础概念是'不'。"②

吠陀作为印度课程知识的经典形式,是宗教对教育的影响,它主要在祭祀中运用并不断加以阐释。这种知识是维护印度种姓制度的神圣知识,它将人们的生活引向世俗生活之外。这种以神话为主要内容的知识形态具有很强的不确定性、主观性,它不能改善日常的生活水平尤其是普通人的物质生活,这使得印度人长期陶醉于对彼岸世界的幻想中,忽视了对真实历史的记述,文化的传承也就无从谈及,直到英国人进入印度后才发现古印度的历史只是古迹,有关过去的叙述已经消失殆尽。

4. 口传:印度课程知识的教学方式

印度文化历来不注重文字记录,文本的缺乏使得教学的过程主要以师生之间的口耳相传方式进行。口传的课程知识只存在于教师的记忆中,而不是文本记录中,教师成为活的知识。作为口传教师的婆罗门,往往具有极强的记忆能力和语言表达能力,能够对吠陀经典进行精确的记忆与阐释。口传的过程是婆罗门向弟子单向传递神圣知识,这增强了教师教学的神圣性与封闭性,同时这种直接面授的方式有利于提高学生的领悟能力,让学生获得精神的洗礼。唐代玄奘去印度取经的过程,实际上也是通过跟大师进行面对面交流而获得对佛教经典的理解过程,而不仅仅是借来文本经典进行翻译的过程。

在古印度,种姓制度十分严格,人与人之间有着明确的社会分工。吠陀的教学是婆罗门阶层的特权,在《摩奴法典》中明确规定:"他命婆罗门学习和传授吠陀,执行祭祀,主持他人的献祭,并授以收受之权。"③ 通

---

① 石义华. 中国佛学的否定性思维 [J]. 山东社会科学,2010 (6):39.
② 赵汀阳. 第一个哲学词汇 [J]. 哲学研究,2016 (10):109.
③ 摩奴法典 [M]. [法] 迭朗善译,马香雪转译,北京:商务印书馆,1982:18.

过口传的形式能够将知识限制在特定的社会阶层中，有利于维持婆罗门在文化上的统治权。婆罗门对知识的控制，保持了宗教知识的神圣性，但不利于其知识的传播。

在口传吠陀的教学过程中，声音是教学传递的主要媒介。由于吠陀主要是通过梵语来传递，掌握梵语的语言规则成为教学很重要的环节。在印度，梵语是经典语言，也是下层民众不掌握的。因此，梵语这种语言促成了口传吠陀局限在婆罗门之中，这在于"梵语被认为是神与人之间说的语言，极其神圣，最初以口语的形式流行于婆罗门阶层，后才有文字"[①]。这种口传方式使得教师成为教学的中心，同时学生对教师非常尊重，甚至认为"教师是梵天的象征"[②]。在《奥义书》中提道："敬母如神，敬父如神，敬师如神。"这样，教师被赋予了神圣的职责，强化对经典的固化的理解。从根本意义而言，作为神圣的知识跟信仰联系在一起，这样的教学跟古希腊、中国的对话教学形式是截然不同的，学生不可能对教师的知识进行质疑、诘问或者前提性批判，神圣知识的获得实际上是非理性的认同。由于缺乏文字的记录，教学对个体的依赖性很大，这种教学很难持续下去和大规模地开展。从历史而言，印度宗教教育尽管兴盛过，但并没有持续下来。这一点可以从印度历史的断裂中得到印证，在玄奘[③]从印度取经回来之后，印度的佛教就逐渐消失了，曾经在那烂陀创造的教育辉煌在很大程度上只是从玄奘的回忆中追溯当时的教育场景。

综上，印度课程知识具有浓烈的宗教色彩，宗教性是其文化性的具体表达。由于印度长期受各种宗教的影响，这使得其注重对精神世界的理解，积累了大量心灵教育的经验，至今影响到世界各国。从根本而言，宗教的指向使得印度教育指向了人的解脱，而不是以满足当下日常生活现实需要为根本，对现实生活的否定使得其远离日常生活的建设，这种对生活

---

① 郁龙余等. 印度文化论［M］. 重庆：重庆出版社，2008：225－226.
② 摩奴法典［M］.〔法〕迭朗善译，马香雪转译，北京：商务印书馆，1982：47.
③ 玄奘作为唐朝著名的文化使者促进了中印文化交流，其价值不仅仅体现为在中国传播佛教文化，同时也对印度古代历史的理解具有重要的价值。今天的印度古代历史考察都需要根据玄奘的记载来还原，如那烂陀遗址的发现就是根据《大唐西域记》的记录来进行的。参见葛江涛. 印度历史不能没有玄奘. 瞭望东方周刊［EB/OL］. http://www.lwdf.cn/article_255_1.html.

的忽视，实际上是对实践的否定，因而无法获得持久的动力。印度课程知识的构造以神启的方式开始，以教师口传的方式进行使得其知识具有了很强的神秘性和不可证性，进而使得教学过程远离生活的基础。这种神秘的课程知识局限在婆罗门阶层中传递，成为巩固其种姓制度的工具，其阶级性显露无遗。作为一种古老的知识类型，印度课程知识的宗教性使得其作为典型的三种文化形态之一凸显出来，影响的不仅是印度，甚至南亚和亚洲的其他地区也受到影响。

小结

"任何文明都需要某种精神信仰，这是一个文明的安身立命之处，也是自身确认的绝对依据。"① 中国、西方和印度三种课程知识具有不同的文化兴趣，其探寻意义、建构意义的方式因此有了很大的差别。事实上，在前文明时期，世界各地的课程知识的发展是相对独立的，由此形成了自己的文化性。这种文化性不仅仅在当时的课程知识中表现出来，而且作为一种传统影响到未来课程知识的选择。这种文化性的充分显现来源于其产生的文化土壤，课程知识不断汲取着丰富的营养而不断生长，成就了教育文化的丰富格局。对于课程知识而言，文化性虽然是一种抽象的属性，但是在具体的文化土壤中是生动的、明确的，这使得课程知识在中国、西方和印度分别形成了伦理兴趣、科学兴趣和宗教兴趣。

二 现代文明时期的课程知识：
文化性疏离引发的文化危机

自文艺复兴以来，欧洲逐渐进入到现代文明阶段。随着欧洲主要发达资本主义国家在全球的扩张，世界各地被迫纳入现代文明的体系中。在这个不断扩张、无所不包的体系中，资本主义经济是其基础，而支撑其发展的精神实质是现代性，按照韦伯对"现代性"的理解，"'合理性'成为衡量现代资本以及现代社会的经济、政治、法律等各方面的进步性的标

---

① 赵汀阳. 惠此中国：作为一个神性概念的中国［M］. 北京：中信出版社，2016：16.

准,'理性化'因此成为现代社会及其现代性标志符号"①。韦伯这里的论述中首先涉及了理性,同时也涉及了"文化行为的理性化,表现为世界的'祛魅'过程,即世俗化过程"②。

在现代性的影响下,课程知识从神话知识型、形而上学知识型进入到科学知识型阶段,原有不同类型的课程知识开始接受理性的改造,理性开始成为现代课程知识建构的内在动力。除了受到理性的影响,现代课程知识也受到世俗化的影响,两者以不同方式共同塑造了课程知识的现代面向,使得原有的植根于课程知识的文化性受到忽视进而逐渐疏离。现代性产生的普遍的意义困境,使得人们不得不探寻文化、反思文化的本质。以下从理性和世俗两种力量反思现代课程知识在精神上的转变过程。

(一)理性的力量对现代课程知识建构的影响

从历史的演进过程来看,现代文明时期对人类世界的影响是巨大的,它在短短几百年之内创造了人类几千年都无法创造的物质成果。现代文明以工业化为基础的生产方式,通过采用机器、标准建立、细化分工提升了人类的生产能力。生产力的巨大飞跃提高了人们的生活水平,并且留下了大量剩余产品,这为科学、教育事业的发展提供了条件,为知识与课程知识的创造提供了可能。

现代课程知识建构一方面依赖于工业化所创造的物质成果,另一方面来源于理性价值在人类生活中的确立,前者是物质前提,后者是精神动因。透过现代文明的表象,我们可以看到推动现代文明的内在动力是理性的建立与扩张。如果说是市场法则这只无形的手推动了现代经济的发展,理性则是另一只推动了人类知识发展的幕后之手。在现代社会中,理性成为人类认识的内在精神与旨趣,课程知识的发展开始向未来越走越远,没有边界,课程知识从个体成长经验开始改造为具有立法价值的绝对认识。这种绝对性的强化最终制造了课程知识的文化困境,因为它在推翻与批判神话知识的同时,又希望以科学知识为基础在人类认识系统中创立新的神话。一旦在人的认识中将理性绝对化后,理性就成为教育中的压制性力

---

① 陈嘉明. 现代性与后现代性十五讲 [M]. 北京:北京大学出版社,2006:31.
② 陈嘉明. 现代性与后现代性十五讲 [M]. 北京:北京大学出版社,2006:97.

量，走向了启蒙的对立面，导致了教育的悖论与人生的悲剧，恰如学者贺来曾言："本来是为了追求解放，可结果导致了新的奴役，本来是为了摆脱魔咒，可结果却又为新的魔咒所困扰。"①

1. 理性成为现代课程知识的价值基础

（1）理性的形成

何谓理性？理性是人类认识事物的一种方式，主要指人们对事物的规律、本质的探究和追问。从源头上说，理性植根于人的认识过程之中，尤其是来源于古希腊的"逻各斯"传统，但将理性作为一种价值加以推崇并成为固定概念是西方启蒙运动的结果。产生于17世纪和18世纪的欧洲启蒙运动，是一场以理性破除宗教神学的思想运动。在这场思想运动中，改变的是中世纪神学主宰的认识方式和认识价值，进而为人的思考提供理据。在中世纪的欧洲，基督教神学对人类的认识进行绝对支配，它通过抬高神性的绝对价值，否定个体的理智能力，从而中断了古希腊的求知传统。在神学认识论看来，理智服从于信仰，"若想求得至真、至善，人就必须舍弃自我、超越自我，回到理智之光得以点燃的地方。那便是皈依上帝"②。通过启蒙运动的开启，神性的认识前提受到否定，理性作为人的主体认识能力得到确认，它最终使得从依靠神的认识走向依靠人自身理智的认识，重新在现实生活中找回了人的理智能力，为科学的进步和历史的进步提供了精神准备。

从历史发展而言，中世纪的欧洲是教会的时代，尽管也有个别思想家如奥古斯丁的产生，但就其整个精神景象而言是"黑暗时代"。这种黑暗是因为个体将认识的权力交给了上帝，人的认识能力被遮蔽。为了唤醒人们的认识能力，实现从宗教思想的依附中独立，启蒙思想家通过对理性的推崇，否定了神学知识的荒谬，如伏尔泰对修道院长的批判："你们曾经利用过无知、迷信和愚昧的时代来剥夺我们的遗产，践踏我们，用我们的血汗来自肥。理性到来的日子，你们就发抖吧。"③ 因此，在启蒙运动中倡

---

① 贺来. 边界意识与人的解放 [M]. 上海：上海人民出版社，2007：2.
② 张凤阳. 现代性的谱系 [M]. 南京：江苏人民出版社，2012：171.
③ 〔法〕伏尔泰. 哲学词典 [M]. 王燕生，译. 北京：商务印书馆，1991：2.

导的理性就是针对中世纪的神学认识而建构起来的一种新的认识,它改变了中世纪认识过程中确定的信仰对理性的优先性。

经过众多启蒙思想家的宣传与鼓吹,理性作为一种理念不断被人们认识,但对理性进行全面思考的当属哲学家康德。在一定意义上而言,是康德将理性作为一个运动口号上升到哲学命题来理解,恰如利奥塔对此的评价,康德哲学标志着现代性的序幕。在康德的哲学中,理性的运用就是启蒙,而"启蒙就是人类脱离自己所加之于自己的不成熟的状态"[①]。在康德看来,中世纪人类对宗教的信赖,依靠教士与牧师来决定精神生活是最大的不成熟,是蒙昧的象征,而理性的运用就是摆脱这种依赖。接着,康德对理性在人类认识、实践中的作用进行了全面的分析,认为理性"乃是一种要把它的全部力量的使用规律和目标都远远突出到自然的本能之外的能力"[②]。他以理性为核心撰写了著名的三大批判《纯粹理性的批判》、《实践理性批判》、《判断力批判》。在三大批判中,康德阐明了理论理性和实践理性的价值分别为认识和道德立法,至此理性作为现代社会的根本精神得以确立。到了黑格尔那里,理性的价值进一步受到推崇,"理性是世界的灵魂,寓于世界之中,是世界内在的内在东西,是世界固有、最深邃的本性,是世界的普遍东西"[③]。

从启蒙运动以来一直到黑格尔的哲学体系中,理性成为西方哲学的关键词,同时也成为现代性最核心的精神实质。从历史发展而言,理性是人作为主体的最重要的认识方式,理性推动了现代文明的诞生。如果没有对理性的承认,人类还处于黑暗与蒙昧之中,不能有效地认识自己和周围的世界,更无法满足绝大多数人基本的生活需要。启蒙运动开启的理性传统,更多的是一种科学的认识传统,这对于现代文明而言是十分重要的。尽管现代性所显现的异化现象越来越多地受到哲学家的反思与批判,但是现代文明对于绝大多数后发型国家而言仍然是需要努力学习的人类文明。对于后发型国家而言,正视理性的启蒙价值就是珍视现代文明作为文明形

---

① 〔德〕康德. 历史理性批判文集 [M]. 何兆武,译. 北京:商务印书馆,1991:24.
② 〔德〕康德. 历史理性批判文集 [M]. 何兆武,译. 北京:商务印书馆,1991:4-5.
③ 〔德〕黑格尔. 逻辑学 [M]. 梁志学,译. 北京:人民出版社,2002:69.

态的当下表现,是在一定阶段需要补充和完善的地方,如果一味地否定就可能误解人类文明的演进历史。从历史唯物主义观来审视,我国实现教育现代化的目标需要正视理性的遗产,不能因为理性的误用导致对理性价值的全盘否定。

(2) 理性对现代课程知识的塑造

理性成为人类认识的标准,会对人类的知识类型产生影响,进而影响到现代教育中课程知识的塑造。这种影响不仅仅体现在课程价值的建构上,也体现在学校课程的实施中。如前所言,理性最初只是作为人的认识事物的方式,但当理性被作为标准用来衡量知识价值的时候,理性就成为理性观,符合理性的知识才能够进入课程之中。17世纪,在理性的驱动下,数学和物理学得到巨大的发展,并成为现代科学的范例。理性成为建构知识最重要的原则,它超越了信仰具有优先权。笛卡尔的"我思故我在"将理性与自身存在紧密联系起来,通过理性可以将一切对象加以拷问和分析。在笛卡尔眼中,理智的思考是证明人存在的理由,进而将人的存在从上帝的决定权重新赋予了人自身。对理性的追求是对感性这种思维方式的超越,它意味理性的认识在一定程度上获得更多的认同。在这种确定性引领下,理性的追求就是对精确性的追求,它试图将世界的一切关系都通过数学来表征,数学成为刻画世界的标尺,"按照这种构想,最一般意义的科学是探讨一切秩序与度量问题的广义的数学"①。在这种旨趣的影响下,牛顿开创的物理学成为范例,其代表作《自然哲学的数学原理》成了用数学表征物理客观世界的象征。至此,自然科学知识成了最符合理性的知识,也成为现代课程知识型的范例。

首先,理性抬高了自然科学课程知识的教育地位,并成为现代课程知识型的价值标准。从神话知识、形而上学知识到科学知识,理性的重要性不断凸显,并最终成为最重要的价值。事实上,在中国古代课程知识中也包含有理性的要素,只不过这种理性混合在信仰、伦理的认识之中,到了现代课程知识型那里它被无限地抬高,甚至成为一种绝对的法则。"现代主义知识观独立于品格之外,在精神气质上是科学的,在本质上是客观

---

① 张凤阳. 现代性的谱系 [M]. 南京:江苏人民出版社,2012:197.

的，它来源于启蒙时代的技术理性。"① 理性的抬高对现代课程类型产生两方面的影响：一是代表理性的自然科学课程不断受到重视，在课程表中占的权重日渐增加。二是人文社会课程知识不断萎缩，为了获得生存权，不得不借用科学的方法来完成学科的改造，不能完成改造的课程就成为学校教育的边缘。笔者曾在一所初中跟一位美术老师交谈，这位老师说道：

> 我们这些美术课老师是副科老师，都成了学校的"万金油"。专业只是在初中一年级给大家普及一下艺术常识。到了初二、初三就没有美术课了，即便安排得有也是让班主任上主课了。美术啊，就是当个爱好了，审美这种东西不好说，也不实在，没有数理化那些老师有那么多实在的知识来传授。（20170516 HBL 老师）

当然，处于边缘化的处境不仅仅是美术老师，还有音乐老师等其他所谓"副科"老师。在我们对 G 省的 10 多所乡村中小学进行的调查中，这些承担美育课程的教师的普遍专业认同度不高，甚至已经有老师通过公务员考试转型从政的例子。理性的推崇使得艺术课程知识不断降格，美育因不符合理性的标准而不断萎缩。美育的萎缩使得乡村教育在知识教育中不断强化，另外一方面造成的是教育过程中意义感的缺失，厌学、逃学的日趋增多。尽管导致后者的原因是多方面的，但是乡村教育课程知识自身文化品质的蜕化是个不争的现实，因此乡村教育褪去了文化的守护，不再能够影响乡村民众的生活。

其次，理性渗透在课程知识的编制之中，形成了一套固定化的研制流程。这一流程首先在博比特课程开发模式那里兴起。博比特认为，根据成人职业目标来建构科学的课程目标。"在此存在着运用精确的、实用的和可测量的词汇界定课程目标这一方式的本源。"② 拉尔夫·泰勒那里形成了完整的课程开发模式。这一开发模式主要包括确定目标、选择经验、组织

---

① 〔美〕小威廉·E. 多尔. 后现代课程观 [M]. 王红宇，译. 北京：教育科学出版社，2015：117.

② 〔美〕小威廉·E. 多尔. 后现代课程观 [M]. 王红宇，译. 北京：教育科学出版社，2015：49.

经验、评价效果。这一开发过程是线性的，其逻辑起点是目标，尤其是清晰、明确、可描述的目标。如果设定的目标不明确，后面的过程往往是不能线性地延伸下去。因此，制定目标成为课程开发最重要的前提。尽管泰勒提到了目标的三种来源，试图以此选择最适合的目标，但其背后的逻辑是理性的筹划，即试图按照专家的理智判断就能得出最适合学生、最适合社会的学习目标。表面来看，泰勒的目标是完美生活的反映，但是在逻辑上依然是试图在理性思维中构造出人类理想的生活，这一开始就违背了教育的生成逻辑。因此，泰勒原理仍然只是理性主义的产物，因为"泰勒原理所追求的是课程的简明化，它试图像自然科学中对复杂自然现象的简单公式化追求那样解决课程决策问题"①。这种理性主义的课程开发模式，实际上是控制取向主导的，它忽视了课程知识形塑过程中人的整体性存在。即是说，为了提炼普适的课程目标，首先不得不对人进行理性的划分，这种划分实际上就是对人的切分，这种切分的目的恰恰是为了有针对性地选择和组织经验。这种对明确目标的追求，是理性的需要，它将一代人在某个阶段的目标看作是确定性的认识对象进行表征，忽视了人的经验生长的文化空间。

课程开发遵循的理性逻辑实际上体现的是专家群体的主观理性。按照学者贺来的理解，"个人的'主观理性'是现代社会占据主导地位的理性形态，它把'个体'视为'没有窗外'的封闭实体，它以个人的'小我'取代了抽象共同体的'大我'，认为个人的'主观理性'构成人的思想和行为的终极根据"②。这种主观理性使得课程知识更多是科学性的论述，它尽管以严格审查达到知识的真，但是很难照顾不同儿童的生活图景。尤其是当这种理性化的知识作为课程知识的唯一来源时，教育就可能将人引入理性的世界而忽视人的文化生成所在的生活世界，理性制造"共同体"的分裂就在所难免。最终，依靠理性单独制造的世界就成为个体的世界，一个没有文化在场的孤独世界。在这里，尤其是从贺来的论述主线来看，人类认识执着于主观理性与文化断裂之间存在着必然的内在联系，因为主观

---

① 常思亮. 泰勒课程原理与理性主义决策理论［J］. 怀化学院学报，2010（07）：131.
② 贺来. 关系理性与真实的"共同体"［J］. 中国社会科学，2015（06）：31.

理性在抬高人的主体性的同时也破坏了人类共同体的精神世界。

2. 理性的扩张对现代课程知识文化性的影响

理性的扩张，导致了价值理性的退位与工具理性的弘扬，使得理性主义开始出现。从理性的发展而言，这一改造过程是逐渐完成的。首先，理性形塑了自然科学课程，即形成了以传统理科为核心的现代科学课程体系。在这里，理性的存在是具有合理性的。理性作为一种科学的思维方法而存在，推动了自然科学知识的不断发展和人类认识能力的不断提升。同时，这种理性具有深厚的文化传统，它作为源于西方古代课程知识的文化精神而存在，重新激活了希腊的本质论的认识传统，促进了人的启蒙与觉醒。从最初的科学课程知识的发展来说，理性是一种文化，一种积极的文化精神塑造了现代自然科学，相对于中世纪而言是人类文化的进步。其次，理性在自然科学课程知识获得成功后，尤其是物理学的经典课程知识形成后，就开始改造社会课程，用理性的话语方式将社会知识改造成为社会科学课程知识。最后理性改造的是人文课程，它一方面放弃了人文课程知识中不确定的主观成分如审美、敬畏等精神活动，另一方面通过明晰的课程目标将人文的历史以逻辑的方式呈现，形成固定的名词即使文化以知识点的方式出现。这一连串的改造过程是理性不断从文化精神上升为文化权力的过程，即发生了理性的扩张。这一过程其实就是理性化的过程，因为"'理性化'的含义，是以理性为判断与衡量事物合理性的源泉和标准，用理性的'法庭'来取代宗教的'法庭'"[①]。理性的扩张在教育领域中结果就是：理性从自然知识的认识逻辑上升为现代课程知识开发的构造逻辑，这样理性成为一种标准，更多的是一种工具理性的反映。

理性的扩张不仅表现为按照理性的原则进行课程开发，而且延伸成为课程管理层面的控制逻辑。在课程管理中主要采取目标本位的科学管理策略，将课程知识细化为不同的目标。这种科学管理策略主要通过课程知识目标的有效完成来评价，进而以此指导教师教学。在学校教育中，课程知识是相对固定的，绝大多数学科课程知识都是按照课程标准进行设计的。教研组完成的就是如何对目标进行分解，进而将其渗透在教学实践中。在

---

① 陈嘉明. 现代性与后现代性十五讲 [M]. 北京：北京大学出版社, 2006：26.

管理过程中采取的评价方式,是实现信息收集的重要环节。学校主要通过课后测验、单元测验、月考、期中考试、期末考试来进行,实现对学生课程知识掌握情况的监控。这一连续性的测验与考试,使得教师可以最大限度地了解学生对课程知识的掌握情况,同时学生出现的知识理解问题也可以得到及时的诊断。从以上课程管理的主线而言,依然是围绕课程知识传递进行的刺激、强化,在一定程度上跟科学化产品管理是类似的过程。通过这种评估,课程知识不是生活的需要,而成为管理的需要和控制的需要,使得人的成长也被嵌入在固定的轨道上。

理性主义的扩张,是理性丧失自身的边界后出现的僭越。这种僭越是理性不加任何克制之后所造成的理性霸权,是理性自负后导致的悖论。在神话知识型、形而上学知识型中,理性是受到抑制的,但当理性成为科学知识型的价值标准时,理性成为判断课程知识是否成立的最高依据。当理性从自然科学课程知识的文化上升到整个课程知识的文化时,理性跨越了边界必然导致理性走向其反面。理性的扩张在根本上是反理性的,它的功能也从文化的塑造而逐渐过渡到文化的控制。"这种控制的愿望体现在现代主义科学的形而上学观和美国课程思想所信奉的科学主义之中。"[①] 科学主义的课程开发试图将课程知识的开发全过程都纳入预设之中,实际上就忽视了不同知识产生的文化土壤,文化性的疏离就出现了。

这种疏离使得现代课知识体系都被改造成为科学知识,自然科学知识的组织方式成为课程知识的主导编制方式,其他类型的课程知识被忽视或者被进行科学化的改造。这种忽视所产生的结果是从三种课程知识鼎立的立体化课程图景演变成为一种平面化、单一化的科学课程图景。这种课程图景在一定程度上是师生片面化生存的写照。当课程知识丰富的文化性被遮蔽、剥离后,课程知识就只是具有单纯的认识价值,而人的意义化生存就会被知识认识这一单一的向度所掩盖。在这种对理性逻辑的过度强化之后,教学也被纳入理性的认识过程之中,审美的、形而上学认识都受到了忽视。课程知识更多的是被现代科学课程知识所垄断,人文课程的开发空

---

① 〔美〕小威廉·E. 多尔. 后现代课程观[M]. 王洪宇,译. 北京:教育科学出版社,2015:55.

间不断被压缩进而被剥夺了生存的空间。因此，课程知识的文化性疏离不仅仅直接表现为对多种课程知识文化根性的否定，更重要的是对人的存在的否定。

(二) 世俗的力量对现代课程知识建构的影响

对现代课程知识文化性的影响，不仅仅有理性的作用，同时也有世俗的作用。世俗作为一种观念，是在西方社会形成的，在一定意义上也可以说是理性化的必然产物。韦伯对现代性的分析，揭示了理性化对世俗的影响。正是由于理性的确立，使得被神圣知识充斥的日常生活出现了精神真空或者信仰真空，现实的物化观念迅速占领，并形成生活中普遍认同的生存哲学。传统社会进入现代社会后，原先强调道德伦理的日常生活日渐受到经济交换观念的影响，"这种功利主义经济观注重收入、财富、物质的繁荣，并把它视为社会生活的核心"①。当世俗的观念获得日常生活的合法地位后就会对课程知识的文化性产生冲击，使得其逐渐被理解为一种满足生活的工具，即工具价值也开始在课程知识理解中盛行。

1. 世俗的产生

何谓世俗？世俗一方面指的是民间流传的习气，另一方面专门指跟神圣相对的非宗教领域。世俗观念的确立，是西方文艺复兴影响的结果。在理性的作用下，宗教文化逐渐褪去神圣色彩，政教分离让欧洲人开始摆脱教皇的控制而获得独立思考空间，世俗观念开始获得承认并且作为推动经济的动力而不断合理化。这种世俗观念开始是相对于神圣而存在的，是为了捍卫人的自由与独立。但随着现代性的发展，世俗越来越指向当下生活，尤其是对物质生活的承认。这种观念在一定意义上是跟现代生产方式相适应的，随着全球化浪潮的逐渐推进，这种观念逐渐向世界延伸，并在世界范围内获得承认。

在现代中国，人们对世俗化的理解进程与西方不同。在文化研究中，中国的世俗化可分为两个不同的阶段。第一次世俗化指的是"文化大革命"运动之后的思想解放运动，尤其是关于真理的讨论，这实际上是中国

---

① 陈嘉明. 现代性与后现代性十五讲 [M]. 北京：北京大学出版社，2006：26.

人破除"文革"的政治崇拜之后对人自身价值的肯定。在这次世俗化的过程中,人们的文化生活从样板戏的革命文化转变为开始接受各种流行文化。到了90年代,世俗化的方向再次发生改变,不再是公共领域中理性的启蒙,更多的是走向个人的享受上来,恰如陶东风所言"90年代的世俗是一个消费主义和物质主义的世俗,是盛行身体美学与自恋主义文化的世俗,是去公共化的世俗"[①]。在某种意义上可以说,90年代后的世俗化方向跟世界大众文化的发展是联系在一起的,对物的崇拜、对金钱的崇拜、对利益的崇拜是主要表现。世俗化尽管只是一种大众文化,发生在教育之外,但是这种观念对课程知识理解的影响是无处不在的。因为作为文本的课程知识可以过滤掉世俗文化,但在行动中的课程知识却无法逃脱世俗化的影响。从世俗观念的产生而言,它开始具有一定的解放功能,但是到后来却呈现出消解性功能。这种消解事实上使得学校教育中原来秉持的课程知识价值不断发生转化,甚至出现功能的异化。这种外在观念的强大,超过了任何保守教育者的想象,一步步地吞噬掉课程知识坚持的理想。

2. 世俗对现代课程知识价值中确立的影响

从早期而言,世俗观念的形成是有积极意义的,它开始是为了摆脱对宗教精神控制而获得对当下生活的承认,后来演变为对物的崇拜导致人的精神的物化,卢卡奇曾言:"当资本主义的体系本身不断地在越来越高的经济水平上生产和再生产的时候,物化的结构逐步地、越来越深入地、更加致命地、更加明确地沉浸到人的意识当中。"[②] 这种精神的物化现象到了消费社会中体现得更为鲜明,从偶像的崇拜逐渐过渡到对某个电子产品的消费崇拜,原先具有神圣意义的节日都成为消费时间,物开始占据和决定越来越多人的精神生活。随着企业的广告、传媒、网络的助推,世俗这股强大的力量开始动摇学校教育已有的文化立场,影响人们对课程知识作为传统文化载体的基础性作用的理解,至此,物化的观念开始入侵到课程知识的价值建构上。

进一步而言,这种物化观念在市场经济社会中直接表现为一种赢利

---

① 陶东风. 从两种世俗化角度看中国当代文化[J]. 中国文学研究, 2014(02): 6.
② 卢卡奇. 历史与阶级意识[M]. 杜章智, 译. 北京: 商务印书馆, 1996: 156.

欲。"赢利欲是资本主义经济行为的基本动机，也是资本主义精神最原始的表现形式。"① 世俗观念对现代课程知识价值的确立，使得课程本身也是作为一种盈利的工具而存在。舒尔茨人力资本理论从经济学的角度论证了教育对人力资本的影响，抛开这个理论本身的适切性，它让教育作为投资的观念逐渐深入人心。随着市场化观念的入侵，教育的经营开始引入了企业的运行方式，课外补习机构、民间学前教育机构的兴起在一定程度上是其最好的证明。尽管这些都在非公立机构中存在，但在这里，课程知识实际上是作为它们经营的一种商品。在 G 省儿童早教馆中专门开设了"杰立卡"脑力开发、剑桥少儿英语、轮滑课程，同时还专门设立课程顾问负责课程宣传与销售。在这些教育机构中，教育跟其他经济活动没有什么差别，在对课程顾问进行访谈时，L 老师说道：

> 我们这里的"杰立卡"课程是从外国引进的，是很有用的，非常适合中国小朋友。你们看，上海、广州等大城市都很普及。我们是最新引来的，你家小朋友如果学习这个课程，左脑右脑都会得到快速发展，保管你孩子以后聪明。我们这个课程现在搞优惠活动，八折，前 50 名小朋友还送一个超级飞侠的小玩具。赶快报名吧！（20170828，ST 幼儿园门口）

从 L 老师的话语中可以发现，课程知识是作为推销的商品而存在的，尽管话语中也有对教育的理解，但其实质仍是职业性推销。在跟早期教育机构的接触中，我们发现绝大多数课程顾问都没有学前教育的专业背景，很多都是从其他销售人员转过来的。这些课程顾问不仅仅需要主动去各个幼儿园宣传，同时也会在街边、小区附近发传单。在这些教育机构中，课程知识被以商业化的方式处置，使得其完成了自身价值的重塑。在这里，世俗的观念在商业化的助推下更加体现了其有用性。世俗的观念，看似只是教育的外在因素，但是生活观念包裹了现代教育深入到课程知识的使用中，重塑了课程知识的文化品格。作为商品的课程知识，尽管只是一种世

---

① 张凤阳. 现代性的谱系 [M]. 南京：江苏人民出版社，2012：29.

俗化极端的个案，但这种浪潮不可小觑，它可能触及课程知识理解的精神基石。

3. 世俗化对课程知识文化性的影响

世俗价值在课程知识理解中的确立，在一定程度上受到了经济逻辑的影响，是物化逻辑不断侵蚀教育边界的结果。这种观念无论表现为"读书万能"还是"读书无用"，都只是从工具价值来进行评价，是从个人利益出发进行的得失权衡。这种判断等同于教育投资的成功或失败，它并没有涉及课程知识与人的意义生长的文化关系。世俗价值通过世俗化过程影响了课程知识固有的文化性，尤其是植根于作为人类意义生长的文化性，表现出世俗化倾向。这种世俗化的力量对课程知识文化性的影响主要体现在以下两个方面。

首先，世俗化使课程知识文化性出现降格。世俗作为一种强大的外在力量，它的存在使得课程知识的发展不仅仅按照理性的逻辑进行，同时也需要依照现实的生活逻辑来进行。在市场经济社会，市场化过程中的需要往往是人的最直接的短期需要，它属于个体的功利需要。这种外在的力量把课程的学习看作是达成某种短期目标的准备，即利用课程知识的工具性的阶段。而文化性的存在则是植根于历史之中，需要一个缓慢的过程才能实现。世俗化过程通过直接、短期的目标来改造课程知识的编制，进而适应现代人对目标达成的急迫需要。比如在语文教育中将经典阅读转化为快速阅读，迅速把握重点，以达到考试阅读的要求，这使得阅读过程、修养的形成过程转变为信息的处理过程。这种转化使得课程知识放弃了自身的文化立场，满足了人们的需要，使得学科的文化品位不断下降。

其次，世俗化使课程知识文化性趋于同质。世俗化是对现实的片面崇拜，是精神的物化，这个物化过程是没有中心的。在有用性的驱使下，各种观念开始渗透到课程中，但没有一个内在的核心精神来调节与融合。在一些学校开发校本课程中，一会儿重视传统文化培育，一会儿重视时尚街舞训练，一会儿重视乐高技术训练，学生不停地在不同的课程之间穿梭，并没有在心灵上走向课程背后的文化世界。尽管这些课程知识对于丰富学生的成长而言是有意义的，但就其文化性而言是同质化的，并没有植根于学校所在的文化场域中。于是，所谓特色的校本课程都成了"混搭"，而没有文化源头的引领。这些课程的开设始终处于不断变化之中，不断引进，但没有真正扎下根来。当学业竞争不断强化的时候，这些所谓的校本课程都归于零。因此，学校课程知识的世俗化过程虽然在表象上可能是开发出多样化的课程，但在根本价值上是同质化的，这也是千校一面的内在原因。

综上，理性化与世俗化，作为两种最具代表性和冲击性的现代力量，共同导致了课程知识文化性的疏离。这两种力量来源有别，但是共同交织成一股强大的现代化浪潮。在这股浪潮中，各国的教育尤其是后发型现代国家的教育被动地卷入进来，现代化成了葛兆光所说的"现代性的入侵"。在这种没有选择的情形下，课程知识文化性疏离是文化自觉缺失的必然结果，它是对文化性的忽视后产生的一种不健全、不充分的状态。这一方面使得课程知识割裂了其与原有的文化土壤的联系，使得课程日渐"祛魅"，蜕变为一个个无意义的符号。知识日渐成为师生生活的沉重包袱，阻碍了师生对可能生活的向往。另一方面文化性疏离使得现代课程知识成为现实生活的准备，加强了教育跟经济之间的联系，知识成为生活的资本，教育日渐成为现实生活的准备，课程知识日渐为教育外的力量所控制。现代文明尽管相对于过去是巨大的历史进步，课程改革不断获得了更大的发展空间，不断深入到日常生活之中，但与此同时，课程知识被动地纳入现代经济、科学的浪潮中，其文化性尤其是根性层面不断疏离，最终出现教育的文化危机。现代文明固有的危机对课程知识的传染是严重的，它从根本上误解了文化对教育的内涵，后现代文明的建构成为未完成的现代化中又一任务。

三　后现代文明时期的课程知识：文化融合与革新的可能

文化性疏离的出现，是课程知识在现代社会中表现出来的一种非本真状态。这种状态跟现代性紧密相关，原因是现代教育中课程知识被动纳入到政治—经济之中所发生的误置。这种误置需要通过后现代文明时期的反思与建设才能实现文化性的复归。

后现代文明是在现代文明的批判反思中建立起来的一种新的文明形态。"后"不仅仅是时间上的先后概念,更是对前一个阶段的反思与补缺。著名哲学家哈贝马斯曾说,现代性"是一项未完成的构想"[①]。因此,现代文明积累的课程知识需要的不是全盘的否定态度,因为这些知识是人类文明成果的重要构成,是教育过程中不能忽视的资源,但是它的未完成性表明课程知识不能按照原有的方式进行理解,而是需要进行观念的重塑,才可能避免教育系统的观念断裂。文化性的复归,是在对人类课程知识文化性的演变历史进行充分理解的基础进行的一种修复,它是在精神自觉的前提下进行的反思性实践。这种实践不同于革命运动,通过推倒重来,更多的是在精神理解层面的建构。文化性的修复试图将中断的文化重建联系,进而实现文化的延续,具体是将课程知识重新放回到人类文明的生活之中,激活传统文化在认识中的积极价值,进而在课程建设中实现现代与传统的融合。以下通过对后现代课程知识观的建设来展现对未来教育实践的希望。

(一) 后现代课程知识观的重建

对后现代文明的构想,并不是已经实现的具体形态,更多的是对未来可能性的筹划。后现代文明,在一定程度上而言,是一种未来文明,是乌托邦精神[②]的体现。从词源的考察而言,后现代开始在艺术观念中出现,画家约翰·瓦特金斯·查斯曼在1870年前后用"后现代绘画"来指代一部分先锋的艺术创作。到了20世纪70年代,法国思想家福柯、利奥塔等人对现代性在"主体"、"元叙事"方面进行了深入的批判,这些激进的法国思想家通过批判为后现代的建立奠定了基础。而到了哈贝马斯那里,他并不认为后现代社会已经到来,力图通过交往理性的提出对现代性进行辩护。对现代与后现代的认识,既要看到两者之间的差别,同时也要看到文明发展过程的连续性,否则就可能将后现代建立在虚幻的想象之上。事实

---

① 〔德〕哈贝马斯. 现代性的哲学话语 [M]. 曹卫东,译. 南京:译林出版社,作者前言. 第1页.
② 乌托邦精神未必都是虚幻的和消解的,它是人类精神自觉的表现. 参见贺来. 现实生活世界——乌托邦精神的真实根基 [M]. 长春:吉林教育出版社,1998.

上,"后现代主义与现代主义(包括传统)的关系绝非是一种'有他没我,有我没他'的对立关系,而是一种复杂的 ambivalent(既爱又恨的)关系"①。从后现代的建设向度出发更能够为课程知识观的重构提供借鉴。课程理论学者小威廉·E. 多尔在《后现代课程观》中开始了这种尝试,他通过对课程现代范式和后现代范式的考察,为未来课程的发展提供愿景。以下笔者从价值观、内容观和行动观三个方面对后现代课程知识观进行论述。

1. **科学与人文共在的价值观**

对于教育实践而言,后现代并不是对现代的完全否定,更多的是对现代文明不足的合理性修正。后现代文明时代的课程知识不再是由某种单一的知识型主宰,而是强调多种知识型的共在。相对于理性主宰的现代课程知识,后现代更强调以共在的方式审视和处理不同类型的课程知识,这样课程知识结构上才可能保持其丰富性和张力,才可能为文化性复归提供条件。课程知识作为人存在的知识,它不是靠理性这一单一的认识方式所支撑,它包含着其他不同的认识方式和认识传统,只有承认了科学课程知识、人文课程知识的共在,人的生长才会获得不同文化的滋养,人的精神生命才是健全的。

课程知识以共在为立足点,是因为课程知识是为了实现人的存在,是属人的知识。哲学家海德格尔区分了存在与存在者,如果过多地强调知识接受,人就是占有了对存在者的认识,而忽视了人的存在。因为人的存在不是单一、封闭的存在,而是身心、个体与社会共在的结果。现代课程知识是以理性建构起来的封闭系统,"这一观点的核心,利用数学测量作为工具的因果决定论,依赖于一种封闭的、非转化性的、线性发展的宇宙学"②。理性塑造的课程知识不仅仅将认识的世界看作是封闭的世界,也把科学的世界看作是唯一的世界,从而制造了科学与人文的冲突。因此,重新恢复课程知识的共在立场是必要的,因为教育过程是成人的过程,是达

---

① 王治河. 后现代主义的建设向度 [J]. 中国社会科学, 1997 (01): 35.
② 〔美〕小威廉·E. 多尔. 后现代课程观 [M]. 王红宇, 译. 北京: 教育科学出版社, 2015: 20 – 21.

成共在的文化实践,"这意味着,任何事都必定形成一个共在状态,在共在状态中的存在才是有意义的存在,共在状态所确定的在场状态才是存在的有效面目"①。

  课程知识从科学垄断到科学与人文的共在,是一种课程知识价值的转换。首先,在思维方式上承认人文思维与科学思维对于人的发展的不同价值。科学知识和人文知识的差别,主要是认识方式的差别,而不是对象的差别。对于同样的对象,既可以从理性的抽离的方式进行数量的分析,也可以从体验、描述的方式进行审美的判断,两者之间并不存在高低之别,即是说不同的思维方式都可以用来认识世界。其次,课程知识需要由科学知识和人文知识共同构成。尤其是在基础教育之中,更应该强调这种多样性的存在,不能过早地将职业化、专业化的思想渗透在儿童教育之中,那样会束缚到个体精神的自由生长。最后,在科学课程之中需要渗透人文的思维,在人文课程之中需要渗透科学的思维,在学科内部消解科学与人文的冲突,进而承认其相互价值,在学科课程知识内实现两者的融合。事实上,最初的科学植根于希腊的人文精神之中,是作为自由的探究学问而存在的。而今日科学更多地凸显为力量的技术,使得科学与人文传统之间被割裂了。科学的无限制的扩张造成了科学知识的垄断,也使得科学世界决定了教育的逻辑,进而使得师生的教学生活远离对卓越的追求,在不断追求理性、有用性的过程中,教学生活不断成为一种平庸的生活。这种平庸是单调的重复,根本在于其单一知识的控制,使得人的存在过程丧失了本该具有的丰富性。

  后现代课程知识观在价值上追求科学与人文的共在,是对不同知识类型采用不同认识方式的承认。这种承认使得知识类型具有了差异性,知识与知识之间可以进行互补,个体在学校教育中才可能在不同文化之间获得承认,人生才不至于被某一种单一的知识或单一的标准所决定。科学与人文共在,教育才可能形成整体的力量。这种调和的过程,需要对不同的认识方式和认识旨趣留有一定的空间,这样才可能在教育行动中不偏执于某个极端,才能形成优势互补、兼容并蓄的教育文化。如果只依靠理性的认

---

① 赵汀阳. 共在存在论:人际与心际 [J]. 哲学研究,2009 (08):26.

识方式，课程知识虽然能够提升人的认识能力和改造能力，但不能让人与人之间得到很好的共存。理性固然重要，但是一旦理性过度泛滥，知识在教育中就可能走向控制，而人之为人的丰富性就无法得到保障。"正是现代性所要求的专业分工和力量意志，导致了科学（自然科学和社会科学）与人文学科的分裂，以及人文学科的严重危机。"① 应在课程知识价值上承认人文与科学的共在，消解不同知识背后存在的文化敌视与冲突，为科学的发展提供限制的力量，同时为人的生存意义建构提供支撑。

2. 学科与经验融合的内容观

在内容上追求学科知识与经验知识的融合，已经成为后现代课程观的又一特征。现代课程知识观以理性为旨趣，崇尚学科逻辑，其封闭性特征不利于人的发展，尤其是不利于形成适应公共生活的素养结构。后现代课程知识观看到了学科课程的局限，试图通过加入经验知识以实现这种转变。这种转变从杜威那里开始，他提出的"教育即经验的不断改造"、"教育即生长"的教育命题，为课程知识中学科与经验融合奠定了理论基础。

经验知识的承认，是对人类原初性存在的承认，它使得课程知识融入个体的生活之中，进而在认识上成为一个整体。对经验的推崇是杜威在教育哲学上的创造，更是作为重要的核心概念贯穿于其教育理论的建构之中。在杜威之前的教育哲学中，二元论的认识占主体，学科至上的结果是将经验排斥在课程知识之外。这种二元论教育认识观跟传统哲学认识是联系在一起的，因为传统哲学将确定的知识看作是认识的最高目的，经验成了不可靠的意见。在杜威看来，这种二元论的认识观是对生活的切割，误解了认识的过程。"当他以生命的历程作为经验的基本样式时，他实际上是以关系性的存在方式反对以二元分裂作为基本的假设。"② 进一步而言，杜威将经验做了两重区分，即原初经验（primary experience）和反思经验（reflective experience）。原初经验本然于日常生活中，是一种自然的认识，正如杜威所言："经验既是关于自然的，也是发生在自然之内的。"③ 这种

---

① 吴国盛. 科学与人文 [J]. 中国社会科学, 2001 (04): 13.
② 陈怡. 试论杜威经验的方法对传统经验概念的重建 [J]. 哲学研究, 1999 (03): 35.
③ 〔美〕杜威. 自然与经验 [M]. 傅统先, 译. 南京: 江苏教育出版社, 2005: 03.

经验是丰富的统一体，是美感经验、科学经验和道德经验的集合。而反思经验是人的第二经验，是运用理智活动改造的经验。经验有好坏之分，用于课程的必须是连续的、交互作用的经验。杜威的经验课程思想影响到后现代课程在内容上的设计。这种观点直接影响到小威廉·E. 多尔对过程的理解。实际上，经验的展开就是过程性的最好表征。

后现代课程观在确认经验知识的同时，并没有否定学科知识的价值，而是在课程结构上实现两者间的融合。融合不是同化，它是在承认差异的前提下进行的课程改造。我国在基础教育课程改革之后，学校课程不仅仅有学科课程，而且有了活动课程，这实际上是课程结构上的突破。尤其是综合实践活动课程的兴起，其经验性表现得十分明显。"综合实践活动是从学生的真实生活和发展需要出发，从生活情境中发现问题，转化为活动主题，通过探究、服务、制作、体验等方式，培养学生综合素质的跨学科实践性课程。"① 综合实践活动在 2017 年以必修课方式出现在小学到高中的课程系列中，正是对经验课程知识的肯定，它有助于突破学科中心课程开发对主动成长的忽视，实现对儿童生活世界的回归。

3. 预设与生成并存的行动观

后现代课程知识在行动上不仅仅注重预设目标和过程，更注重师生在教学中的生成。生成是师生对文本的课程知识加以理解并创生的过程。作为文本的教材只是课程知识的一个方面，但其是开放的和未完成的，还需要师生的理解和参与。

将课程知识行动理解为生成的过程，不仅仅是重视生成的教学方法，其根本精神在于对本质主义预成论的反叛。生成是后现代思维方式的体现，它反对以静止不变的方式看待知识，而是以动态的、过程的方式看待课程知识。课程知识如果局限于确定性的本质，教学的过程就是一个教师与学生传授知识与掌握知识的线性过程。事实上，在教师进行教学的过程中，知识是预设的，同时教学过程也被预设，师生的教学生活被各种细化的目标所预设，这可能导致生活的空壳化甚至是虚无化。因此，生成性思

---

① 教育部. 中小学综合实践活动指导纲要 [Z]. [EB/OL]. [2017 - 10 - 30]. http://www.gov.cn/xinwen/2017 - 10/30/content_5235316.htm.

维最重要的特征就是"重过程而非本质"[①]。

进一步而言，课程知识行动对生成的承认实际上就是对过程的看重。因为本质的认识论割裂了目标与过程，使得教学生活成为一种没有生活的教学。怀特海曾言："世界是现实实有的生成过程"。在怀特海看来，"教育的过程像生活的过程一样必须致力于指导这一激发，而不是强加一种预定的和没有意义的模式"[②]。只有符合人的生长这一核心主题，课程知识行动才可以作为自觉的教育而存在，否则就是让手段代替了目的。

后现代课程知识观重视生成，并非否定预设的价值，它试图在两者之间实现一种融合。课程知识作为人类认识的过程和结果，总是在一定积累的前提下开展的，同时在特定的历史阶段中，课程知识是相对而言具有确定性的。这种确定性也要求预设是必要的，但不能将它唯一化。即便是相对静态的课程知识，也应该以生成的目的去唤醒人类在创生知识时的精神意向。这样课程知识才是人的知识，是用人的生成去定义的知识，而不是培养知识人的知识逻辑。

（二）后现代课程知识的典型特征

"面对后现代的文化，那是一个无边界无中心不确定的世界。"[③] 在后现代的反思下，课程知识转换正是努力消解固有边界的阻隔，逐渐朝模糊、混沌、融合的方向改变。作为一种生成中的课程知识，它是去分化的，而且充满试验性，蕴含的不可预期性超越了人的预想。随着信息化的到来，人工智能技术不断增强，后现代课程知识生成逐渐走向开放、共享。课程知识也从文本形态、课堂交往变为互联网的交互形态。课程知识的信息化意味着它从神圣的殿堂不断走向日常生活，加速了知识普及的进程。在信息化的时代中，互联网平台的共享性为后现代课程知识的普及提供了一种现实的技术可能。在"互联网+"的背景下，MOOC作为一个重要平台得以出现，其中出现了一些优秀的课程范例。

[①] 李文阁. 生成性思维：现代哲学的思维方式 [J]. 中国社会科学，2000（06）：49.
[②] 〔美〕小威廉·E. 多尔. 后现代课程观 [M]. 王红宇，译. 北京：教育科学出版社，2015：155.
[③] 周宪. 文化表征与文化研究（修订版）. 上海：上海人民出版社，2015：55.

MOOC 即"慕课",是"大规模在线课程"的简称,它由"Massive Open Online Courses"翻译过来。最早的 MOOC 来自 2007 年大卫·怀利开发的研究生课程,一年之后,加拿大学者戴夫·科米尔(Dave Cormier)与布莱恩·亚历山大(Bryan Alexander)首次提出了"MOOC"这一概念。2012 年之后,MOOC 开始在我国高等教育中迅速传播,并掀起了一场"数字海啸"。2012 年作为 MOOC 传播的重要起点,后来被称为"MOOC 元年"。慕课作为技术促进课程教学的典型范例,其中隐含的课程编制原则、课程知识特征已经突破了泰勒的现代课程范式,在知识交互性、丰富性、关联性方面逐渐向多尔所言的后现代范式 4R 原则靠拢。

1. **丰富性**(Richness)

MOOC 在内容呈现上具有丰富性,能够在视觉与听觉方面给人以直观的体验。MOOC 所选的课程知识不仅仅是从单纯的学科逻辑来展现内容,而且很好地考虑到学生的认知兴趣。课程知识在设计上观照了生活的现实需要,它一开始的定位是普通人生活的需要,而不是将课程定位于少数专业人上。比如哈佛大学最受欢迎的《幸福课》,它开始只是一门校内选修课,后来借助于 MOOC 平台,席卷了整个世界。《幸福课》进入网易公开课(https://open.163.com/ocw)后,很多中国人也开始学习这门课程,截至 2018 年 6 月《幸福课》仍居国际名校热门公开课第一位。

MOOC 在内容深度上的丰富性,能够调动人性最深层的体验,让上课的教师和学生达成精神的共鸣。哈佛大学的《幸福课》之所以能获得成功,是因为它能在内容和方法上适应这个时代。首先它是一门以积极心理学为内容的课程,但它不是完全按照什么知性的方式来讲授心理学的概念,而是将大量的个人经验带入课程知识的建构中。这种丰富性是跟多尔所说的后现代课程知识的"3S"之一的"故事"联系在一起的,如泰勒·本·沙哈尔在第一次课上讲道:

我 1992 年来到哈佛求学,大二期间,突然顿悟了,我意识到我身处让人神往的大学校园,周围都是出色的同学,优秀的导师,我成绩优异,擅长体育运动,那时垒球打得不错,社交也游刃有余。一切都很顺利,除了一点,我不快乐,而且我不明白为什么。也就是在那时，我决定要找出原因，变得快乐，于是我将研究方向，从计算机科学转向了哲学及心理学，目标只有一个，如何变得更快乐？渐渐地，我的确变得更快乐了。主要因为我接触了一个新的领域，但本质上属于积极心理学范畴，研究积极心理学，把其理念应用到生活中，让我无比快乐，而且这种快乐继续着，于是我决定将其与更多的人分享。

在这里，沙哈尔在设计课程知识时，是从自己的个人经历出发来引入课程，是对个体知识的承认。这则故事是沙哈尔亲历的，尽管没有太多的传奇色彩，但保留了真实性，没有"戏说"故事。正是这种不加太多修饰的叙述能够把个体对幸福的思考跟受众对幸福的关注结合在一起。幸福课在 MOOC 出现之后，教育的对象扩大了，不再局限于课堂中的学生，而是万千通过互联网进行在线学习的社会大众。作为一门人文与科学结合的积极心理学课程，它尽管借助互联网技术，但本质依然是课程，依然是人与人之间进行的文化交往而达成的视域融合。因此，课程知识不仅仅是形式上的丰富性，更重要的是内容上植根于人的生存之中，也就是说这种丰富性是深刻的丰富性，而不是表象的丰富性。

2. 回归性（Recursion）

一个成功的 MOOC 不仅仅需要教学形式的丰富，还表现出后现代课程知识回归性特征。回归是个体认识的螺旋式的上升，是反思自己进而建构意义的过程。"在这种框架中，每一次考试、作业、日志都不仅是完成一项任务而且是另一个开端——对作为意义建构者的自身和处于质疑之中的课本进行的探索、讨论和探究。"[1] 这种回归性才可能使得课程知识触及人的思维与内心的感悟，否则可能就只是心灵鸡汤或者所谓的"成功学"，只是触及了情感，并不可能持续地产生作用。《幸福课》在这一点很好地体现了回归性，它将对课程知识的反思性建构渗透在全环节之中。

在这整个课程中，从下周开始，我们将进入我所说的"练习时

---

[1] 〔美〕小威廉·E. 多尔. 后现代课程观 [M]. 王红宇，译. 北京：教育科学出版社，2015：183.

间",而不是"休息时间",其实类似"休息时间",这段时间我们会停止课程,进行内省,也就是课堂上的安静时刻。我会停一两分钟,你们可以盯着我或者周围人发呆,或者思考一下之前讨论的内容,或者解答我提出的提示问题。

3. 关联性（Relation）

MOOC 在课程内容的关联性,一方面是通过课程知识内部来实现,建立知识之间的逻辑联系,另一方面是文化的关联性。在多尔看来,需要通过描述和对话来实现后者。"描述提出了历史（通过故事）、语言（通过口头陈述）和地点（通过位置的故事）的概念。对话将三者联系起来为我们提供一种源于地方但联系全球的文化感。"① 比如在网易公开课中最受关注的中国大学视频公开课董平教授开讲王阳明心学,就体现了文化的关联性。

> 人之所以成为主体,那必须要自我建立。《尚书·洪范》就开始讲建中立极,就开始讲皇极。孟子讲千言万语讲个四端之心,讲个性本善,就是希望我们每一个人能够明白这一点,明了这一点,才能实现最高意义的自觉输入。孔子千言万语讲个仁,也不过是这个意思,希望仁真正能够作为我们人的本质,经由我们每一个个体自我内在的认同,在我们内心把它建立起来。唯有实现了这种自我建立的人,才能被称作主体。在这个意思上来说,王阳明讲个良知,也是希望我们每一个人,在经过个体的内在的自觉,把良知真正切进来,使它在我心里真正地建立起来。②

在课程知识中建立这种关联性的不仅仅是作为课程开发者的专家,更为重要的是教师自己。如果仅仅从忠实执行的角度对待课程实施,课程知

---

① 〔美〕小威廉·E. 多尔. 后现代课程观［M］. 王红宇, 译. 北京: 教育科学出版社, 2015：186.
② 王阳明心学［EB/OL］. http://open.163.com/movie/2011/10/N/Q/M7GF17HPS_M7IF9HONQ.html.

识更多完整的传授，不可能让文化的深度植根于课程知识之中。在优秀的MOOC案例中，关联性的建构都是基于教师课程理解的创造。这些课程之所以能够大规模的传播，绝不仅仅是因为技术的支撑，而是课程自身符合时代发展的要求。当然，这类课程是长期磨练的结果，但正是这种极致的典型更能够展现出后现代文明时代对课程的要求。

4. 严密性（Rigor）

课程知识的严密性（Rigor）也可以理解为严谨性、缜密性，是多尔对后现代课程"4R"最为重视的特征之一。严密性意味着对各种观点进行充分的辨析，不要过早地进行简单化的处理。"严密性在此意味着自觉地寻找我们或他人所持的这些假设，以及这些假设之间的协调通道，促使对话成为有意义的和转变性的对话。"① 这恰恰是对现代课程知识合理性的充分继承。就这一点来说，前面提到的《幸福课》依然是作为大学课程而存在，它不是也不能完全迎合大众文化的需要，它所做的是将学术知识传播给大家，它让你学会思考，而不是陷入随意生成的幻象之中。在一定意义上可以说，只有具有了严密性，课程知识才可能以连续性的方式呈现，才可能具有组织性的教育意义。在这一点，可以清晰地看到后现代课程知识观是建设性的后现代观，不是对现代性简单的批判，而是对其合理性进行了充分吸收。

MOOC的出现对教育而言是巨大的契机，同时也隐含着危机。究MOOC的本质而言，它不仅仅是由互联网决定的，也不是完全意义上的技术产物，而是对当下的课程品质提出更高的要求后的产物。在一定程度上可以说，MOOC是在世界范围内把最符合后现代特点的课程知识呈现在互联网平台上。上面列举的两门中外课程，开始都在本校内就受到欢迎，只是借助于互联网平台向世界普及。从课程的传播而言，这种普及的效果是积极的，尤其是对于偏远地区的学习者而言，他们能够借助互联网平台学习到大学中的精品课程。同时，从教育学的角度进行审视，这些课程知识能够改变空间的限制，让教育促进更多的人的发展。随着互联网技术的完

---

① 〔美〕小威廉·E. 多尔. 后现代课程观［M］. 王红宇，译. 北京：教育科学出版社，2015：188.

善，尤其是人工智能的高速发展，全球范围内更优秀、更卓越的课程知识会随之而来，甚至可以预期，在线课程知识在个体学习中将会发挥越来越大的作用。一方面它会提高个体的自学能力，使人们在学校之外也可以接受系统的知识教育，让课堂翻转成为一种可能；另一方面它可以提供域外的课程知识资源，如英语口语直接通过外教网络授课来完成，使得文化间的融合更加频繁，加速教育的国际理解进程。当然，这个过程也可能产生不利的影响，使得国内课程受到冲击。

（三）后现代课程知识文化性的自觉守护

从前现代文明、现代文明到后现代文明的嬗变中，课程知识的文化性也随之发生变化。这种变化是历史性的发展过程，是精神上提升的过程，也是人类不断从野蛮到文明、从低层次文明到更高层次文明发展的演变过程。课程知识文化性的回归不是偶然的现象，它是人类在教育行动上的文化自觉，是人在教育过程中对意义世界的寻求。从文明变迁的历史而言，课程知识所经历的发展阶段体现了人类自身从自在文化到自觉文化的发展过程。

1. 文化融合的趋势开始在课程知识中出现

在后现代文明时代中，课程知识越来越具有文化融合的特点。这种融合的客观现实基础是不同文化之间的联系逐渐加强，另外一个直接的条件是学科之间的联系的加强。文化融合作为一个历史趋势，是后现代文明时代的精神指向，它为课程知识的重组指明了方向。

课程知识的文化融合是对学科课程知识单一学科逻辑的突破，是对现代学科课程范式的反思与补缺。尽管这种融合有时并不是直接适应教师惯常的教学方式，甚至遇到很大的阻力，但这种趋势已经在现实中表现出来。从教育变革的历史而言，这种融合在科学教育中表现出来，STS（Science Technology Society）课程、STEM 课程、STEAM 课程的出现就是例子。STS 课程出现在 20 世纪 70 年代，它不仅仅是在内容层面将科学、技术和社会放在一起，其实质是教育过程从科学世界向生活世界的回归。"换言之，科学技术与社会（STS），就是既在科学技术与社会的关系中把握科学技术，又在科学技术与社会关系中把握现代社会，是人类对科学技术与社会的双重把握。"① "STEM 教育要求四门学科在教学过程中必须紧密相连，以整合的教学方式使得学生掌握概念和技能，并运用技能解决真实世界中的问题。"② 2006 年，Georgette Yakman 教授在 STEM 教育中增加了艺术（Art）学科，提出了 STEAM 的理念。STEAM 课程具体由科学（Science）、技术（Technology）、工程（Engineer）、艺术（Art）、数学（Mathematics）等多学科构成。具体课程实施是跨学科进行，不仅重视科学、技术、工程的逻辑，而且注重艺术性的需要。从 STS、STEM 到 STEAM，文化融合在不断推进，它有利于弥合科学主义时代造就的科学与人文的分裂，也适应了人对整体性文化的要求。

2. 注重课程知识的文化理解

从现代文明到后现代文明时代的转变中，对课程知识的文化理解成为文化自觉的另一表现。在现代课程知识观中，知识论主宰了课程知识，知识论思维的控制使得课程知识的实施过程成为知识传授的过程。到后现代课程知识观中，文化理解开始作为建构意义的重要环节渗透到课程实施之中。在这里，课程知识不仅仅是一堆符号，而且是凝结着文化传统和时代精神的文本，一个需要师生激活文化经验进行想象的文本。

课程知识的文化理解，是文化意义上的理解，它不仅在概念之间建立认识的联系，更重要的是将课程知识还原到人的生活之中。因此，在文化观照下的课程理解不仅仅是一个认知性思维操作的过程，更是一个意义阐释的过程。"就此而言，理解不再被认为是一种狭隘的认知行为，而是变为一种广义的文化行为。"③ 这种文化理解不仅仅直接体现在派纳的"课程理解范式"之中，同时也体现在多尔的后现代课程观之中。在根本意义上说，这种理解的精神是在伽达默尔解释学对人的精神肯定的基础上发展起来的，是对意义之维的确证。在伽达默尔那里，理解的可能就是对认识中绝对本质的消解，是对现代性的批判。"伽达默尔的解释学的转向之所以被看做是一种后现代转向，在于其最重要的两点与后现代精神相一致，这

---

① 田鹏颖. 科学技术与社会（STS）——人类把握现代世界的一种基本方式 [J]. 科学技术哲学研究，2012（06）：100.
② 余胜泉、胡翔. STEM 教育理念与跨学科整合模式 [J]. 开放教育研究，2015（04）：17.
③ 何中华. 关于"理解"的理解 [J]. 东岳论坛，2007（3）：28.

就是：指出了解释循环中'整体'获得的不可能性；否定了文本存在着一个固定不变的客观意义。"①

后现代文明是对未来文明形态的构想，它是在对现代性进行反思的基础上进行的筹划。后现代课程知识观也是这种构想的一部分，它暗含了从自在文化到自觉文化的发展趋势。这种趋势尽管有某种理想的色彩，但在信息技术不断推动下，部分课程知识中已经将这种后现代性显示出来，并逐渐引领更多教育人投入到后现代课程知识的建设中。

小　结

以上通过对课程知识在人类文明中的演变历程的考察，分析了文化性在不同阶段的表现。课程知识作为人类文化实践的产物，其文化性植根于人类的文化土壤中，同时成为表征人类的精神意向的标志之一。一方面文明的转换与碰撞必然在课程知识的文化性中得到体现，另一方面课程知识的文化性也具有教育的能动性，能够为人类未来文明的筹划指明方向。在文明的转换中，现代性作为重要节点对课程知识的冲击是巨大的，甚至在很多方面决定了其主要特征。现代课程知识的文化性作为现代性的产物，不仅仅在西方发达国家教育中体现出来，而且在发展中国家也产生了深远的影响。

---

① 张法. 作为后现代思想的解释学 [J]. 中国人民大学学报，2005（5）：59.

第四章

课程知识文化性疏离的实践考察

对课程知识文化性的审视不仅需要有来自世界的眼光，更要有来自本土的视角，这样才能体察到文化性之于本民族生存的切实意义。根本而言，文化性的揭示从来不是一种普世性的认识，而是与特殊的"本土"联系在一起来具体理解。不同于客观物理世界的认识，文化理解需要通过"视域融合"才能够进入人的精神世界。

课程知识文化性疏离在本土的产生，是一个过程性存在，是历史实践与现实实践的连续体。作为对我国教育实践过程中文化遭遇的一种理解，只有还原到本土的文化背景中才可能获得真实的体察。在这里，本土是研究的对象，也是开展研究的基点。本土立场的研究意味着"在世界"的教育研究外还需要有"在中国"的教育研究。作为一种立场，"在中国"，归根结底，是基于"中国自信"与"中国自觉"的"中国立场"[1]。"在中国"，同时也是一种研究态度，体现了对本土课程知识产生与变迁的承认与尊重。

一　课程知识文化性疏离"在中国"的产生过程

课程知识文化性疏离"在中国"的产生来自现代性的影响，是在东西

---

[1] 李政涛．"在中国"与"在世界"："生命·实践"教育学的学术景象［J］．华东师范大学学报（教科版），2015（02）：117．另见李政涛．如何"在中国"进行基础教育改革［J］．基础教育，2010（09）：3－8．

文化的碰撞与选择过程中产生的。具体而言，这种疏离的出现，是文化交流的巨大逆差所带来的"拔根"性的精神意向，可以视为一种普遍性的文化体验。

在这里，课程知识文化性疏离是中国人亲身感受到的文化体验。这种体验是普遍性文化遭遇在主体心中的反映，其直接原因在于中西文化碰撞中，传统课程知识的边缘化[①]，更深层次的原因在于对于轴心文化时代开创的儒家教育文化传统的批判、否定甚至是遗忘。这种疏离是在现代化的过程中逐步形成的，它既被看作是现代性的产物，即马克思·韦伯所言的"疏离指向"，同时也是中国人自我选择与适应的结果。这种指向从清朝晚期开始一直延续到新中国的建立乃至改革开放的教育实践中。在一定意义上，它是中国近现代化在教育上的体现，是后发型国家在教育变革过程中的文化困境。

事实上，这种选择是在现代性的时局下进行的生存选择与适应。生存至上是国家在民族危亡的过程中进行的选择，它意味着政治的独立。经济的强大是近代中国最主要的历史使命，因此教育改革也延续和适应着政治和经济的转型需要，课程知识的选择也被嵌入政治—经济的改革过程中。

（一）清末教育改革中的课程知识观

清朝末年，外敌入侵，中国陷入了严重的民族危机，封建王朝走到了历史转折的节点，这一节点正如李鸿章在奏折中所言：此三千年未有之大变局。这一变局不仅是列强的侵略，同时也在文化层面遭遇巨大冲击。文化冲击（cultural shock）在观念上直接表现为对传统儒家文化的怀疑。在封建王朝全面溃败的情况下，儒家知识、科举制度等一切与本土文化相关的精神、制度都成为人们反思民族衰败的切入点。在民族危亡的灾难面前，传统的士大夫们在文化心理上很容易从盲目自大转向一种失落和抗争的情绪。这种复杂的情绪使得清末的教育改革一方面希望引进西方知识改革教育实践，另一方面还在继续捍卫传统文化的尊严，以保持自身的教育特色。

[①] 参见叶飞. 现代性视域下的儒家德育 [M]. 北京：北京师范大学出版社，2011：57.

1. 科举的废除：儒家课程知识与权力的分离

1840年第一次鸦片战争之后，割地、赔款开始严重威胁到国家的生存。在此之后，西方列强纷纷通过各种不平等条约干预中国事务。为了应对国家"变局"，各种改革思潮开始萌生。这些思想中既有维新派，也有地主阶级改革派。在维新派的思想中，康梁的变法观点颇有代表性，他们希望通过废除科举改变落后的教育，进而为国家培养所需人才。在康梁看来，传统教育中用于科举的儒家知识是需要除掉的积弊，旧有的教育制度已经严重地阻碍了社会的发展，到了不得不改的时候。如康有为在《请废八股试帖楷法试士改用策论探析》中论述道：

> 即日面奏，荷蒙圣训，以八股为学非所用，仰见圣明，洞见积弊。夫皇上既深知其无用矣，何不立行废弃之乎？此在明诏，一转移间耳，而举国数百万人士，立可扫云雾而见青天矣。从此内讲中国文学，以研经义、国闻、掌故、名物，则为有用之才；外求各国科学，以研工艺、物理、政教、法律，则为通方之学。①

在这里，康有为明确提出废除科举制度，实质却指向了课程知识的变革，即通过"外求各国科学"来逐渐改造原有儒家知识统治的局面。而在梁启超的奏折中明确地显示出以西学改造教育的热情。

> 且科举之法，非徒愚士大夫无用已也，又并且农工商妇女而皆愚弃之。夫欲富国，必自智其农工商始，欲强其兵，必自智其兵始。泰西民六七岁，必皆入学，识字学算，粗解天文舆地，故其农工商兵妇女，皆知学，皆能读报。②

康梁领导的维新变法在政治上以失败告终，但在教育上却留下了不少遗产，如京师大学堂的建立，而康梁发出的废除科举的呼声也成为时代趋

---

① 舒新城. 中国近代教育史资料（上）[G]. 北京：人民教育出版社，1981：38－39.
② 舒新城. 中国近代教育史资料（上）[G]. 北京：人民教育出版社，1981：40－41.

势。1905年张之洞等人上书清廷，科举制度正式废除，这使得儒家课程知识存在的政治基础最终解体。科举制度的结束使得儒生通过儒家知识习得获得政治身份的时代终结，儒家知识与权力之间开始分离。

进一步而言，科举制度的废除，中断了儒家知识分子上升的通道，这对于儒家文化的传播是致命的打击。尽管人们对科举制度的评价褒贬不一，但是都比较认同儒家课程知识跟科举制度存在内在的制度性联系。科举制度将儒家知识作为官方认可的知识，推动了儒家文化的传播，并将政治教化与文化教化融合在一起，没有科举制度的助推，儒家课程知识很难在全国获得广泛的传播，正如学者干春松所言："科举制的广泛开放性，使得经典的传播冲破了地域和年龄的限制，使得主导性的价值观得到最为广泛的传播。也使得儒家经典作为教育内容成为官学、私学甚至童蒙教育的自觉选择。"[①] 事实上，科举制度的废除对乡村教育的影响是巨大的，甚至是消极的。历史学者罗志田认为："在乡村造成办学主体由私向公的转变，减弱了民间办学与就学的积极性，新学制对贫寒而向学之家的子弟的排斥，导致了乡村读书人数量日益减少、平均识字率逐渐降低。"[②] 科举制度的废除，不仅仅让乡村社会乡绅阶层大量减少，中国城市与乡村之间在文化上缺少了联系者而日渐形成了文化上的疏离。这种文化的疏离使得统一的文化开始逐渐解冻，读书人大量涌向城市，而乡村教育被忽视。因此，废除科举[③]实际上可以看作是改造儒家课程知识的重要开端，它在政治层面切割了儒家知识与权力之间的直接联系，同时在整个文化的传递中产生了很大的影响，至此，儒家课程知识在文化中的引领作用开始动摇。

2. 新式学堂的建立：科学课程知识合法性进入

清末新式学堂可以追溯到京师同文馆的建立，其最初作为培养翻译人

---

① 干春松.知识与权力的互动：科举制度与儒家的制度化建构[J].社会科学，2011（06）：120.
② 罗志田.科举制度废除在乡村中的社会后果[J].中国社会科学，2006（1）：191.
③ 对科举制度的批判，甚至是鞭挞，成了一种国内广泛传播的观念。这种无意识更多的是被改革的情绪所驱动。科举制度的真实对于绝大多数人而言是遥远的想象，使得这种批判因缺乏真实而成为一种定式。刘海峰等人对此进行了严肃的学术研究，详见由华中师范大学出版社出版、刘海峰先生主持的系列科举学的专著《科举制的终结与科举学的诞生》、《科举学导论》、《科举学的形成与发展》、《科举学的提升与推进》等。

才的新式学校,后来发展成为一所高等学校。同文馆在课程知识方面开始主要局限在各国语言,后来包含了"算学、化学、万国公法、医学生理、天文、物理"①。而后,左宗棠开办船政学堂,张之洞开办铁路学堂,新式学堂开始在地方相继兴起,科学知识成为这些新式学堂的课程知识。盛怀宣创办了天津中西新式学堂,对课程学习进行明确的分段规定②:

  第一年几何学,三角勾股学,格物学,笔绘画,各国史鉴,作英文论,翻译英文。
  第二年驾驶并量地法,重学,微分学,格物学,化学,笔绘图并机器绘图,作英文论,翻译英文。
  第三年天文工程初学,化学,花草学,笔绘图并机器绘图,作英文论,翻译英文。
  第四年金石学,地学,考究禽兽学,万国公法,理财富国学,作英文论,翻译英文字。

  就这些新式学堂的课程而言,课程知识不再是以儒家的"四书五经"为核心,而是大量引入"格物学"等自然科学知识。这些政治精英们设置新式学堂的目的也十分明确,就是强调科学知识的实用价值,在军事、工业上发挥立竿见影的作用,进而实现"师夷长技以制夷"的政治目的。在这种政治目的下,课程知识在中西文化之间不可能形成整体性的认识,而只是对其片面的实用价值的利用。在现实条件和传统文化的双重影响下,"中体西用"的观念开始出现。

  "中体西用"的观念最早由冯桂芬提出,经由张之洞的阐发而逐渐深入人心,而郑观应、薛福成、李鸿章、谭嗣同等人都认同这种观点。在这里,我们可以看到为了捍卫本土文化的根性作用,传统的文化精英不得不把西方科学放在"用"的维度,以此化解两种不同知识在课程中的作用。作为儒家传统的伦理型课程知识在几千年中塑造了中国人的文化心性,在

---

① 舒新城. 中国近代教育史资料(上)[G]. 北京:人民教育出版社,1981:122.
② 舒新城. 中国近代教育史资料(上)[G]. 北京:人民教育出版社,1981:138-139.

面对西方文化入侵时,不得不学习西方的技术,这样就必须以不同的方式承认两种知识的合理性,正如张之洞《劝学篇》所言:

> 今欲强中国,存中学,则不得不讲西学。然不以中学固其根柢,端其识趣,则强者为乱首,弱者为人奴,其祸更烈于不通西学者矣。
> 四书、五经、中国史事、政书、地图为旧学,西政、西史为新学。旧学为体,西学为用,不使偏废①。

张之洞的观点无疑代表了传统文化精英的立场,同时也成为晚清政府进行教育改革的纲领。尽管国人已经通过战争感受到了西学的先进性,但是传统的儒家文化早已深入到每个人的精神世界之中,如何在教育中协调两者的关系就显得尤为必要。上面列举的大量引进的西方科学知识只存在于洋务派开办的技术学校和军事学校之中,而在学制上占有绝对数量的中小学教育仍然占中学内容的很大比重。1904年,由张百熙、张之洞、荣庆三人制定的《钦定学堂章程》颁布,它从法律上规定了学校教育的制度,而在课程内容中就体现了"中体西用"的主张。以初等小学的教学科为例,它主要包含的课程是:"修身、读经讲经、中国文字、算数、历史、地理、格致"②。而其中的修身、读经讲经是传统儒家课程的延续,并且占有很大的比重。如在初等小学堂一年级读经讲经12小时,主要是"读《孝经》《论语》,每日约四十字,兼讲其浅近之义。"③ 一周的课程时间一共30学时,可见儒家课程的主体作用是很明显的,即坚持"修身第一,读经第二"的课程设置序列。"二者列于新学制科目中的一、二条目,恰是以儒家作为新学制道德教育的核心内容。"④ 1904年的学制改革对后世的影响极大,被视为中国近代教育的开端。该学制包含的文化是站在传统文化上对西方科学知识的有限的运用,这种限度实际上是在不威胁清政府统

---

① 张之洞. 劝学篇 [M]. 李忠兴评注. 郑州:中州古籍出版社,1998:90.
② 舒新城. 中国近代教育史资料(上)[G]. 北京:人民教育出版社,1981:414.
③ 舒新城. 中国近代教育史资料(上)[G]. 北京:人民教育出版社,1981:417.
④ 袁晓晶. 从人文教化到知识研究——儒家教育在清末学制中的转型. 见杨国荣. 思想与文化 [C]. 上海:华东师范大学出版社,2016:198.

治秩序的前提下进行的。但是,"西学"课程知识已经进入了清末的教育改革之中,尽管不是核心地位,但是已经动摇了儒家课程知识的体系。

新式学堂的建立,使得中国近代教育被动地卷入到世界之中,文化的选择开始作为一个事关国运的问题进入中国人的视野。在封建社会中,儒家文化也曾遭遇到各种外来文化的冲击,但这次的冲击是根本性的,它绝不仅仅是一种观念层面的影响,而事关中国人生存的命运,甚至是民族保全的生死抉择。张之洞等人是在民族生存困境下做出了一种艰难的文化抉择与边界的划分,试图以此建立起一套有效的文教制度,但是这些制度本身并没有也不可能得到很好的实施。作为清末新政中影响深远的文教政策,它体现了清政府在危机中自我拯救的尝试,但无法改变已经形成的时局。"最终,传统儒教的传播体系通过向新式教育中人才化和知识化的转向,丧失了忠于儒教之道的传统士大夫阶层,失去了儒教之道的承担者、传播者和践行者,造成了儒教自身的社会信仰体系的瓦解。"[①]

(二)"五四运动"对课程知识观的影响

"五四运动"是一场救亡运动,同时也是一场思想启蒙运动。1919 年,巴黎和会外交失败的消息传到中国,当时的青年人愤然走上街头为国家的命运而呐喊。这种呐喊本身就是对封建社会的一种彻底的反思,是对原有文化进行改造的一种尝试。"五四运动"的影响不仅仅是政治层面的,同时作为一个文化事件,对中西文化的不同态度也影响到了我国课程知识观的形成与转向。

对"五四运动"的认识,学者李泽厚提出"救亡与启蒙的双重变奏"的观点,揭示了其内在的复杂性与渐变性,他认为:"启蒙性的新文化运动开展不久,就碰上了救亡性的反帝运动,两者很快合流在一起。"[②] 这种双重任务之间的转化,实际上由中国当时的残酷形势所决定,同时也影响到了后来对传统观念的取舍。在救亡中进行启蒙,在启蒙中实现救亡,这种双重性迫使人们在文化观念方面寻求一种新的突破。因此,"五四运动"

[①] 袁晓晶. 癸卯学制中的"中体西用"观与儒家教化的近代危机 [J]. 教育学报,2013 (10):127.

[②] 李泽厚. 中国现代思想史论 [M]. 天津:天津社会科学院出版社,2004:7.

诞生的新文化观，不是延续张之洞等人的"中体西用"的文化观，而是一种更为彻底、激进的文化观。这种文化观在陈独秀、鲁迅等人身上直接体现出来。

在"五四运动"中，陈独秀主办的《新青年》杂志成为当时重要的宣传阵地，其中很多文章影响到了很多中国人。在一定意义上可以说，五四运动塑造了现代独立的中国人，新中国的领导人都直接或间接地受到了五四运动的洗礼。五四运动是作为救亡的启蒙运动，使得陈独秀等人在启蒙中担负着知识分子对国家的责任。启蒙和救亡"这两个运动的结合，使它们相得益彰，大大突破了原有的影响范围，终于造成了对整个中国知识界和知识分子的震撼"[①]。这种震撼作用更多的是其以激进的方式对待中西文化。

在陈独秀看来，传统的伦理文化尤其是儒家文化已经成为一种政治上的保守力量，阻碍了社会的进步。在文化冲突的背景下，调和中西文化已经不可能实现，而需要的是一种彻底的、根本性的"觉悟"，即"伦理之觉悟"才能够使中国独立，否则就可能只是学到西方的制度、器物等的形式，实质上只是封建势力的继续。在政治上，军阀势力占据了中国政坛，即便是开始用了西方的政党制度、议会制度，都是有名无实的形式，并没有改变中国的社会状况和人民生活。在陈独秀看来，"文明是整体性的，学习西方的现代化运动绝非枝枝节节的改革所能奏效，只有从伦理的革新入手，才是根本的变革"[②]。这种根本性的变革观点一方面只是看到了传统文化的阻碍作用，另一方面也忽视了文化是融身于人的生存之中，是无法在短时间内实现替换的。

在当时，不仅仅有"五四运动"的主将陈独秀将儒家确立的道德规范作为"旧道德"加以鞭挞，同时代的鲁迅也对传统文化进行了批判，主要通过对中国国民性的思考体现出来。鲁迅的小说《狂人日记》就登载于1918年的《新青年》上，作为白话文小说对当时封建传统礼教制度进行了深入的批判，并将其"吃人"的本质鲜明地揭示出来。

---

① 李泽厚. 中国现代思想史论 [M]. 天津：天津社会科学院出版社，2004：9
② 高力克. 新文化运动之纲领——论陈独秀的《吾人最后之觉悟》[J]. 天津社会科学，2009（04）：130.

从陈独秀、鲁迅等人的思想来看,"五四运动"作为思想启蒙运动很大程度上受到救亡的影响。在当时残酷的救亡形式下,启蒙运动不仅仅带来了西方的各种思想,包括后来的马克思主义思想,同时对中国传统文化的批判并不是按照理性方式进行学术探讨,而是以一种激进的方式进行,即是说思想的启蒙也带有很强的政治痕迹。"中国近代思想的激进化,表现为一个由政治激进主义向文化激进主义递进的过程。"[1] 这种激进的观念在文化中鲜明地表现出来,影响到后来的"科玄之争"。

"科玄之争"论战的开启,受到了五四新文化运动的影响,明确表现了科学至上的观念。在激烈的讨论之后,最后是科学派占了上风。科学派的胜利,并不是从学理意义而言的,而是从中国需要科学的角度来进行解释的。

从"五四运动"到"科玄之争",白话文的运用逐渐普及,科学与民主的观念在中国思想界逐渐确立。在"五四运动"的影响下,1922年北洋政府用公民科取代了修身科。在这里,"五四运动"主要以否定传统儒家文化为前提,在思想上认为儒家文化是中国发展的阻碍因素,是跟时代发展相背离的价值观念。从现在来看,这场新文化运动无疑带有激进的色彩,在观念上批判了儒家文化,否定了传统文化的合理性。至此,科学的优先地位开始确立,而对本土传统文化的疏离也在不断扩大。这场思想运动确立的文化立场,为后来的教育实践产生了广泛而深刻的影响。"五四运动"作为中国现代进程的开端,其倡导的语言方式和思维方式都进行了大幅度的改造,儒家知识不再占据生活与观念的中心,而成为只供学术研究的"国故",至此儒家课程知识经过"五四运动"的批判而被认为是不合时宜的知识。随后,在儒家课程知识被一步步边缘化的同时,科学知识作为一种改造社会的力量被广泛重视,科学主义课程知识观开始在中国逐渐产生。

(三) 中华人民共和国建立初期的课程知识观

1949年中华人民共和国诞生,教育事业进入了一个崭新的阶段,课

---

[1] 高力克. 新文化运动之纲领——论陈独秀的《吾人最后之觉悟》[J]. 天津社会科学, 2009 (04): 132.

程、教材的选择也受到中央政府的重视。按照政治的逻辑进行教育改革，实现"从半殖民地半封建的教育向新民主主义教育进而向社会主义教育的转变"① 成为当时教育事业的根本方向。新中国成立初期各种教会学校被收归国有，教材开发工作主要由 1950 年成立的人民教育出版社来完成，初步形成了"编审合一"的政策。到了 1955 年，中华人民共和国的第一套统编教材出版并在全国使用。②

人民教育出版社是开发与管理国家课程的唯一机构，其编写的教材影响了全国教育的发展。人教社在开发课程知识的过程中，主要是按照苏联模式来进行改造，如在人教社建社的规定上明确提出：

> 数学和自然科学教科书应吸收苏联成果，以苏联最新出版的教科书为蓝本。对苏联教材的整个思想体系与基本学科内容不作大的变动，只对其中不适合中国实际情况的具体材料加以适当的更改或补充。语文、地理、历史等教科书必须自编，苏联在这方面的编辑原则、方法和经验，应尽量吸收。世界自然地理、世界经济地理及世界史等也可以苏联课本为蓝本，加以适当改编。③

对于新生的中华人民共和国而言，苏联社会主义教育经验成为学习与效仿的对象，由此确立课程的结构基本按照学科课程开发方式进行，这样有利于科学知识的传播和工业化国家的建立。这一套教科书，在全国范围内推广使用，有利于维护统一的国家政权，至此，我国教科书开启了"一纲一本"时代。

1958 年教育进入了"大跃进"的时代，教育活动开始进入了非正常的快车道。政治上的"插红旗、拔白旗"也用在课程的开发上。"拔白旗"是对资产阶级专家教授、学者进行批判，"插红旗"就是学生和青年教师自己编教材。否定知识权威树立红旗的做法在教学中通过"三结合"

---

① 方晓东，李玉非. 新中国教育 60 年：回顾与反思 [J]. 人民教育，2009（17）：2.
② 参见吴小鸥，石鸥. 新中国第一套统编教科书——1955 年人民教育出版社编纂出版的教科书研究 [J]. 课程·教材·教法. 2010（10）：9.
③ 刘英杰. 中国教育大事典（1949-1990·上）. 杭州：浙江教育出版社，1993：358.

来完成。"三结合"指的是系党总支、教师、学生结合起来,共同编写新的教学大纲。这个时期,各个大学把编写新教材、新大纲看作是重要任务,甚至出现一周编写一部教材的例子。这种"大跃进"影响了正常的课程教学,不利于学生掌握系统的知识。1959年下半年这种"左"的教育问题被《关于高等学校学生编写讲义问题的意见》所纠正,教育开始重回正轨。

1966年,"文化大革命"爆发,教育再次被更大的政治运动所影响,成为当时政治改革的"试验田"。毛泽东主席认为当时的教育问题有三点:"一是认为学制太长,课程太多。二是教学不得法。三是认为不突出政治,以致出现了资产阶级知识分子统治学校的现象。"① 为改变这些突出的问题,大量知识青年下乡接受贫下中农的再教育,学校正常课程教学活动被搁置,教育也进入了"教育革命"时代。

为了破除资产阶级思想的影响,工农兵结合的原则进入教育中。在"文化大革命"期间,知识青年上山下乡接受改造,经验课程尤其是直接的生产劳动受到重视,正规的学校课程被政治运动所中断。在当时,"阶级斗争作为一门主课","为了贯彻这一思想,各类学校均大幅度增加政治教育课时,突出毛泽东著作的学习,突出无产阶级政治,突出阶级斗争"。② 作为知识分子的教师受到批判,其在教育中的作用被弱化。这种以无产阶级专政为主的教育革命形式,实则是革命时期教育传统的继续,最终破坏了正常的教育秩序,不利于人才的培养,这实际上是"以狭隘的经验主义、实用主义看待理论、文化科学知识,以致滑向蒙昧主义"③。而以革命的逻辑代替文化的逻辑,进而忽视了课程知识产生的文化传统,使得正规的学校教育中断,更严重的事实是对学校知识的否定,同时对教师的轻视和对知识的不尊重所导致的文化危机影响了整个社会氛围。至此,学校教育的正常秩序受到影响,这使得中国教育出现了十年的断代,一直到1977年恢复高考,教育才重新走上正轨。

---

① 李旭."文化大革命"中的"教育革命".党史博览,2004(9):51.
② 杨凤城.评"文化大革命"前的两次教育革命[J].中共党史研究,1999(02):73.
③ 艾衡.对中国"教育革命"的反思——《"文化大革命"中的"教育革命"》述评[J].全国新书目,2003(01).

（四）改革开放初期的课程知识观

1978年党的十一届三中全会召开，整个国家重新回到以经济建设为中心的轨道上来，教育事业逐渐进入有序的轨道，课程知识的建设重新建立在科学知识的基础上。以经济建设为中心开始代替以阶级斗争为纲，教育也作为促进生产力的重要因素被加以强化，教育作为优先发展的战略被各级政府所重视。这种重视使得教育事业取得了飞速的发展，人们的受教育权获得保障，义务教育的普及，使得我国教育进入到一个崭新的阶段。

同时，随着世界经济的激烈竞争，教育作为人力资本的重要一环也被纳入经济的视野中。在这里，教育的功能更多的是以一种经济功能存在。由于国家竞争力的比较，世界教育改革都受到影响，经济越来越渗透在课程知识的选择中。在中国教育中，"知识从公共产品向商品的转化是在特殊的社会经济和政治背景下产生的，其中最重要的两大背景是全球化和知识经济"[①]。

知识商品化的观念不仅仅是一种社会认识，而且在日常教育教学过程中盛行开来。商品的价值属性对教育内部运行的渗透，是现代教育面临的一个重要困境。"知识商品化（commoditization of knowledge）是指与过去相比，知识的交换价值趋于增强，具有更多的商品属性。"[②] 知识的商品属性也影响到学校教育中的课程知识。这种影响主要体现在两方面：一方面将课程知识的学习看作未来的人力资本投资，另一方面校外教师提供的课程知识以商品的形式销售、购买和流通。前者更多作为个人学习跟职业定向的影响，后者在教育培训市场体现得十分明显。比如G市就有专门的民办英语培训学校X校、C校、T校，专门提供从幼儿园、小学、中学到大学出国一系列的课程方案。比如在高中英语培训课程就有"高一英语培优课程2280元，高一英语同步课程2622元"，甚至同样的课程因为教师的不同而收费不同。这些大型校外机构大多以企业的方式运作，通过在本地电

[①] 蒋凯. 知识商品化及其对高等教育公共性的侵蚀 [J]. 北京大学教育评论. 2014（01）：55.

[②] 蒋凯. 知识商品化及其对高等教育公共性的侵蚀 [J]. 北京大学教育评论. 2014（01）：53.

视台、报纸投放密集广告拉拢生源,当然也有甚者与学校老师进行合作推销课程。事实上,在商业的推动下,私立培训学校更深入家长的内心。而在这些培训学校中产生的"明星教师"因其巨大的收益也在社会文化中产生很大的影响,在培训学校中商人与教师之间的角色已经开始模糊,人们开始以工资的高低来衡量某门课程的质量以及某个教师的教学能力。

　　课程知识的商品属性尽管也能够促进学生在某些知识技能上的发展,但是可能加剧文化性的疏离。事实上,这些课程知识的销售更多是具有短期、直接的考试目的,与文化养成的长期要求是冲突与背离的。校外培训机构的不断兴起,可能消解学校教育的公共性,这些所谓的"影子教育"作为文化资本的生产形式不断受到市场逻辑的强化,进而加剧现代课程知识的文化危机。在商品化的逻辑中,课程知识原先具有的文化性不断被货币进行估价,这种对教育的估价本身就是一种价值的越界。当教育尤其是义务教育跟市场之间的边界不复存在的时候,教育自身的价值也就被颠覆了。

　　对于中国而言,过去近百年的历史是在封闭自守的封建王朝被摧毁后不断融入世界的过程,课程知识也跟社会文化变迁一样不断发生改变。这种改变,使得已有的文化基点遭到质疑,促使文化间产生冲突、紧张进而导致文化性疏离的出现。从鸦片战争以来,课程知识就开始遭遇到中西文化碰撞,儒家课程知识的合法地位开始动摇。五四运动以后,科学课程知识观开始不断确立,儒家课程开始在思想上受到彻底的批判从而丧失了独立存在的根基。新中国之后,课程知识开始纳入政治、经济建设之中,政治性和经济性的强化,加之世界经济化、全球化的进程,使得课程知识文化性疏离不断出现。这种文化性疏离,是现代性的产物,因为"文化的现代性与社会的现代化是同一过程的不同侧面,自始至终伴随着一个持续的分化过程"[1]。在中国近百年的近现代史中,课程知识成为反映中国文化命运的一面镜子,其中课程知识中困境的出现跟中国人精神世界的变化是一致的,即是说课程知识的文化困境也是中国人的意义危机。这种意义危机已经通过这种文化性疏离延伸到教学实践过程中,形成教学的困境。

---

[1] 周宪.文化表征与文化研究(修订版)[M].上海:上海人民出版社,2015:11.

二 课程知识文化性疏离在教学实践中的表现[①]

课程知识文化性疏离不仅仅体现在文本层面，同时影响到现实的教学实践。教学实践作为课程知识的动态过程，是在教学中对文本知识的选择与表现。在教学实践中，文化性疏离更切实地表现出"人—知识"的关系。具体而言，这种疏离表现在文化遮蔽、文化锁定、文化装点三个方面。

（一）文化遮蔽

文化遮蔽是指教师教学过程中只注重课程知识的科学性而忽视其文化性的存在，从而导致教学实践中不断丧失意义的过程。文化遮蔽来源于对课程知识理解的偏差。课程知识在教学中被当作认识论检验过的真理，而对于其产生的文化境脉（context）和教学过程中文化的交往则很少关涉。

文化遮蔽的出现跟现代课程知识的塑造是联系在一起的。在现代教育中，课程知识被视为知识论意义上的知识。知识一旦经受过检验，就成为一种固定的形态，在教学过程中被使用，这导致了教学活动中更多的是掌握、理解和运用已经产生的知识。近现代以来，人的主体性不断彰显，使得人类的认识能力获得前所未有的发展，科学知识成为最重要的知识。这种重要性体现为不仅仅是一种解释世界的能力，同时还具有巨大的改造世界的能力，它的出现符合工业时代对科学技术的需要。从形而上学知识型到科学知识型的转变，是一种知识价值观的转变，使得科学知识成为人们理解世界和改造世界的价值来源。英国哲学家弗朗西斯·培根（Francis Bacon）在《沉思录》中提出的"知识就是力量"的论断影响至今，它成为现代社会对知识作用理解的最好注解。正是由于科学知识的巨大影响，使得知识不仅仅作为一种认识世界的方式，而且成为经济生活中的生产要素，甚至成为经济竞争中的核心要素。这种价值观的转向使得人们日益用知识的工具价值代替了知识产生的内在价值，由此，科学知识代替了形而

[①] 张金运，张立昌．基于文化素养养成的课程理解——课程知识的文化性及其实现．中国教育学刊，2017（1）：50-55．

上学知识，科学知识型由此而生。在科学知识型的影响下，现代课程知识观主要是依据科学知识的形成过程、思维方式和价值取向，知识与课程知识之间的边界逐渐消失。现代课程知识不仅仅体现为课程结构上排斥或者压缩人文知识、本土知识存在的空间，更重要的是作为一种"知性思维"控制了教学过程，使得教学过程逐渐等同于知识的传递过程，知识逻辑成为教学的主导逻辑。

在知识教学过程中，教师被视为知识的传递者，而学生更多的是接受者，教学过程主要依靠传授知识来进行。知识不仅仅被赋予了认识的作用，而且跟日常生活的准备以至于未来的职业安排联系起来，"课程只引导学生去拥有知识，并用所拥有的知识去改变世界，这就抹去了课程探寻生活的意义"①。在这里，对知识的"占有"更多的是获得一种未来生活的象征性资本，是对物质力量（power）的获得，体现为一种物种的生存逻辑，而不是基于人类的共在提出的。教学中表现出来的这种"占有"并不是来源于对知识本身的兴趣，更多的是来源于知识所隐含的交换价值和工具价值。而缺少了文化的视角，使得知识具有的文化性日渐模糊进而使得教学迷失了方向。知识教学不断强化的过程，虽然能够促进学生获得知识的积累，但却忽视了知识背后的文化世界。在文化遮蔽的现象中，它遮蔽的不仅仅是课程知识中的各种文化符号，更是对文化精神的否定，使得教学生活遗忘了个体的文化经验而沦为一种不真实的生活。

具体而言，课程知识的文化遮蔽通过教学目标、教学过程、教学评价来逐步实现。从文本的课程知识、行动的课程知识到学生经验的课程知识，每一步都在凸显知识点的重要性。课程知识不断被强化为考试工具的过程，同时是文化性逐渐衰减的过程，最终使得课程知识化约成一个个具体的知识符号，不再体现文化的意向性，无法与学生精神世界之间建立内在的联系。这种对文化的遮蔽，实际上使得教学是以知识为核心，而不再以人为核心，最终导致了知识与生活之间产生脱域。这种脱域虽然能够迎合知识的目标，但是严重的后果在于"它的脱域机制使我们对于现实生活本身更加陌生，它会用一种抽象的知识、符号体系来取代生活本身，它会

---

① 金志远. 课程的"知识困境"及其文化转向 [J]. 教育科学研究, 2013 (09): 15-19.

让我们在实验室里学习认识人、在抽象符号体系中推断人"①。这种文化遮蔽的后果使得教学祛除了生活原初的意义,成为一种平面化的生活。

文化遮蔽首先从教学目标的选择开始,这实际上是从文本课程知识进行再次选择的过程。在教学目标上聚焦知识目标,并对此进行压缩、细化,通过教学重点、难点加以明确,进而将课程知识的文化内涵加以过滤。在这里,有一线老师认为涉及文化内涵都是不切"实际"的,是教学可以忽略掉的目标。在跟一些教师进行交流的过程中,他们普遍认为"需要掌握的目标是最重要的目标",也是每年考试重点考查的内容,只要学生熟练掌握了这些知识,考试就能够顺利完成。在这些一线教师看来,需要掌握的知识学生必须熟练掌握,这些知识是需要不断强化和巩固的,因此教学目标的重点就需要反复强调。当然,在教学目标设计的过程中,也会考虑到学生经常犯错的题目,这也是教学的难点。

> 我们这些工作十几年的老师,教学重难点的把握是很到位的。上课,没有想象的那么难,只要让学生把这些东西掌握了,学生考试八九不离十,成绩上得很快。上课就是让学生掌握最重要的知识,那些虚的教学目标,不要耗费太多时间。(20161025,物理老师 X 老师,W 中学)

在教学过程中,教师需要按照预设教学过程来完成。教师在此扮演着绝对重要的角色,控制着教学节奏,学生的文化背景很少顾及,教学成为基于教材知识的传递过程。在这里,教师需要对教材知识进行精细的加工,知识点需要通过教学过程进一步凝练,进而成为学生笔记本记录的"精华"。在教师眼中,学生记笔记既是认真听课、维持秩序的方式,同时笔记本可以成为学生复习备考的重要资料。在复习的时候,学生们通常不会再看课本,而是以熟练掌握笔记上的重点为主要任务。

在教学的过程中,尽管有老师意识到教材中具有的某些文化价值,但为了完成教学目标,也很少在教学中加以涉及。比如 Y 老师在上数学课"平移、旋转和轴对称"时将教学目标具体拟定为:"认识和确定轴对称图

---

① 曹永国. 自我与现代性的教育危机 [J]. 福州:福建教育出版社,2010:87.

形的对称轴，正确画出平面轴对称图形的对称轴，会补全轴对称图形。"这位老师用 10 分钟的时间讲完新课之后，把重点内容放在例题的讲解上，着重训练学生的技能尤其是做题的能力。在很多一线老师看来，知识目标的掌握是课堂的重点，它直接关系到教学质量的评价，这很大程度上遮蔽了文化性的彰显。

在日常教学评价中，采取标准化试卷测试，主要检查学生对知识的熟练掌握程度。在试卷中，题目对应的是对知识点的检查，可以进行"对/错"的判断。反复进行评价，使得知识点的熟练掌握跟教学任务的完成联系在一起。通过考试不断强化教学效果，围绕考试进行知识点补充，使得作为生活的教学被知识分割成若干片段。这种碎片化的形式跟文化的整体性体验是相悖的，最终导致人成为知识人而不是整体意义上的文化人。

> 教学目标虽说是三维目标，但是情感态度这些目标是陪衬的，知识的目标才是最重要的。我的课堂任务很明确，是瞄准最重要的知识的。没有把这些东西弄懂，考试不行。现在我们学校搞高效课堂，就是我们这些有经验的老师把最重要的知识点提出来，把它讲透。(20161026，语文老师 HXT 老师，W 中学)

因此，文化遮蔽渗透在教学的各个环节中，通过不断强化知识尤其是学科知识的科学性使得文化性的生长空间被不断压缩。文本形态的课程知识通过教学实践不但没有被活化，反而通过分析、提炼、浓缩成为一个个"知识点"。课程知识被"肢解"，使得知识逐渐凝固下来，同时也使得其潜在的文化性逐渐降低。在教学过程中，由知识提炼出来的"知识点"往往是有工具价值的，它们不仅仅是科学的"精华"，更重要的是跟以后考试相关的"考点"。科学性与工具性结合，使得课程知识原本具有的文化性要素不具有现实作用而在教学中被疏远。这样的结果就是教学只看到了知识的一面，而忽视了文化的存在，知识教学本身成了一个远离文化的过程。

（二）文化锁定

文化锁定指的是教师在教学实施中局限于某种特定的单一的文化类型

或者文化价值,从而使得教学过程日渐孤立化、单调化。通过锁定特定文化价值,课程知识日益成为单一文化的"传声器"。这种特定的文化往往是特定阶层的文化价值在政治上的反映,使得课程知识的选择日渐成为权力斗争的过程。文化锁定并不是自然的文化现象,往往受到文化之外其他力量的干预。正是由于缺乏文化立场的自觉,课程知识才通过权力认同而被约定为社会学意义上的"法定文化"。"法定文化"主要是一种通过权力斗争、选择并锁定的反映特定阶层的文化。这一限定的文化类型,是从单一的视角去选择并不断加以巩固强化的,并没有从人的角度去思考文化自身与人的精神成长的适宜性(agreeableness),这使得课程文化固定为一种观念。单一文化的传递背离了基于理解的文化立场,使得人们的某个观念不是在自由的状态下获得的。在这里,"课程虽被赋予了文化的某些方面的特征、功能与旨意,但却不具备文化所特有的内在的、自为的基频与本质属性"①。因此,文化锁定不仅仅使得文化内涵的丰富性没有在课程实施中得到体现,而且使得既有文化变得凝固,走向固化,甚至将文化固定为某个概念。这样,文化丧失了批判与反思而不再具有激发人心智的能力。因此,文化锁定只可能形成和强化某种偏见,而无法导向自由,于是这样获得的文化就不再是属人的文化。

文化锁定之后,人们对文化的理解就片面地强化某个观点,而不能在历史过程中形成某个观点。一旦知识传递固定在某一轨道上,文化的精神意蕴就会被忽视,教学过程中就将不可能出现对话与理解。在教学中,文化锁定之后,文化就成为只是固定不变的和必须掌握的概念,就会抹掉师生作为文化主体的批判意识与反思意识,使得教学过程远离了精神教化的可能。在这里,文化虽然形式在场,但没有将学生的文化主体带入课堂。"显然,工具化课程只适合塑造,也只能塑造工具式的人。"② 教学中过于文化锁定后就会掩盖人对文化价值性的追求,最终使得教学生活缺乏文化的体察与自省而成为一种被动的"劳作"。

---

① 郝德永. 文化性的缺失——论课程的文化锁定现象 [J]. 南京师大学报(社会科学版), 2002 (02): 77-83.
② 郝德永. 走向文化批判与生成的建构性的课程文化观 [J]. 教育研究, 2011 (06): 61-65.

教学实践中的文化锁定是对文化本性的扭曲，是将文化处置后的一种非本真的文化，它将文化与原初的形态进行了割裂与固定，最终使得特定的单一文化成为规训，而不是让知识学习获得解放。这一过程忽视了教学的生成性，忽视了师生所在的文化生活，使得教学过程越来越单调。这种单调的生活与儿童的成长需求是相冲突的，容易造成精神世界的平庸。在G市，某幼儿园的教师们讲到《彩虹鱼》的故事，师生对话就体现了这种特点。

老师：（故事导入）展示图片（PPT）

在遥远的大海里，住着一条不普通的鱼。它有五颜六色的鳞片，蓝色、绿色、紫色的，闪闪发光。别的鱼都羡慕它，叫它"彩虹鱼"。彩虹鱼不愿意跟人分享自己的鳞片，没有朋友，很孤独。你们如何看待彩虹鱼呢？

儿童MD：彩虹鱼可以跟我一起玩啊，找其他朋友。

儿童ZX：彩虹鱼孤单很难受吗？

老师：当然难受啊，彩虹鱼就去找章鱼奶奶，章鱼奶奶让它把鳞片分给大家，就能体会到幸福了。因此分享是最重要的，小朋友们，你们愿意分享吗？

儿童：（齐声）：愿意！

老师：坤坤小朋友，你愿意跟小伙伴们分享什么？

儿童WK：我的超级飞侠，我明天想把我的玩具带来。

老师：佳佳，你呢？你会学习彩虹鱼分享鳞片吗？

儿童DYJ：我不想，我自己喜欢的我才不想呢。

老师：小朋友，我们要分享自己的东西，才是受欢迎的人。会分享的小朋友，才是最可爱的小朋友。

在这里，围绕《彩虹鱼》的故事进行的文化渗透实际上就体现了一种文化锁定，这里倡导的"分享"可能只是对别人的"迎合"。这种"迎合"可能导致人们在教学中发出虚假的"声音"。这种锁定，实际上将文化看作一种供传递的工具。

（三）文化装点

文化装点指的是教师在教学中采用某种特色文化作为点缀，在形式上丰富教学过程，而以知识传递的实质并没有得到改变的教学现象。文化装点主要体现为将民间或当地的特色文化纳入教学过程中，表面上丰富了教学资源，但这些资源的利用只是被放在边缘的位置，而原有的教学过程并没有改变。按照一般意义的文化认识，文化可以分为器物层面、制度层面和精神层面，而教学过程对文化的认识还更多地停留在器物层面，并没有在教学过程中深入理解和挖掘其承载的精神意涵。例如 W 小学 M 教师在教学中介绍一些本民族的艺术服装（主要为银饰）或展示其特有的生活、生产工具（苗刀），但是并没有从文化根性的角度与课程知识建立起内在联系，使得这些文化的物品只是停留在介绍上。我们对 E 市某民族小学进行的调研发现，他们会在特定节日中要求学生们穿上自己民族的服装，以展示自己学校的特色。

这种文化现象，相对于单一的知识教学而言肯定是一种积极的变化，它有利于让学生获得对本地区、本民族文化传统的一些认识，但是如果仅仅停留于表面的认识，甚至只是一种形式，是无法改变知识教学固有的症结的。究其本质而言，文化不是用来在特定阶段的表演或者展示[①]，而是植根于当地人的生活之中。在这里，民族文化、地方文化与知识之间的关系是处于游离中的，并没在课程知识中真正地契合起来。这种形式的出现，跟整个学校的环境是联系在一起的，它并不是教师们文化自觉的产物，而更多的是为了创建学校特色的外部要求。事实上，在我们调查的地区中，这些学校仍然处于强势的应试教育氛围中，知识教学是教学的主要形态。而文化只是对教学的一种"调剂"或者"装饰"，没有让文化立场植根于知识教学中，知识教学与文化之间仍然是"两张皮"。

文化装点的现象跟当前变革过程中对学校特色的硬性要求直接相关。通过形式上的改变虽能够带来一些效果，但更多的是一种表象，并不可能在日常的教学中稳定下来。在这里，文化装点使得文化停留于形式，成为

[①] 参见谢婷婷. 专家呼吁：文化教育不应成学校教育的点缀[N]. 中国教育报，2016-11-30(4).

一种为应对短时期的任务而制造出来的景象，没有在内心赢得教师们的认同，也就很难落实到课堂教学中。究其根本而言，文化育人需要与课程知识相融合后才能在教学中实现，这决定了课程知识中文化性的形成是一种渐进与缓慢的融合，这种融合往往是"静悄悄"的，与"声势浩大"的表象正好形成鲜明的对比。文化装点下教学改革中出现"雷声大、雨声小"的困境，其症结在于知识教学传统根深蒂固，使得文化无法在源头上加以确认，也使得教学改革成为一种外在驱动的结果。丧失了文化源头的教学只是把文化看作点缀而成为一种形式，这不仅仅无法改变知识教学的现状，而且会使得学校对文化的理解日趋狭窄，甚至有可能把现代社会中消费主义与娱乐主义当作文化。同时这种文化装点看似丰富多样，实质上却是杂糅与拼盘的结果，没有体现教师作为文化主体的选择意识与创造意识，使教学虽然有了文化的形式却很难在知识教学中扎下根来。出现这种困境，根本原因在于教师在教学过程中文化主体的缺位，使得其教学中文化从属于知识教学，最终可能导致教学活动丧失了文化应有的深度而成为一种虚无。而这种虚无有可能带来更大的教育危机，它破坏了文化思考的严肃性而使文化名不副实。因为文化装点实则是对文化的"伪装"，它无法在教学过程中让师生充分感受到文化与生存的关联，进而让师生在教学中无法获得发自内心的文化认同与文化自信。

在这里，文化装点看起来比文化遮蔽、文化锁定有所进步，但只是一种"假象"。尽管它在教学中已经重视了部分文化尤其是特色文化，但实际上这种文化只是一种可以展示的"特色"或者评估的"亮点"。实际上，这种文化的打造更多的是短期加工，不是在生活中自然积淀下来的，更不是由教师与学生在自主的环境中生成的。这种装点往往是主题预设的产物，而不是在日常生活中自然生长的，使得这种装点对于更多的教师而言只是一种需要完成的任务，而不自由生发、主动创造的结果。这种文化装点作为一种形式不可能在教学生活层面有实质性的改变，这种伪装的"文化"无法深入到精神层面，改变教学的内在品质。这种装点主要在节假日、观摩课中短暂地存在，它在教学中更多的是一种文化的"资料"，而没有植根于教师的个体教学中，使得这种装点本身就是一种复制过程，它使得严肃的文化跟教学生活之间并没有形成有机的联系。值得反思的是，当文化只是一种沦为装点的假象时，文化本身就是廉价的，它否认了"文化是乐观主义和伦理的世界观的结果。只有肯定世界和生命的，同时又是伦理的世界观有力量时，文化理想才会受到重视，并且在个人和社会的信念中发挥作用"①。教学中文化装点的出现，使得教学丧失了自身精神座驾，而不可能让教学生活成为一种价值引领的生活，对大众文化的依附会更加严重，丧失内在文化支撑的教学既不能在当下成为有意义的生活，也不可能在外引领学生过一种有意义的生活。

三　课程知识文化性疏离对教学过程的影响

课程知识的文化性疏离使得文化传统在教学中被不断遗忘，同时使得教学日渐被塑造为知识传递过程。远离日常生活世界的科学型知识控制了教学生活，教学时间被人为地规制化，教学空间形成了区隔。由于缺乏对文化的充分考量，教学过程更多的是重视课程知识的工具价值。以下从时间和空间的角度分析文化性疏离塑造的教学图景，进而反思当今教学实践的困境。

（一）教学时间的规制

1. 教学时间的标准化

现代课程知识追求的是普遍性的客观标准。这种标准以科学型知识为核心，按照系统化的原则组织而成。科学型的知识不仅仅认为对象是客观的，更重要的是以客观性认识结果为标准，即追求的是"非人格性"（impersonality）的知识。在这里，"'忘我的真理意识把"我"彻底排除在外，完全把自身依系于纯粹客观性存在，这也就同时决定了它的绝对主义的性质"②。这种绝对性的建立，使得教学的过程成为客观性的知识传递过程。

在知识教学过程中，不仅仅在内容上追求标准化，而且传递过程也在

---

① ［法］阿尔贝特·施韦泽. 文化哲学 [M]. 陈泽环，译. 上海：上海人民出版社，2017：117.
② 贺来. 现实生活世界——乌托邦精神的真实根基 [M]. 长春：吉林教育出版社，1998：111.

追求标准化,即教学各个环节的准确控制。这种标准化体现在赫尔巴特的四阶段教学法和凯罗夫的教育学中。这种对教学时间的标准化追求成为衡量教师职业化的一个关键指标,很多年轻教师正是由于时间感不强而屡屡受到批评。

> 上周我上的两节公开课,活动组织也很好,课堂上学生也很活跃地回答问题,我自己在上的过程中也感觉不错,但由于跟学生对话的时间太多了,没有讲完下课铃就响了。后来好几个老师说这节课不完整,甚至有个区教研室主任严肃地说这节课太冗长了,没有突出中心。我后来也在反思,为什么时间把控不好,让一次好端端的课演砸了。(20160705,小学老师H,语文三年级)

在一线教师或者教研员看来,教学时间的有效控制是教学工作的关键环节,甚至有位教研员Z说,"时间掌控是教学能力的核心,没有控制,你是没办法当好老师的"。在高效课堂的建构中,"呈现目标—自主学习—合作讨论—课堂展示—点拨反馈—效能检测—课堂小结"[1] 也对教学时间各部分进行规定。在这里,教学在很大程度上是"计划"的,是在教师的掌控下进行的,是可以进行理性衡量的。在工作时间中追求传递的效果,符合现代性的效率原则。而教学过程时间标准的不断强化,使得人们用劳动时间来要求生命的成长时间。

事实上,当时间成为衡量教学效果的重要变量时,教学时间自然就不再是儿童的成长时间,也不是生命的自在时间。"以社会必要劳动时间度量与要求生命,是现代化历史对人类心性结构最深刻的塑造之一。……幼儿被卷入这场竞争(学前教育的隆盛),表明了现代时间计程对于自然生命的最广泛强制。"[2] 这种强制对于学习者而言是被动的、不得不面对的。这意味着儿童"生活连续性的中断"[3],使得儿童不得不进入非自然性的存

---

[1] 龙宝新. 论"新课堂"视野下的高效课堂改革的路线图 [J]. 江苏教育研究,2014 (1):5-11.
[2] 尤西林. 人文科学导论 [M]. 北京:高等教育出版社,2002:59.
[3] 高德胜. 道德教育的时代遭遇 [M]. 北京:教育科学出版社,2008:前言1.

在中。以下是我在 2016 年调查 K 中学时的一张作息表，可以看到教学生活在时间上的要求。

6：00 起床
6：15—6：35 晨练
6：45—7：30 早自习
7：35—7：55 早餐
8：00—9：50 上课
9：50—10：15 午间操
10：15—12：10 上课
12：10—12：50 午饭
12：50—14：20 午休
14：30—17：50 上课
18：00 晚饭
19.00—19：30 收看新闻联播
19：30—21：50 晚自习
22：00 就寝

这张作息表对于绝大多数中学生而言都是熟悉的，尤其在很多欠发达地区县级中学更是将时间控制演绎到极致。知识学习的时间占据了教学生活的大部分，学生无形中成为最辛苦的一群人，随着升学的临近，时间往往会被控制得更加严格。在 K 市第一中学进行调研时发现，这里的高中学生并没有双休，用学生自己的话说：

我们哪里有周末啊，星期六、星期天统一补课。唯一一点休息时间是星期六的晚上不上晚自习，星期天的早上没有早读、早锻炼，可以睡一个懒觉。那是我们唯一放松的机会，也是我们洗洗衣服的时间。（20151208，X 同学，8 年级）

由上可知，从一节课的设计、一天的课程安排，到一周的学习安排，教学时间的规制作用无处不在。这种规制虽然形成有序的教学活动，但对学生形成的时间压迫感，使得师生无时无刻不处于焦虑与匆忙之中。

2. 教学时间与生活时间之间的紧张

科学知识中的科学不仅仅是一种客观标准，而且是进步的标志，指向于人的未来生活。"未来对现在与过去的支配，在信仰主义时代赋予现在以崇高的激情。"① 正是知识对未来美好生活的无限承诺，使得个体甘愿接受教学生活无所不在的规制，这种对规制的接受意味着牺牲，放弃现在的"闲暇"进入到一种单调的生活中。

现代课程知识这种进步性受到了达尔文进化论的影响，将未来看作是对过去与现在的超越。作为未来代言的知识暗含了其对于未来生活的准备功能。这种准备既是一种职业的准备，也是一种改变阶层实现向上流动的学历准备。这种知识的进步性在农村教育中表现得尤为突出，知识尤其是现代科学被设定为过上城市生活的砝码。

> 你们傻啊？不懂事啊？让你们学驴叫就学驴叫，让城里人看不起我们。你们一定要好好学习，把家乡建设得和北京一样好，不要只知道种洋芋吃洋芋。你们好好学习，将来就不用永远种洋芋了……②

知识的进步性实际上是一种有用性的设计，它让教学成为一种生活的准备，尤其是职业生活的准备。现代知识在生活中需要被不断强化甚至演变成为一种人为的恐慌。社会中通常将没有接受现代知识的人称为"文盲"，"文盲"是需要政府通过"扫盲"来进行扫除的。这种隐喻本身既可以看到现代知识对人的重要性，另一方面也可以感受到对未接受现代知识的人进行的"污名"处理。仔细看来，将没有接受知识的人称为"文盲"是有失公允的，有对知识功能性过于夸大的嫌疑。在现代社会中，知识与未来关系的不断强化，使得教学过程割断历史、现实与未来之间的联

---

① 尤西林. 人文科学导论 [M]. 北京：高等教育出版社，2002：58.
② 电影《美丽的大脚》中倪萍扮演的乡村教师张美丽对学生所说的话，实际上说出了大多数乡村教师的心声，他们把教学成功的标志设定为过上城市的生活。

系，制造三者之间的紧张。这种时间上的紧张，对于学生个体尤其是成长的生命而言是一种压抑。

> 我的手颤抖了，当电话那头传来我进入了全年级前十名的消息时，我的手颤抖了。回想迈入高中的大半年时间，多少次，我拒绝了好友外出玩耍的邀请；多少个夜晚，在他人已经甜睡的时候，我仍在昏暗的烛光下埋头写作业；黎明还没降临大地，我又开始了一天的学习。经历了多少疲劳，多少辛酸，我原是这样认为。[①]（单平，男，16岁）

从上面来看，当课程知识的学习跟未来生活建立了联系后，牺牲当下的生活成为很多个体不自觉的选择。这种牺牲本身是否值得我们暂且不讨论，但是就塑造现实的生活而言是不和谐的，甚至对学生意向性的建立是破坏性的。这使得学生学习被赋予了太多功利性的价值，让他们很难对学习本身产生持久的兴趣，当目的一旦达到，生活就会失去方向，这似乎可以解释中国基础教育如此之好而无法培养创新人才的原因，因为在中小学过多考虑知识作为未来的准备，进而透支现实，而无法产生一种内在、持久的学习兴趣。

（二）教学空间的区隔

由于科学性的不断强化，现代课程知识在教学空间发生了区隔。这种区隔一方面使得教学空间从生活空间中独立出来，另一方面课程知识在不同学科间越来越呈现出相互独立的趋势，不同知识类型间的区隔不断发生。

1. 教学空间与生活空间的区隔

教学空间主要是按照知识的理性逻辑来建构的空间。哲学家胡塞尔在《欧洲科学危机与超验现象学》中指出，科学世界与生活之间越来越遥远，这形成了科学的危机。事实上，教学作为特殊的认识过程，使得教学空间

[①] 任运昌. 空巢乡村的守望：西部留守儿童教育问题的社会学研究. 北京：中国社会科学出版社，2000：344.

中传递的是科学知识符号，这些符号是现实生活的抽象化。当知识占据教学空间时，文化的主观因素就被忽视，教学的过程成为"知识人"的塑造过程，而不是本真人的养成过程，恰如学者鲁洁所言："在科学知识称霸的世界中，各种意义的追寻成为无意义。"①

教学空间与生活空间的区隔，首先直接体现为一种语言的区隔。当师生从日常生活空间进入教学空间时，师生需要强迫自己做出改变，以适应教学语言的科学性与准确性的要求。这一点，在乡村学校的调查中非常明显，学生在日常生活中都是使用方言，而进入课堂后必须纠正自己，以达到规范性要求。

> 我们平时回家都说我们这儿的话。在平时生活中，说这种话，很自然，我可以不假思考地表达，但一到课堂说普通话，思维就会停滞，甚至都不会说。有时候，我在课堂上不小心说了方言，自己特别害怕，即使老师不批评我，同学也会笑话我，让我再也不想回答问题了。（WP同学，男，10岁）

教学空间对语言的规范性要求，不仅仅对学生是一种硬性的要求，而且对一些老教师而言也是一种"折磨"。在对M小学进行调研时，这里有几位上了年龄的乡村教师，他们生活在乡村，在课堂上不得不用极其"蹩脚"的普通话来上课。在跟他们交流时他们反复说，"你们不要笑我的普通话"。事实上，伴随着专业化的要求，对语言的规范性要求更高。这种语言的区隔，使得师生在教学空间中不可能将真实的自我展现出来，也很难将本土的知识渗透到课堂中。"在这一现实下，乡村少年对教学文本渐渐产生陌生感和疏离感，因为字里行间描述的世界不是'我的世界'，而是'别人的世界'。"②

在G省的乡村小学的调研中，乡村小学自身的规模正在大幅度减少，

---

① 鲁洁. 一个值得反思的教育信条：塑造"知识人"[J]. 教育研究，2004（6）：5.
② 王乐. 乡村少年"离土"教育的回归——基于"文化回应性教学学"的视角[J]. 湖南师范大学教育科学学报，2014（05）：100.

甚至有些村级小学因人数太少而被撤销了教学点。大量的学生不得不进入镇上的小学就读，这样的教学空间跟学生生存空间之间的差距更大，它使得学生不得不在两种不同的空间中来回转换。这带来的直接感受是，这些乡村学生在用方言跟人聊天时自信很多，而在课堂上说普通话时是紧张而羞怯的。

这种区隔造使得我国的乡村教育成为"离农"或者"离土"的教育。这种教育当然可以培养出一部分进入城市生活的人，但在文化层面上的"拔根"，使得乡村文化不断衰败。这种衰败当然不能仅仅看作是乡村单独发生的，严重一点说，可以看作是中国现代性的过程中文化性疏离的缩影。梁漱溟认为，中国文化在村落。站在传统文化的角度来审视乡村文化，这种区隔的教育空间使得乡村学校成了"悬浮的孤岛"，因为"乡村学校一直高居于乡村之上，它早在精神上、心理上切断了与乡村的连带"[①]。

2. 教学空间内不同知识类型形成的区隔

教学空间的区隔不仅仅体现在教学与生活间，而且体现在教学空间内部。教学空间是按照知识类型展开的，由此形成了不同知识教学间的区隔。按照类型的差异，科学知识、人文知识、社会知识之间相互独立存在，三者之间的壁垒在教学空间中也显现出来。

在现代课程知识的塑造过程中，不同知识的课程价值赋予了不同的价值。这种价值不是基于整体性的教育价值，而更多的是按照科学性的程度进行的赋值。"某种知识体系也只有被证明为科学知识体系，才有资格出现在学校的课程表中。"[②] 人文知识即使经过了这种改造，但在科学化程度上也无法与自然科学知识相比，而处于边缘位置。

科学课程作为主导课程，成为课程表中的强势学科，制造了不同课程知识之间的区隔。这种区隔是价值的区分，同时也使不同课程教师之间很少交流。在一些老师看来，"只要上好自己这门课就可以了"。凸显自己课程的专业性，强化专业知识的特殊性，这成为很多教师不愿意进行综合化的

[①] 刘云杉. "悬浮的孤岛"及其突围——再认识中国乡村教育 [J]. 苏州大学学报（教育科学版），2014（01）：15.

[②] 石中英. 知识转型与教育改革 [J]. 北京：教育科学出版社，2001：112.

辩护。这种区隔当然对于保护教师而言是有作用的,有教师认为:

> 课堂就是我的一亩三分地,我的专业知识保障我的教学的科学性,其他课的老师也没有资格对我进行评价。现在学科专业性这么强,管好自己的学科就不错了,哪个有闲心对其他学科有涉及。(20150306,9年级数学教师WTT,男,39岁)

教师希望将自己的教学空间变成一个"独立王国",以确保教学进行的确定性与安全性。这样,教师看似通过知识的科学性来保护自己的专业,但是长期下去形成一种习惯后,就会扩大知识间的壁垒,使得教学空间无法真正形成统一的文化,教学育人的终极目的就可能被搁置。更令人关注的是,这种区隔使得我们看到的世界都是片面的世界、分离的世界,在科学观的干预下,人们对世界的认识由于没有整合性的理解而成为一个碎片化的世界,我们生存的世界就成为赵汀阳所言的"没有世界观的世界"[①]。

因此,教学时间的规制与教学空间的区隔作为课程知识文化性疏离在教学上的表征而存在。这里的时空并不是仅仅作为活动的背景而存在,同时也是教学活动本身。规制、区隔的教学时空一方面使得教学越来越科学化,另一方面也使得现代人的生存成为一种无根的生存。这种无根的生存,在于知识成为全部的教学内容,让精神意蕴消失了。根本而言,"对精神的剥夺是现代教育得以产生的前提。只有当精神的世界失落了,现代教育才是可能的"[②]。没有了精神的教学实践,如同没有灵魂的人一样,它尽管可以表面满足现代生产的要求,但是对师生生存而言是一种不断加剧的意义危机。

四 课程知识文化性疏离对师生生存的影响

课程知识的文化性疏离在中国产生,是近百年来的文化遭遇在课程实

[①] 参见赵汀阳. 没有世界观的世界 [M]. 北京:中国人民大学出版社,2005.
[②] 高伟. 生存论教育哲学 [M]. 北京:教育科学出版社,2006:38.

践中的反映，是对教育现代化的适应、反思与改造。这个过程中交织着文化冲突与紧张，可能在短时期内被掩盖了，但经济发展到一定水平后就不能不反思文化性的问题。文化性疏离就是问题中的一种，它从根本上来说是现代性的大趋势下产生的结果。从现实而言，一方面可以看到中国课程知识发展所取得的巨大的成绩，正不断完成现代化的转变，为国家的政治、经济建设提供了知识基础；另一方面现代课程知识所产生的文化性疏离也在这个文明古国中发生，并逐渐成为一种现代症候不断发酵。以下分析这种现代课程知识对师生生存产生的影响。

(一) 观念冲击

现代课程知识的主体是分门别类的学科知识。学科知识尤其是科学知识更多的是关于自然对象的知识，而有关人自身存在的人文知识被严重地边缘化。科学型知识越来越多，人类认识的对象越来越广、越来越细。科学知识不断强化的客观性，形成了一种认识的霸权，让个体很难从自身的文化经验中获得深刻的认识。"一旦个体的经验遭到排斥和压抑，个体从根本上失去了自由思考，总是依赖于个体独特的经验作为素材。"[1] 这样，知识学习就更多的是一个认识的过程，而不是主体经验参与下的理解过程，观念的杂多就成为一种普遍的遭遇。

观念的杂多是指现代人在观念包含的成分上复杂多样，但这些成分之间处于混乱的状态，缺乏有机的联系。现代课程知识虽然让我们获得了对自然的认识，提升了我们的智力，但却忽视了人之为人的心灵。现代课程知识的日益分化，使得"人越是深入精细的领域，他就越丧失把握整体性生命的能力"[2]。对整体"人"认识的缺乏，使得人们对人的观念也被具体的科学知识所替代，人对自身的认识也陷入了杂糅之中。这种杂糅在于人接受了教育之后什么都懂，但就是不能理解人。

进一步而言，观念的杂糅是现代人的一种混乱、无根的精神状态。当现代知识以征服自然界为目的，这种征服的态度就迁移到生活中，自然就会割断历史与个体存在之间的联系。当知识只是作为一种征服的工具出现

---

[1] 石中英. 教育哲学 [M]. 北京：北京师范大学出版社，2007：116－117.
[2] 高伟. 生存论教育哲学 [M]. 北京：教育科学出版社，2006：43.

时,人自身的理解就无法真正的发生。没有对人自身的理解,观念就成为知识的观念,人就无法通过自己的审视进行明智的判断。在知识构成的观念中,这些观念只是停留在表层,并没有深入价值核心,改变一个人的行动。

这种观念的杂糅使得教育实践必然沾染上那些教育不应该具有的逻辑,它无形地消解了教育之为教育的传统精神。在教师群体中,教师们只对如何传递自己所教学科的知识关注,而对于整体的教育缺乏关注,教育群体因缺乏共同信念的支撑而事实上沦为"乌合之众"。这样,人们虽然还在重视教育,实则只是看重工具性价值。观念的杂多,表现为根本精神的缺乏、主导价值的缺位,使得人们在教育上往往只是满足现实的需要,很难在精神格局上提升自己。

观念的杂多在近30年中表现得尤为明显,由于缺乏对文化性的观照,课程知识被动成为各种现实的反映,政治的、经济的观念大量涌入教育,这使得教育观念随时处于摇摆之中。而对观念杂多影响下的学生而言,他们很难从根基上构造自己的精神世界,在不断通过占有知识进而获得社会生存斗争的本钱中,他们很难不成为钱理群所言的"精致的个人主义者"。

(二) 精神塑造

现代课程知识虽然有助于人类智力的发展,但在精神上不断制造平庸。这种平庸使得个体只是追求享乐而无法体现人类的"共在"要求。课程知识的传递追求有效性并不是因为知识本来这样,而是让知识最快地转化为竞争的资本、就业的资本。知识的资本化倾向决定了占有知识成为越来越多现代人生存竞争的选择,这种竞争会加剧对知识的精致化压缩。这种压缩尽管是违背人性的,但符合利益最大化要求,因此这种教学还是会占有一席之地。这种传递过程看重了知识的符号价值与工具价值,是对现实生活尤其是物质生活的过度适应。这种过度适应导致的是教学品质的退化尤其是教学精神的降格。这种降格的教学生活就是一种平庸的生活,指的是教学过程以个体利益的满足为目标,只注重适应现实物质生活使得个体精神世界不断退化。

平庸之所以成为一种现代性的生存困境,源于现代课程知识把人放在计划性的轨道上预定了未来的生活。现代课程知识看似对现代社会进行了精致的准备，但这种准备一开始就违背了人的生成性原则。依靠知识的掌握走向成功，使得现代课程知识主要从个人的立场需要来设计。这种个人立场不断强化，使教学越来越远离对德性的追求。当知识传递演变为一种暴力时，教学对于人而言就不再具有伦理的正当性，教学生活就不再是一种德性的生活。这样的生活不仅仅在形式上表现为教学的单调与乏味，更为根本的是它是一种不负责任的生活。这样的教学生活丧失了"共在"的立场，割断了人类知识与个体的联系，成为满足个人需要的"工具"，使得教学成为一个单向度的过程，学生日渐成为知识的奴隶。

德性的平庸，使得教学背负的是外在的"物质"压力，教学本身的"德性"价值被忽视，教学生活日渐变为一种重复、呆板的生活。德性的平庸并不是师生不努力参与的结果，也不是师生教学投入不够，而是教学中没有了文化精神的支撑，教学除了干瘪的知识符号再也没有了其他。这种平庸是在生命中无限制地重复记忆知识，而让生活丧失了可能性。在这种生活中，知识虽然被社会、家庭无限制地强化了有用性，但是这种强化更多的是经济的强化，它很难在精神世界建立其知识与意义世界的联系。

小　结

课程知识文化性疏离在中国的产生，是一个历史的过程，它不仅仅指课程知识类型的具体转变，也伴随有中国人心性的转变。这一转变过程体现了现代性的普遍性特征，同时也反映了中国传统教育中文化立场自身发展的轨迹。

课程知识的文化性疏离，反映了现代性的教育困境。这种困境不仅仅体现在文本的课程知识上，更是体现在教学过程之中。教学中的文化疏离具体以文化遮蔽、文化锁定、文化装点来展现，它们使得教学中文化意蕴逐渐减少。这种困境表现在教学时空上是教学时间的规制与教学空间的区隔。课程知识的文化性疏离，一方面导致教育越来越成为符合理性的原则，但另一方面却在精神世界产生了危机，这种危机正是教育改革者需要直面的，它可能成为进行新时代课程教学改革的契机。

> 文化本身是为人类生命提供解释系统，帮助他们对付生存困境的一种努力。
>
> ——贝尔[①]

第五章
促进课程知识文化性回归的可能路径

在理论上阐明课程知识文化性之于课程教学的意义是必要的，但更为重要的是如何在实践中筹划课程知识文化性的回归。这种回归无法自然实现，而是在实践变革中逐渐完成。这一实践变革过程涉及师生的生存方式而成为一种复杂的文化实践，它不仅仅需要内容的增减或者是方法的革新，更重要的是通过理念的转换改变课程知识的教学图景，以达成教育教学过程对意义世界的守护。

课程知识文化性的回归，是在理念引领下的实践创生，是对知识教学中人的物化生存的超越，因为"在后实践哲学视域中，文化乃是一种超越智慧与世俗生存方式的合一"[②]。作为一种理念，理解"作为文化的课程知识"是课程知识文化性回归的认识前提。在认同这一理念的基础上，通过课程制度的建设与角色的塑造来逐步完成。具体而言，本章主要从变革实践过程的三个层面入手，分析课程知识文化性回归的可能路径。具体包含：一是理念层面的引领、构建新的课程知识理解范式；二是制度层面的完善，思考课程开发制度的建设；三是师生角色的塑造，筹划师生以怎样的身份、怎样的关系进入教学实践之中与课程知识相遇。

---

① 贝尔. 资本主义文化矛盾 [M]. 北京：三联书店，1989：24.
② 樊志辉. 文化：在信仰与劳动之间——后实践哲学视域下的文化哲学论纲 [J]. 学术交流，2009（03）：4.

一　理念引领：建构新的课程知识理解范式

课程变革实践过程是一个行动的过程。在行动中，具体的方法与技术操作固然重要，但同时离不开理念层面的革新。理念作为一种观念，它既有对现实的批判，同时蕴含着对"应然"状态的积极筹划。在教育中，"教育理念能够使具体的教育行为具有一种超越自身，跨越现实的功能，产生持续性发展的内在动力"[①]。因此，课程知识文化性回归这一变革实践需要在理念层面重新建构课程知识的文化内涵、指向、实践。这种重建是在视角转换中形成对课程知识新的理解范式。

（一）理解"作为文化存在的课程知识"，破除文化无涉的知识幻象

课程知识文化性的回归，需要在理念上回答课程知识与文化的关系。课程知识作为具有教育价值的知识形态，它不仅仅是普遍意义上的文化产物，更重要的是它本身是一种文化存在。当课程知识形塑师生教学生活时，不是仅仅作为认识材料或者信息加工的内容，而是以全息的方式改变了师生的思维方式、交往方式，甚至生活中的存在方式。

首先，从源头而言，经验形态的课程知识植根于文化之中，是对特定文化的直接反映。经验形态的课程知识是经验知识的课程化，在人类实践中起到十分重要的作用，在漫长的人类文明进展中形成不同地方的生活方式。在制度化教育之前，经验课程知识在人类的生活实践中培育人的技能、思维与价值，使得个体逐渐摆脱野蛮走向文明。经验作为当地文化对一个人的记号，标识了其族群身份，没有这种记号，人就不可能适应特定文化对其身份与能力的界定。制度化教育之后，经验课程知识在学校教育中虽然不是主体，但仍然起着文化奠基的作用。因为从自然人到社会人的文明进程中，经验课程知识很大程度上赋予了人类最初的印迹，这成为个体不断成长的底色，最终影响个体的自我认同。人的成长过程中如果完全忽视了经验课程的知识，将会成为一个干瘪的人，如同喝蒸馏水的孩子是

[①] 韩延明. 理念、教育理念及大学理念创新 [J]. 教育研究. 2003（09）：54.

无法健康成长的一样。课程知识中如果抽干文化的存在，即便作为最有价值的存在，也无法在教学中引领人的健康成长，也不可能产生人的意向。在著名教育家杜威看来，"除非把一种特定的经验引入预先的熟悉的领域，否则就不会发生问题，然而问题又是促使人们思考的刺激物"①。

人出生在特定的空间中，在历史中形成的地方文化培育了其特定的文化性格。在 G 省少数民族聚居区，苗族学生在生活中就习得了唱苗歌、跳苗舞，其中获得的音乐旋律和节奏感并不是通过特定艺术教育来培养的，而是在日常生活中养成的生活节奏，这些经验课程知识塑造了他们最基本的文化身份，甚至形成了他们基本的文化态度和生活态度。就人生教育实践而言，经验课程知识起到的教化作用更大，它以缄默的方式塑造个体的文化素养，以情境的方式养成了个体基本的文化意向。在这个意义上，个体在一定地方生活的经验课程知识即当地文化。承认经验课程知识的存在，就是承认特定地区文化对个体成长的影响。如果简单地否定经验课程知识，对个体成长产生的影响是不利的，可能会在文化交往中形成文化创伤，进而很难以自信的方式融入现代生活。从更大的格局而言，中华文化是多元一体的文化，需要承认多元的地方文化或者是民族文化，才可能让中华文化的发展充满活力。

其次，作为文本的课程知识是法定文化在教育中的渗透。文本（text）是现代课程知识的主要形式，也被视为教学活动得以稳定进行的内容保障。在现代教育中，各国的义务教育都被纳入国家事业之中，其课程知识也被视为法定文本而存在。作为法定文本，具有很强的严肃性，它体现的法定文化是国家教育主管部门对其公民基本素养的规定。法定文化一方面需要考虑文化的历史传承，同时也要考虑国家的性质，尤其是统治阶级所代表的并选择和认可的文化立场。就我国封建社会教育而言，儒家课程知识既体现了对文化的传承，同时也可以达到政治教化的目的，两者结合才会成就儒家的经典。当然，文本的课程知识这里体现了法定文化，并非说课程知识就只有一种形式，事实上法定文化的空间是具有伸缩性的，这恰

---

① 〔美〕约翰·杜威. 我们怎样思维·经验与教育［M］. 姜文闵，译. 北京：人民教育出版社，2005：288.

恰为课程开发留下了创造的空间。

文本的课程知识作为一种法定文化，意味着课程文本的产生需要经过严格编制与审核才能进入学校教育中。因此课程文本中所具有的文化意向不仅仅要符合教育目的，也要符合国家的政治方针，这已经成了各国重视教材审定的原因。这里所说的法定文化，并不是说没有文化性，而是在一定的政治框架下允许和选择的某种文化取向。因此，理解文本课程知识的过程，既要看到其政治文本的一面，也要看到其作为文化文本的一面，在两者之间保持一定的张力。

最后，作为行动的课程知识是立足于文本的文化理解与生成过程的。文本课程知识不是静止的，还需要进入师生的教学生活进行解释才能获得文化意义。课程文本具有未完成性，它不是通过规定来实现的，"每个时代都必须以自己的方式理解被传递的文本，因为文本属于整个传统，其内容引起了时代的兴趣，在传统中，文本尝试理解自己"[1]。教师对文本的解释过程，实际上是对学生文化经验的扩大，使得学生原有认识的视域不断延展。基于课程文本与个体经验所形成的间距是熟悉与不熟悉之间的距离，两者的张力共同推动个体文化意向的形成。在教学过程中，"面对不熟悉，在逐渐理解并使之与界定我的世界相联中，我在产生解释自身的可能性中，开创了那个世界，并超越了那个世界"[2]。这一超越的过程是精神生命提升的过程，即教化的过程。教化正是教育中的文化，也是文化中的魂，集中体现了文化对人的本质规定。

无论是经验的课程知识、文本的课程知识，还是行动的课程知识，都是作为文化而存在。文化存在使得课程知识成为一种教育的知识，排斥文化存在可能成为某种特殊的知识型，但只是具有认识论价值，无法满足师生在教学生活中对意义世界的追求。一旦将课程知识看作一种与文化无涉的客体，教学的过程就可能成为一个灌输的过程，师生的文化意识就会被遮蔽。只有理解"作为文化的课程知识"，才能走出科学知识型对课程教

---

[1] 〔德国〕伽达默尔. 真理与方法 [M]. 洪汉鼎, 译. 北京：商务印书馆, 2010：296.
[2] 〔美〕肖恩·加拉格尔. 解释学与教育 [M]. 张光陆, 译. 上海：华东师范大学出版社, 2009：117.

学的控制，师生才能以文化主体的身份融入教学生活，获得文化认同与文化自信。这一理念的确认，是在文化维度上将课程知识与意义世界联系起来。

（二）确立文化的意义指向，避免课程知识的占有化倾向

课程知识中虽然文化无处不在，但文化的深度不同对人的教育价值也是不同的。教学过程中如果毫无重点把一切文化都用来教学，既是不现实的，也可能导致文化的混杂，甚至文化的冲突。文化的宽泛促使教育教学不能满足于社会学意义上的文化立场，而应该去确立文化深层次中包含的意义指向。这种指向实际上是对个体物性的摆脱，试图在更大的共同体范围内确立教育实践的意义范畴。进入教学行动之后，需要探讨文化之于人的发展的问题，即确立特定文化的意义指向。

课程知识的文化性，是意义指向的文化性，是对作为认识符号的超越，是对个体精神世界的提升。在知识论意义上，知识符号是经过认识论检验的"真命题"，是对现象世界的刻画。作为科学的课程知识是具有明确的含义的，这种含义在一定程度上体现了认识事物的能力。但如果仅仅满足于含义的认识，课程知识并不能导向教化，这就需要从意义指向来确定。

对意义指向的追求，体现了教育实践的方向性，是文化育人的具体体现。教育教学实践是人的实践。这种实践是将人的意义作为内在价值，其他一切客观物都不能代替人的价值尺度。课程知识具有的含义作为一种认识结果，是一种有限的存在，而意义的追求是超越的、无限的。"意义的超越性源于人的生存方式的意向性。"[①] 因此，在课程知识中确认文化实则是对意义指向性的确认，对人的超越性的确认。没有这种意义指向性，对含义的认识可能走向一种占有式的"储蓄"行为。含义对事物的客观表征，往往追求的是客观性。作为含义的课程知识一方面有利于提高人的认识能力，但在符号含义中，个体的精神是拒斥的，而"有了意义，意味着自我在一个更高更广阔的思维与价值体系中安顿了自我的位置，寻到了安

---

① 柴秀波. 生存与意义：从意义角度对生存状态的哲学考察［M］. 北京：中国社会科学出版社，2011：74.

身立命的根基"①。而长期以来,科学课程知识支配的教学主要以含义的掌握为目的,并由此形成封闭的教学生活。这种教学生活不断强化对知识的占有倾向,使人从文化中退缩到个体的保护中。对含义的占有看似更接近自我保护,但可能让个体的精神世界跟人类的文化世界形成联系。在竞争日益激烈的时代,对知识的占有更是跟个体未来的职业捆绑在一起,这可能加剧个体精神世界的恐慌。个体在学校教育中拼命学习知识,不是因为对知识本身的渴求,这就形成了对成功的偏执甚至是不惜牺牲真实的自己。"这种对待竞争的态度必然导致儿童对学习兴趣的丧失或者损害,因为,此时他们最关心的不是学习的内容,而是获得的分数和排名。"② 在课程知识中,含义的限度正是需要文化的意义指向来弥补,才可能避免这种占有化的倾向。这种占有化倾向对于个人而言可能会有短暂的成功,但从整体而言,它只是贪婪的欲望在教学中的反映,对共同体的生活是具有破坏性的。甚至可以说,对课程知识的占有并以此形成的社会资源分配格局是物的逻辑的延续,它远离人的德性需要,进而让教育远离了美好生活的需要。

为了避免这种占有化困境的出现,确立文化的意义指向对于课程知识而言是必要的。文化的意义指向在于守护文化的意义,同时也是人本质的精神需要,在根本上是文化性之于课程知识的内在规定。通过确认文化的意义指向,才能让课程知识文化性的回归不是随意寻找文化的符号,更不是对文化的含义进行知识论的揭示,而是在文化实践中实现人的精神的提升。文化不仅仅来源于生活世界的各个方面,更在于人通过意向性去建构属人的意义世界,进而实现课程知识对生活世界的提升。

(三)采取文化回应性教学,促进教学过程中意义建构

文化回应性教学是促进课程知识文化性回归在教学上的具体体现。文化回应性教学(Culturally Responsive Teaching)是20世纪70年代在美国中小学兴起的一种从学生文化背景出发提升弱势群体学业水平的教学形态。

---

① 尤西林. 阐释并守护教育意义的人 [M]. 西安: 陕西人民出版社, 2006: 82.
② 章乐. 病态竞争的产生与化解——兼论学校教育如何面对现代人的身份焦虑 [J]. 湖南师范大学教育科学学报. 2014 (06): 10.

美国华盛顿大学 Geneva Gay 认为："文化回应教学的主张是教师应该理解学生成长的母文化、学生文化行为所暗示的文化意蕴以及学生之间的文化差异，将学生的母文化作为学习的桥梁，而不是学习的障碍，学校教育应适度反映学生的母文化，使学生的学习经验更具脉络意义。"① 文化回应性教学实际上是对个体文化背景的承认，是教学中对学习主体的尊重。在美国，长期以来单一的白人文化控制着教学文化，使得黑人等其他族裔的学生陷入了恐慌与挫败之中，虽然教育公平的问题被意识到了，但还是没有真正改变这些少数种族学生的学业质量。为改变这一现状，美国在多元文化教育方面进行了一系列探索，逐渐认识到："将学生的社会文化背景引入教学过程，与学习者的学习经验匹配起来，对于提高少数群体学生的学业成绩起到积极的促进作用。"②

文化回应性教学在多元文化教育中兴起，主要从学生的文化背景方面探寻教学改革的路径。事实上，美国的教材长期关注白人的经验，而忽视了其他种族对美国社会的贡献，这使得教学过程远离很多有色人种的生活，无法有效提升其学习的兴趣。文化回应性教学开始正视文化的差异性，强化多元文化的主张。这一教学形态的出现跟文化融合的现状也是紧密相关的。

首先，文化回应性教学承认人的文化经验对教学的影响。事实上，文化与人的存在是共生的，无法剥离，教学过程需要关怀文化并将其视为一个积极的因素去调动学习者的学习兴趣。在文化回应性教学中，主要关注的不再是简单的接受知识，而是将学生视为一个有文化身份的人。"文化回应性教学不把学习内容仅仅看成是符号知识，而看作是具有文化力的学习内容，试图通过对学习内容的文化迁移、文化比较、文化理解，提高学生的文化理解力，发展文化思维方式，并建立合理的文化价值观。"③

---

① Geneva Gay, 王明娣. 文化回应教学理论：背景、思想与实践——华盛顿大学多元文化教育中心 Geneva Gay 教授访谈 [J]. 当代教育与文化, 2017 (01)：104.
② Geneva Gay, 王明娣. 文化回应教学理论：背景、思想与实践——华盛顿大学多元文化教育中心 Geneva Gay 教授访谈 [J]. 当代教育与文化, 2017 (01)：105.
③ 余娟, 郭元祥. 论外语课程的文化回应性教学 [J]. 全球教育展望, 2011 (03).

其次，文化回应性教学需要教师成为文化回应教师。文化回应教师不仅仅是一个知识传承者，更是一个学生关怀者，应该具有以下基本的要求："理解学生如何建构知识、理解学生的生活、具备社会文化意识、肯定多样性、采取合适的教学策略、支持每一个学生。"[1] 文化回应的过程，实际上是在文化理解的基础上进行教学，进而将学生的文化经验纳入教学过程中来。这里的文化经验是一种具有前概念的背景知识，同时包含着长期习惯化的思维方式与学习方式。这需要教师不能固执坚持自己原有的文化立场，而应该根据学生的不同进行相应内容的调整。研究认为："高质量、真实可靠的、涉及多元文化的文学作品，可以帮助儿童在作品和他们个人经验之间建立联系、提供角色模样、拓展他们的眼界。"[2] 因此，文化回应教师在教学中需要在内容和方法上跟学生的文化之间建立联系，进而让学生不断超越自己的文化背景，并得以进入其他文化，增进文化间的交流与融合。

课程知识文化性的实现对于人而言，实为一种精神的教化。作为一种理念，它需要理解"作为文化的课程知识"，同时需要确立文化的意义指向。以此为基础，通过文化回应性教学来达成。这一理念实际上可以看作对课程知识、文化与教学的重新理解，进而以文化与教育的内在互动关系改善课程知识的现代性困境。这样，课程知识因文化而获得了意义，文化因课程知识而获得了限定与方向，在这种相互联系与边界的形成中，课程知识的文化性才得到教育意义和文化意义上的双重规定。因此，课程知识文化性回归需要在文化实践中来实现。没有文化实践的确立，文化性就可能是知识经济性、政治性在文化上的体现。在课程知识中，文化性尽管是精神的、意向性的存在，但绝非一种虚无的存在，它需要进入实践才能塑造人、培育人，才可能成为一种自觉的行动。

---

[1] Am Villagas, T. Lucas. The Culturally Responsive Teacher [J]. Educational Leadership. 2007 (06): 28–33.

[2] Geneva Gay. Culturally Responsive Teaching: Theory, Research, and Practice [M]. Teachers College Press. 2000: 118.

二 制度建设：促进文化性回归的课程"供给侧改革"[①]

促进课程知识文化性回归不仅仅需要理念的支撑，同时需要一系列配套的课程建设制度与之适应。教育事业作为一项国家的社会公共事业，需要一定的制度来协调不同组织、个人的力量。对于现代教育而言，区分不同课程开发者的责任并明确其文化指向，是教育治理的题中之义。

课程知识的文本层面是社会提供给师生教学使用的精神产品，它具有一定的社会性。就我国而言，在新中国成立初期，由于经济、教育水平不高，课程知识处于一个相对短缺的状态。经过不断建设，尤其是改革开放后教育事业飞速发展，现代课程体系已经基本完善，但提供的课程知识仍然没有满足国家和人民对更好教育的需要。促进文化性回归，需要明确其文化指向，更好地实现立德树人的教育目的。以下从国家、地方、学校三个层面探讨如何从供给层面促进文化性的回归。

（一）确保国家课程知识的权威性与公共性

国家课程作为法定课程的重要组成部分，在现代民族国家的文化建设中起着十分重要的作用。在民族国家的建构中，国家文化跟民族文化之间有着紧密联系，在很多情况下，后者成为前者的具体表达。就我国而言，中华文化就是中华民族共同理解与认同的文化。"中华民族作为一个自觉的民族实体，是近百年来中国和西方列强对抗中出现的，但作为一个自在的民族实体则是几千年的历史过程所形成的。"[②] 基于此，20世纪80年代我国著名学者费孝通提出中华民族"多元一体格局"理论。这一理论不

---

① "供给侧改革"开始作为经济的术语而产生，主要是新常态下中国经济结构出现的变化，从"需求决定型经济"到"供给决定型经济"。这一术语不仅仅影响到经济，也同时影响到教育的转型。在这里，运用"供给侧改革"引申为如何在课程建设层面提升课程的品质。在一定程度上，制度设计主要考虑在课程建设和课程开发层面提供更好的课程。当然，这个过程不是否认师生需要、教学的影响，只是在制度层面主要分析国家、地方、学校承担的具体责任。

② 费孝通. 文化与文化自觉［M］. 北京：群言出版社，2010：52.

仅仅具有民族学的意义，而且强调，只有在国家课程开发与建设中坚持中华文化的基础性，才能使中华民族成为一个精神上的共同体。

对于基础教育的课程体系而言，国家课程是基础性的课程，它形塑了一个国家所有公民最基本的文化认同。国家课程对课程知识的选择，需要在国家意义上思考全体公民认同与理解的精神文化。在现代社会中，文化逐渐分化已经是不争的事实，不同群体存在各种不同甚至旨趣截然相反的文化观念，教育需要对这些不同的观念进行引导，这就需要在国家课程知识中获得最基本的文化观念。在我国，中华文化是中国56个民族共同创造的文化，是汉族和少数民族之间文化交流、融合的结果。这是历史形成的宝贵财富，更是国家在生存意义上形成的共同观念。

对于一个统一的多民族国家而言，中华文化在一定意义上是中华民族在国家意义上的文化建构。自新中国建立以来，我国政府一直十分注重在教育中传递中华文化，并将其作为团结中华民族进行现代化建设的精神力量。十七大报告明确提出："弘扬中华文化，建设中华民族的精神家园。"[①]这一论断实际上是把中华文化跟整个民族的精神世界的建构紧紧联系在一起。2014年教育部发布《完善中华优秀传统文化教育指导纲要》，其中明确指出："加强中华优秀传统文化教育，对于引导青少年学生更加全面准确地认识中华民族的历史传统、文化积淀、基本国情，认清中国特色社会主义的历史必然性，坚定走中国特色社会主义道路、实现中华民族伟大复兴中国梦的理想信念，具有重大而深远的历史意义。"2017年，国家层面成立了国家教材委员会，针对过去教材的太过分散、价值偏离的问题，在语文、政治、历史方面实现统一的"部编教材"。这一系列举措，实际上都可视为国家课程改革方面的行动，是国家自觉承担其文化的教育责任的表现。

国家课程供给不同于一般意义上的公共物品或者社会福利，作为精神产品它需要在人的精神提升上发挥其权威性。国家课程知识的权威性不是由权力来直接实现，更多的是一种文化价值上的鲜明引导，尤其是对于公

---

① 胡锦涛.中国共产党第十七次全国代表大会文件汇编[R].北京：人民出版社，2007：34.

民精神内核的塑造。如果丧失了这种引导作用，国家课程知识就会沦为一种认识的材料或者考试的工具，甚至在实践中被其他文化所占据。国家课程知识在文化上的权威性实际上以中华民族共同体的"共在"为前提，需要以民族担当来进行课程开发。在国家课程开发中，需要在体认中华文化的基础上进行艰苦的创造，将教材的开发与国家的文化命运紧紧地联系在一起。在课程开发中，将文化继承与文化创造相结合，使得教材体现中国人的文化心理，同时体现时代的精神。课程开发体现出中华文化的时代精神，因为"中华文化与所有的民族文化一样，其基本特征是其稳定性和变异性，而两者的辩证统一，是其发展的基本规律"[1]。同时，课程开发需要经历一个长期的过程，需要经过充分的准备，同时在宽松的氛围中进行创造。编制好的教材不仅仅需要进行严格的审查，同时需要经过实验学校的试用，进而不断调整。国家课程知识权威性的实现，绝不是一蹴而就的事情，它需要在渐进中逐渐生成。如果没有过程的保障，国家课程权威性的实现很难达成。在这里，课程建设要比任何一项国家重点工程建设复杂得多、艰难得多，它的任何一些瑕疵都会在实践中被无限地放大，因此在开发过程中不能按照效率的原则加以衡量，而应该充分重视文化主体的精神创造，使得课程开发不仅仅要追求真、善，还要符合民族审美逻辑，即在美的意义上带给学生精神的享受。

同时，国家课程供给要体现公共性原则，在公共领域中提升人的精神文化品质。国家课程需要关注个体发展的需求，但是不能仅仅满足从个人角度去理解社会，而需要公共立场的形成。诸如"什么知识最有价值"和"谁的知识最有价值"还更多的是在个人立场上去思考，而没有从"共在"的立场去思考。尤其是市场化的侵入后，课程的商品化严重影响到文化的健康运行，消解了公共性这一根本属性。"在这种病症之下，教育没有公共性可言，也没有公正性可言。"[2] 没有公共性的保护，课程知识不可能在文化上有所提升。

进一步而言，国家课程供给的公共性是其获得权威性的基础。在一定

---

[1] 周伟洲. 中华文化与中华民族共有精神家园的建设 [J]. 民族研究, 2008 (04): 14.
[2] 金生鈜. 保卫教育的公共性 [J]. 教育研究与实验, 2007 (03): 7.

意义上可以说,"公共性作为政府的第一属性,目的是为了实现公民的公共利益"①。具体而言,国家课程的开发不仅仅要重视专家、学者的文化创造,同时也应该倾听不同行业的公民对课程设计的意见和看法,积极回应时代的困惑与难题,必要时可以引入第三方机构对课程方案进行评价与建议。在课程内容的选择上,要体现公共生活的时代精神,尤其是关注积极公民的培养。作为一个公民不仅需要自然科学知识,还需要社会知识与人文知识。这样将不同类型知识相结合,才可能理解这个复杂的世界,才可能更好地服务于公共利益。

因此,在国家课程的供给层面需要兼顾权威性和公共性的结合。两者的结合都以中华文化为根基,才能获得精神的认同与理解,同时也才可能保证国家的文化安全。全球化时代,商业文化对西方文化的传播已经弥散在日常生活之中,这更需要国家课程承担对中华文化的保护责任,因为它作为根性的力量成为"何以中国"的内在标识。在这一点上,国家课程是国家进行公共事业治理中必须履行的神圣职能,绝不能让渡这种职能给其他市场主体,只有确立国家在教育上的文化立场,文化建设才可能获得其凝聚国家的可能,否则在商业文化的冲刷下,中华民族赖以生存的文化基础就可能有消解的危险。

(二)注重地方课程知识的特色性与融合性

地方课程是基于地方性知识开发所形成的一种课程形态。"地方性知识"主要是由克里福德·吉尔兹(Clifford Geertz)提出的一个人类学概念。"地方性知识"中的地方不仅仅实指生存的某个特定空间,同时包含一种知识立场与价值关怀,正如吉尔兹所言:"'地方性'(local)或者说'局域性'也不仅是在特定的地域意义上说的,它还涉及在知识的生成与辩护中所形成的特定的情境(context),包括由特定的历史条件所形成的文化与亚文化群体的价值观,由特定的利益关系所决定的立场和视域等。"②就地方性知识的产生而言,它是对"西方中心"科学观的批判,更是对科学中心所隐含的霸权文化的批判。

---

① 张茂聪. 教育公共性的理论分析 [J]. 教育研究,2010 (06):24.
② 盛晓明. 地方性知识的构造 [J]. 哲学研究,2000 (12):36.

我国长期以来都非常重视地方教育的发展，尤其是少数民族地区教育的发展，不断推进教育的均衡改革。在地方课程方面，不仅仅地方政府参与其中，而且中央政府也直接参与了部分地方课程的开发。1986年，国家教委制定了《义务教育全日制小学、初级中学教学计划》，明确提出："某些课程新的教学大纲，拟将80%左右课时用于统一的、共同的内容，20%左右的课时用于各地需要的内容，即乡土教材。"2001年开启基础教育课程改革以来，加快三级课程体系的建立进度，地方课程开始受到广泛的重视，但在质量上还没有达到预期。

地方课程要体现其特色性。特色性是地方课程的一大特点，是对人们特定生活方式的承认。我国是一个幅员辽阔的国家，城乡之间、地域之间的差别使得不同的地方有着不同的地方文化，这些特色鲜明的文化需要引入学校课程知识之中，才能让个体的意义建构获得存在的基础。地方课程开发者需要深入到民间，对当地的生活方式进行充分体验，并细致地考察这些生活方式的历史演变，需要开发的专家跟民族地区一些手工艺人相结合，尤其重视一些非物质文化遗产的保存，如我国西北某地区就把剪纸艺术纳入地方课程之中，西南某地区把蜡染作为地方课程进行开发。同时，特色性绝对不是仅仅作为点缀，而是承认一种民间的生活方式进而弥补现代生活的单一与不足。在这里，地方知识需要进入这种地方日常生活中，才会有"地方感"，否则就会停留在各种所谓的介绍性文字上。这种"地方感"存在于普通劳动人民的日常生活中。"这种基于'地方感'的民间社会区别于外部精英与地方精英共谋而成的地方社会图像。"[1] 只有确立这种"地方感"，地方课程知识才可能表现出文化鲜活的一面。

地方课程还要体现其融合性，不能将地方课程孤立在整体的课程体系之外。地方课程具有特色，但不能将特色看作学校教育之外的存在，而应该与学科课程教学联系在一起，这样才能发挥出整体性教育作用。长期以来，地方课程在课程系列中处于边缘地位，这使得地方课程最终成为可有

---

[1] 么加利."地方性知识"析——地方课程开发中知识选择的思考[J].教育学报，2012（04）：40.

可无的"陪衬"。加强地方课程的融合性,就是要克服这种偏见,在地方知识与学科知识之间搭建桥梁,进而将其融合于学科知识的课堂教学中,如我国贵州省黔东南地区已有研究者将侗族的鼓楼图案与几何对称联系起来,将其融入数学教学之中。①

地方课程作为国家课程的有效补充,既要体现地方的特色,同时也要将这种特色跟教育整体文化融合在一起。从整体而言,地方课程供给不足的问题是存在的,这需要充分调动地方教研机构和出版机构的积极性,给予其开发地方课程的空间。地方政府只是出台意见,具体的课程开发交给学术机构和出版机构来完成,最后交给政府机构进行审定。同时对地方文化也要以文化变迁的思维加以审视,不能将地方文化模式化为某个固定的内容,这些才能将地方文化的时代内容增添到地方课程之中。

(三) 注重校本课程知识的自主性与本土性

校本课程是学校本位的课程 (school-based curriculum)。校本课程开发是在学校场域中结合学校自身的特点、资源进行的,是为了满足学生发展而进行的课程建设。徐玉珍认为:"无论是广义的校本课程开发,还是狭义的校本课程开发,都是'以校为本的课程开发',不是'校本课程的开发'。"② 因此,校本课程开发不是在文本形态方面形成一门规范化的全新课程,而是基于学校的文化进行课程开发或者课程改进。

校本课程知识要体现自主性。自主性意味着教师在自主的行动中进行,而不是将课程开发看作一种行政任务。过于注重学校领导的控制,教师就会缺乏自主性,开发的校本课程就会成为学科逻辑的延续,虽然看似方案完备,实则偏离了学校文化的建设。一些学校听说开发校本课程,就让教师编教材、出教材,结果不但加重了教师的负担,而且没有体现校本课程的价值诉求。注重校本课程开发的自主性,就是让教师结合该校的具体情况来进行,它也可能是一种活动,但最重要的是教师能够自主挖掘学

---

① 肖绍菊,罗用超,张和平.民族数学文化走进校园:以苗族侗族文化为例 [J].教育学报,2011 (06):32-39.
② 徐玉珍.是校本的课程开发,还是校本课程的开发——校本课程开发概念再解读 [J].课程·教材·教法,2005 (11):8.

校生活世界中的课程要素。在一定意义上可以说，自主的课程开发没有目的，也没有评价方案，而是出于教师对此的肯定与热爱。因此，只有注重校本课程开发的自主性，才能提升学校文化，学校文化也才可能落到生活之中。

校本课程开发要注重本土性。本土性是指校本课程开发应该立足于本土文化进行创造，才能让校本课程在文化传承中获得持久的生命力。跟本土性相对的就是对西方课程的盲从。在一些新建学校，校本课程直接将国外的课程引入，盲目地强调其先进性，同时将文化性指向异域文化。这种现象在部分私立学校表现得尤为突出，这些校本课程看起来十分"洋气"，却违背了校本课程本土性的原则，在某种意义上是文化的消费。这种现象的出现跟市场逻辑渗透在学校教育中有关。因此，只有注重本土性才能实现"校本的课程开发"，否则就可能沦为其他课程方案的销售市场，传播的文化也是脱离自我生存空间的异域文化。

对于我国而言，促进课程知识文化性回归就需要加强课程"供给侧"改革，让三级课程承担其各自的文化责任，以提高课程供给的质量。一方面应明确三级课程的文化定位。三级课程是不同层次的课程，在文化指向上是有一定的差别和边界的。具体而言，国家课程、地方课程与校本课程在文化指向上是有差别的，它是文化在不同层次的不同表达。只有承认个体在成长中接受不同层次的文化这一事实，才能让个体的文化观念中保持合理的生态，形成健康的文化认知，不至于形成一种扁平化的观念结构。同时，三类课程之间的文化具有内在的联系，国家课程在文化价值指向上具有主导性，它统领地方文化、学校文化。而加强课程供给需要在三个层面展开，这样才能让课程知识在整体意义上发挥文化的合力作用。

三　角色塑造：作为文化实践者的教师和学生

课程知识文化性回归的落脚点是师生，并通过师生的教学活动来体现。这一回归过程类似于郭华教授所说的"第二次倒转"，在教学活动中，教师、学生与人类历史文化成果不再分离，是孤立的抽象体，而成为统一活动的组成部分；不再晦暗不清，而是生动、鲜明、活泼起来。① 因此，从文本的课程知识到行动的课程知识，需要师生完成从知识认识者到文化实践者的转化。

(一) 作为文化实践者的教师

教师是课程知识文化性回归教学实践的具体发起者，是教学活动建立文化意向性的关键。尽管教师的文化作用如此重要，但在这里并不将教师作为文化主体来界定，因为主体—客体的认识关系不适合文化实践。就一定意义而言，作为文化实践者的教师类似于知识分子的角色，他不是依附于某一文化客体而存在，而是在类意义上承担文化传承、文化批判、文化创生的责任。

首先，教师是文化的传承者。教师是国家赋予的进行教书育人工作的专门人员，不仅仅需要承担知识传递的责任，而且承担着文化传承的责任。事实上，在课程知识的文本层面已经包含了文化，这需要教师在理解的基础上通过具体的教学行为表现在教学过程中。文化传承的过程融合在课程知识教学中，它并不是专门的过程，而是将文化价值及其内在精神体现在教学的细节中。

教师是文化的传承者，意味着教师需要对文化存有敬畏之心。在一定的历史阶段中，文化是类意义上的存在，是先于个体的存在，这就需要教师尊重文化的存在，而不是简单地、急迫地进行判断。文化是群体的共享价值，只有"共在"才可能产生文化，而共在是先于个体存在的。从文化的产生源头来看，敬畏是中西文化产生的源头。西方文化是"人—神"的敬畏，而儒家文化是"人—人"的敬畏，"儒家的敬畏论述落脚在人的德性修养上面，放弃了神的压迫性力量，但启动了人的主观自觉，而且将敬畏作为整合人心秩序与社会秩序的基础性工作，从而将敬畏放置到了一个极为重要的位置"②。在一定意义上而言，正是科学的自大心态让教育放逐了文化，让知识论思维占据了教学空间。文化敬畏之心的存在，是教师在

---

① 郭华. 带领学生进入历史："两次倒转"教学机制的理论意义 [J]. 北京大学教育评论，2016 (02): 24.
② 任剑涛. 敬畏之心：儒家立论及其与基督教的差异 [J]. 哲学研究，2008 (08): 56.

意向上接近文化的前提。文化之所以需要传承，而不是传递，其根本要义在于文化实践作为一种生命实践需要一代代的文化人接力下去，需要通过心性的改变才能实现。这里的"承"既是承前启后，同时也是承担，即把课程知识文化性的回归作为自己的使命。

其次，教师是文化的批判者。课程知识文化性回归不是在真空中完成的，它会受到不同的大众文化的影响。教学活动发生在一定的社会空间中，社会上各种大众文化通过网络、电视等媒体已经渗透到师生观念之中，这就需要教师进行文化批判。大众文化看似以极其廉价的方式进入儿童的视野，但其影响是巨大的，因为"大众传媒本身所具有的公共性和开放性，事实上又不可能在手段上做到排他性，因为任何观众都可以随意接触到属于他的年龄阶段或不属于他的年龄阶段的各种传播内容"[1]。针对大众文化无处不在的现象，课堂教学不可能完全置之不顾，而是自觉进行批判。这种批判主要针对大众文化中商业化、娱乐化的本质进行揭示，要让学生看到商业化、娱乐化背后的对人精神的奴役。

进一步而言，大众文化的渗透，需要教师的文化批判来守护文化的意义。在电视媒体到网络媒体的进化中，各种不同的文化都获得了生长与表达的空间。而大众文化良莠不齐，并没有经过严格的过滤，它既有体现主流文化的内容，同时也有很多跟主流文化相对立的内容。在商业化的推动下，为了吸引眼球，部分文化现象以其极致、颠覆的方式展现在网络世界中。针对于此，霍克汉默、阿多诺批判了类似文化工业的现象，认为这是通过"欺骗启蒙"的方式进行的，操控了人们的日常生活。事实上，大众文化看似以轻松、快乐的形式存在，但实际上是制造了一个虚假的世界，让人们忘记生命的严肃性。"人们在娱乐中，总想从社会现实中逃离出来，因而他们变得麻木不仁，丧失了反思和科学观念的观照，这使得他们囿于文化工业的范围思考问题。"[2]

大众文化的广泛性，需要教师在教学中正视社会空间中不同类型的文

---

[1] 周宪. 文化表征与文化研究 [M]. 上海：上海人民出版社，2015：167.
[2] 张和平. 单向度是西方文化工业的典型特质 [J]. 西北师大学报（社科版），2010（01）：10.

化存在，通过文化批判的方式捍卫文化的教育立场。这种批判不是简单的否定，而是一种辨认与澄清，因为大众文化作为现代社会的产物也有其存在的合理性，需要做到的是通过批判方式揭示其虚假性，进而让学校教育在主流文化跟其他亚文化之间保持张力。在一定意义上，社会文化不可能只是一种单一的文化，学校教育也不可能遮蔽社会文化的各个方面，这正需要教师作为文化批判者而存在。因此，相对于文化传承者的角色，信息时代的来临更要求教师提升其文化批判力，不能依附于某种单一的文化立场。

最后，教师是文化创生者。课程知识回归教学实践的过程，不仅需要传承文本知识中涉及的文化，同时也需要结合自己的文化经验进行课堂创生。事实上，教学行动的过程就是课程知识活化的过程，也是文化的创生过程。一个优秀的教师，往往不会拘泥于文本知识，而是结合自己的文化经验将优秀的文化在课堂上进行展现。如著名特级教师于永正在讲授梅兰芳时专门唱了一段京剧，引起了学生对传统文化的兴趣。[①] 这一环节并不是课堂预设的重点，这堂课的重点是强调梅兰芳学艺的过程，但临时增加的这一环节使得这节课提升了语文教学的人文品性。因此，教师作为文化创生者，需要在教学中进行一种艺术化的创造，虽然只是一个很小的片段，却可能点化学生的意义世界。

（二）作为文化实践者的学生

课程知识文化性的回归，是师生共同进行的文化实践。在这个"共在"关系中，学生跟教师一样都是作为文化实践者而存在。这要求学生不仅要成为知识的接受者，同时也要参与到文化实践中来。如果学生只考虑知识的获得，而放弃文化实践的机会，教学过程很难真正实现文化性的回归[②]。在一定意义上，文化实践的过程是师生文化意向的双向建构过程。具体而言，作为文化实践者的学生主要体现在文化理解、文化批判、文化

[①] 参见李道清. 真情互动零距离情趣盎然爱意浓——于永正教师教学《梅兰芳学艺》实录与反思 [J]. 教育科研论坛，2007（11）：47.

[②] 在变革性实践中，学生的文化意向是十分重要的。2004年，钱理群教授在某中学开设《鲁迅作品选读》选修课，无人来听。学生的理由是与高考无关。

创生上。

作为文化实践者的学生首先是一个文化理解者。理解者是学生愿意将个体的精神世界与文本之间建立联系。在教学行动中，学生不是完全去接受课程知识的种种符号，而是需要理解文本背后的文化世界。这个过程虽然有教师的阐释，但如果没有自身的理解，文化就可能停留在含义层面，而很难将文本提升到意义的层面。

学生作为文化理解者需要肯定自身的文化经验，并将经验纳入教学过程中。只有有了自身的参与，理解才会发生。理解的过程一方面是文本跟人之间的对话，另一方面也是人与人之间的对话。事实上，解释学所言的理解绝不是知识论意义上的，而是在类意义上的。

其次，学生是文化的批判者。如果只是固化于某种既有社会文化，学生就不可能真正获得独立。对于现代人而言，我们不可能只遭遇一种文化，而是需要在多种文化中进行判断与选择。这一判断的过程就需要用批判的眼光来看待各种外来文化、大众文化。

在教学过程中，教师可以设置一些有争议的社会文化现象，让学生参与进来进行讨论与批判。批判不是一味的否定，而是基于一定的文化立场进行理性的辨别。有了批判的视角后，才可能看到文化不断变迁的方向，也才可能让文化认同具有更为牢固的基础。

最后，学生在教学活动中也体现了文化创生者的角色。文化性的回归最终要以学生的行为来表现。长期以来，学生一直被视为文化接受者，其创造性被忽视。学生的创生过程实际上指学生在教学过程中通过自主设计进行自由表达、表演的过程。在这里，学生往往成为教学舞台的主角，他们通过自己的文化创作融入历史之中。比如现在兴起的课本剧就是一种文化创生形式，学生在这个过程中不仅理解了文本知识，而且通过艺术的方式走进文化人物的心灵。这种创生者的身份在当下的教育改革中越来越受到认同，至此课程知识的行动方式已经超越了认识方式，成为一种最高层面的审美活动。

总之，师生成为文化实践者是课程知识文化性回归的前提，也是文化性的最终体现。作为一个前提，教师是发起者，决定了文化性是否能进入教学，因为一切理念、制度的因素都最终需要教师教学决策来体现。

同时，学生的文化实践者角色也不能忽视，它的意向性也会影响到教师角色的投入。就根本意义而言，师生是无法分割的整体，在实践中相互影响、不断转化，最终成为文化共同体，去塑造课程教学的文化实践品质。

结语
走向文化意义建构的课程知识理解

任何一项理论研究都是时代精神观照下的结果。课程知识作为课程与教学论的基本理论问题之一,对其思考离不开对时代发展与变迁的关注。改革开放以来,中国取得令世人瞩目的成就,使得人们对经济的追求转向对美好生活的向往。美好的生活不仅仅是物质方面的满足,更重要的是人们精神生活需要的满足。进入 21 世纪以来,中国逐渐从"经济中国"到"文化中国"转变,这是顺应时势的结果,因为"一个被动挨打的弱小文明和民族,常常是在舔舐自己的痛苦中努力争取崛起,这就注定其无法理性地筹划未来,或者挖掘传统文明当中有益于人类的积极因素"[①]。在此背景下,课程知识的文化性研究是从人的存在出发进行的课程知识理解,可以视为从教育学的内部进行的一种文化反思,意在对知识教学的困境进行一种理解视域的拓展。

对课程知识的文化性进行研究,是对课程知识作为教育学概念的一种理解。从教育学立场切入课程知识理解,我们秉承这样的假设:"教育是一件事情,研究教育必须把教育当作教育去研究,也就是教育地研究教育本身的事理和学理,而不是关于(about)教育的事情。"[②] 因此,课程知识的文化性作为一种属性,不是从知识的角度去理解课程知识,而是从文化的角度去理解课程知识。这种视角的转换不是否定科学知识的教育价

---

① 任剑涛."天下":三重蕴含、语言载体与重建路径[J].文史哲,2018(01):14.
② 金生鈜.教育研究的逻辑[M].北京:教育科学出版社,2015:15.

值，而是试图在知识论立场之外寻找一种新的可能。

具体而言，本文对课程知识文化性的理解与建构，建立在"理解课程知识文化性的研究过程"、"课程知识文化性历史演进"、"课程知识文化性疏离的实践考察与路径探索"三个方面的基础上。通过对课程知识文化性在理论、历史、实践三个方面的研究，本文发现：

其一，在教育学史上，以文化的视角思考课程知识，有着悠久的历史和丰富的成果。就古代教育而言，孔子修六经的行为，可以视为一种课程文化性实践，而雅典时代苏格拉底对"美德即知识"的思考实际上试图将知识与美德相统一。到了19世纪末20世纪初，文化教育学提出"文化财"与"陶冶财"是对课程知识精神提升的具体阐释。20世纪60年代，批判教育学派从"权力—知识"的角度对课程知识进行了文化批判，现象学教育学从生活世界出发理解课程知识的原初意义，进而提升人的意向性。这些研究为理解课程知识的文化性提供了铺垫，并且作为一种理论资源融入论证的过程中。

其二，在梳理从文化角度思考课程知识文化性的理论资源后，本研究试图对课程知识文化性进行尝试性的界定。课程知识的文化性是指课程知识与人的精神意义之间的互动关系。作为一种关系认识，它不是在本质意义上抽象出文化的本质，而是对文化性的逼近、追问或者澄明。这一澄明的过程不是通过"主体—客体"的认识来完成，而是通过"人—世界"的存在方式来体认。在存在论意义上，课程知识是一个动态连续体，其文化性体现在价值指向、内容表征、实施过程中，并不断进行转化、融合与创造。

其三，对课程知识文化性的理解不能脱离具体的文化传统来论及。本研究从人类文明的发展历程出发，分析前现代文明、现代文明、后现代文明三个阶段课程知识文化性的演变。从轴心文明时代开始，世界形成三种主要的文化类型，进而塑造了三种典型的课程知识。三种文化源头作为文化根性规定了课程知识的不同性格。现代教育中，理性化与世俗化造就了文化的危机，使得认识含义成为教学的主要任务。课程知识对科学知识的过度强化，使得课程知识出现文化性的疏离。

总之，课程知识的文化性研究，是从文化的视角理解课程知识，是将课程知识作为文化存在与人的存在建立本源性联系，进而将课程教学实践作为意义世界的建构过程。这里对文化的理解具有双重规定，一方面以文化的立场重新理解课程知识，另一方面以教育立场去指引文化的方向。从文化的角度理解课程知识虽然在现代课程编制理论中受到忽视，但在人类教育实践中，课程知识与文化的思考一直存在。这些研究虽然不是在专业化课程理论框架内，甚至也不在科学化教育学体系中进行，但这些研究成果提醒我们，文化性是课程知识的属性之一。对文化性的理解，是走向意义建构的课程知识理解的重要一环，无论是对于课程理论研究的深化，还是对一线教学实践的变革，都是一种可以借鉴的思路。

当然，这里进行的课程知识文化性研究还主要是理论建构的初步尝试，是一种理解视域的探索，而对于具体课程知识选择中传统文化与现代文化之间、学科文化与大众文化之间如何相遇，如何碰撞、融合的文化场景，还没有展开深入的研究。作为一种理论建构，本研究主要是对现代性批判与反思的结果，可以看作是从文化角度建构精神意义的一种努力。

参考文献

中文文献

（一）著作

[1]〔英〕安东尼·吉登斯. 现代性与自我认同［M］. 赵旭东，方文，译. 北京：三联书店，1998.

[2]〔法〕阿尔贝特·施韦泽. 文化哲学［M］. 陈泽环，译. 上海：上海人民出版社，2017.

[3]〔德〕阿莱达·阿斯曼. 记忆中的历史［M］. 袁斯乔，译. 南京：南京大学出版社，2016.

[4]〔美〕艾伦·C. 奥恩斯坦. 课程：基础、原理和问题［M］. 柯森，译. 南京：江苏教育出版社，2004.

[5]〔古希腊〕柏拉图. 理想国［M］. 郭斌和，译. 北京：商务印书馆，1986.

[6]〔德〕布列钦卡. 教育知识的哲学［M］. 杨明全，等，译. 上海：华东师范大学出版社，2006.

[7]〔美〕布鲁纳. 布鲁纳教育文化观［M］. 宋文里，等，译. 北京：首都师范大学出版社，2011.

[8]〔巴西〕保罗·弗莱雷［M］. 顾建新，等，译. 上海：华东师范大学出版社，2007.

[9] 班红娟. 国家意识与地域文化——文化变迁中的河南乡土教材研究

[M]. 北京：民族出版社，2012.

[10] 毕苑. 建造常识：教科书与近代中国文化的转型 [M]. 福州：福建教育出版社，2010.

[11] 陈伯璋. 课程研究与教育革新 [M]. 台北：师大书苑，1987.

[12] 陈嘉明. 知识与确证——当代知识论引论 [M]. 上海：上海人民出版社，2003.

[13] 陈嘉明. 现代性与后现代性十五讲 [M]. 北京：北京大学出版社，2006.

[14] 陈嘉明. 建构与范导——康德哲学的方法论 [M]. 上海：上海人民出版社，2013.

[15] 陈晓端. 当代教学理论与实践问题研究 [M]. 北京：中国社会科学出版社，2007.

[16] 陈晓端，郝文武. 西方教育哲学流派课程与教学思想 [M]. 北京：中国轻工业出版社，2008.

[17] 陈向明. 质的研究方法与社会科学研究 [M]. 北京：教育科学出版社，2000.

[18] 陈向明. 搭建实践与理论之桥——教师实践性知识研究 [M]. 北京：教育科学出版社，2011.

[19] 楚江亭. 真理的终结：科学课程的社会学释义 [M]. 北京：北京师范大学出版社，2005.

[20] 柴秀波，刘庆东. 生存与意义：从意义角度对生存状态的哲学透视 [M]. 北京：中国社会科学出版社，2011.

[21] 丛立新. 课程论问题 [M]. 北京：教育科学出版社，2000.

[22] 丁钢. 历史与现实之间：中国教育传统的理论探索 [M]. 北京：教育科学出版社，2002.

[23] 丁钢. 声音与经验：教育叙事探究 [M]. 北京：教育科学出版社，2008.

[24] 杜维明. 二十一世纪的儒学 [M]. 北京：中华书局，2014.

[25] 杜维明. 道·学·政：儒家公共知识分子的三个面向 [M]. 钱文忠，等，译. 北京：三联书店. 2013.

[26]〔美〕丹尼尔·贝尔.资本主义文化矛盾[M].赵一凡,等,译.北京:三联书店,1989.

[27]〔法〕迭朗善译.摩奴法典[M].马香雪,译.北京:商务印书馆,2012.

[28]〔德〕恩斯特·卡西尔.人论:人类文化哲学导论[M].甘阳,译.上海:上海译文出版社,2013.

[29]〔德〕恩斯特·卡西尔.人文科学的逻辑:五项研究[M].关子尹,译.上海:上海译文出版社,2013.

[30]〔美〕弗洛姆.占有还是生存[M].关山,译.北京:三联书店,1989.

[31]冯建军.生命与教育[M].北京:教育科学出版社,2004.

[32]冯天瑜.中华文化史[M].上海:上海人民出版社,1990.

[33]冯友兰.中国哲学简史[M].赵复三,译.北京:外语教学与研究出版社,2015.

[34]葛兆光.古代中国文化讲义[M].上海:复旦大学出版社,2012.

[35]费孝通.文化与文化自觉[M].北京:群言出版社,2010.

[36]费孝通.乡土中国[M].北京:北京大学出版社,2012.

[37]顾明远.民族文化传统与教育现代化[M].北京:北京师范大学出版社.1998.

[38]顾明远.中国教育的文化基础[M].太原:山西教育出版社.2004.

[39]高清海.哲学与主体自我意识[M].长春:吉林大学出版社.1988.

[40]高清海.人的类生命与类哲学[M].长春:吉林人民出版社.1998.

[41]高德胜.知性德育及其超越——现代德育困境研究[M].北京:教育科学出版社,2003.

[42]高德胜.道德教育的时代遭遇[M].北京:教育科学出版社,2008.

[43]郭华.教学社会性之研究[M].北京:教育科学出版社,2002.

[44]郭华.课程沟通论[M].北京:北京师范大学出版社,2006.

[45]郭湛.主体性哲学[M].昆明:云南人民出版社,2002.

[46]郭晓明.课程知识与个体精神自由[M].北京:教育科学出版社,2010.

[47]郭元祥.教育的立场[M].合肥:安徽教育出版社,2009.

[48]〔德〕哈贝马斯.认识与兴趣[M].郭官义,译.北京:学林出版

社，1999.

[49] 郝德永. 课程与文化：一个后现代的检视 [M]. 北京：教育科学出版社，2002.

[50] 郝德永. 课程研制方法论 [M]. 北京：教育科学出版社，2000.

[51] 郝文武. 教育哲学 [M]. 北京：人民教育出版社，2006.

[52] 郝文武，郭祥超. 教育学的改造 [M]. 北京：北京师范大学出版社，2014.

[53] 贺来. 边界意识与人的解放 [M]. 上海：上海人民出版社，2007.

[54] 贺来. 有尊严的幸福生活何以可能 [M]. 北京：中国社会科学出版社，2012.

[55] 贺来. 主体性的当代哲学视域 [M]. 北京：北京师范大学出版社，2013.

[56] 胡军. 知识论 [M]. 北京：北京大学出版社，2006.

[57] 胡定荣. 课程改革的文化研究 [M]. 北京：教育科学出版，2006.

[58] 洪成文. 现代教育知识论 [M]. 太原：山西教育出版社，2006.

[59] 和磊. 伯明翰学派：文化研究的源流与方法 [M]. 北京：北京大学出版社，2017.

[60] 黄书光. 中国基础教育改革的文化使命 [M]. 北京：教育科学出版社，2001.

[61] 〔英〕怀特海. 教育目的 [M]. 庄连平，王立中，译. 上海：文汇出版社，2012.

[62] 〔美〕亨利·A. 吉鲁. 教师作为知识分子——迈向批判教育学 [M]. 朱红文，译. 北京：教育科学出版社，2008.

[63] 〔美〕汉娜·阿伦特. 人的境况 [M]. 王寅丽，译. 上海：上海人民出版社，2009.

[64] 〔德〕胡塞尔. 现象学 [M]. 李光荣，译. 重庆：重庆出版社，2006.

[65] 〔德〕胡塞尔. 欧洲科学的危机与超越论的现象学 [M]. 王炳文，译. 北京：商务印书馆，2001.

[66] 〔英〕杰拉德·德兰蒂. 现代性与后现代性：知识、权力与自我 [M]. 李瑞华，译. 北京：商务印书馆，2012.

[67] 〔美〕杰拉尔德·古特克. 哲学与意识形态视域中的教育 [M]. 陈晓端, 译. 北京: 北京师范大学出版社, 2008.

[68] 蒋建华. 知识·权力·课程——政策视野中的课程研究 [M]. 北京: 教育科学出版社, 2010.

[69] 金生鈜. 理解与教育: 走向哲学解释学的教育哲学导论 [M]. 北京: 教育科学出版社, 1997.

[70] 金生鈜. 德性与教化——从苏格拉底到尼采 [M]. 长沙: 湖南大学出版社, 2003.

[71] 金生鈜. 规训与教化 [M]. 北京: 教育科学出版社, 2004.

[72] 金生鈜. 教育研究的逻辑 [M]. 北京: 教育科学出版社, 2015.

[73] 金岳霖. 知识论 [M]. 北京: 中国人民大学出版社, 2010.

[74] 靳玉乐. 课程研究方法论 [M]. 北京: 人民教育出版社, 2012.

[75] 季萍. 教什么知识——对教学的知识论基础的认识 [M]. 北京: 教育科学出版社, 2009.09.

[76] 金志远. 民族基础教育课程知识选择主体研究 [M]. 呼和浩特: 内蒙古大学出版社, 2012.04.

[77] 克利福德·格尔茨. 文化的解释 [M]. 韩莉, 译. 南京: 译林出版社, 2014.

[78] 龙宝新. 当代教师教育变革的文化路径 [M]. 北京: 北京师范大学出版社, 2012.

[79] 龙宝新. 教师教育文化创新研究 [M]. 北京: 教育科学出版社, 2009.

[80] 梁峰. 知识与自由——哈耶克政治哲学研究 [M]. 北京: 知识产权出版社, 2007.

[81] 梁漱溟. 中国现代学术经典·梁漱溟卷 [M]. 石家庄: 河北教育出版社, 1996.

[82] 梁漱溟. 东西文化及其哲学 [M]. 北京: 中华书局, 2013.

[83] 李鹏程. 当代文化哲学沉思 [M]. 北京: 人民出版社, 1994.

[84] 李亮. 课程内容的文化选择 [M]. 北京: 人民出版社, 2016.

[85] 李森, 王牧华, 张家军. 课堂生态论 [M]. 北京: 人民教育出版社,

2011.

[86] 李森. 现代教学论纲要 [M]. 北京：人民教育出版社，2010.

[87] 李素梅. 中国乡土教材的百年嬗变及其文化功能考察 [M]. 北京：民族出版社，2010.

[88] 李书磊. 村落中的"国家"——文化变迁中的乡村学校 [M]. 杭州：浙江人民出版社，1999.

[89] 李泽厚. 实用理性与乐感文化 [M]. 北京：三联书店，2008.

[90] 李泽厚. 中国现代思想史论 [M]. 北京：三联书店，2008.

[91] 李召存. 课程知识论 [M]. 上海：华东师范大学出版社，2009.

[92] 陆有铨. 现代西方教育哲学 [M]. 北京：北京大学出版社，2012.

[93] 刘旭东. 课程的价值取向研究 [M]. 兰州：甘肃教育出版社，2004.

[94] 倪梁康. 意识的向度：以胡塞尔为轴心的现象学问题研究 [M]. 北京：北京大学出版社，2007.

[95] [匈] 卢卡奇. 历史与阶级意识 [M]. 杜章智，译. 北京：商务印书馆，1999.

[96] 罗儒国. 教学生活的反思与重建 [M]. 济南：山东人民出版社，2009.

[97] 楼宇烈. 中国文化的根本精神 [M]. 北京：中华书局，2016.

[98] [德] 马丁·海德格尔. 存在与时间 [M]. 陈嘉映，等，译. 北京：三联书店，2014.

[99] [美] 马文·哈里斯. 文化人类学 [M]. 李培茱，高地，译. 北京：东方出版社，1988.

[100] [德] 马克斯·舍勒. 知识社会学 [M]. 艾彦，译. 北京：北京联合出版社，2014.

[101] [德] 马克斯·舍勒. 舍勒选集 [M]. 刘小枫编. 上海：上海三联书店，1999.

[102] [加] 马克斯·范梅南. 生活体验研究——人文科学视野中的教育 [M]. 宋广文，等，译，李树英，校. 北京：教育科学出版社，2003.

[103] [美] 迈克尔·W. 阿普尔. 意识形态与课程 [M]. 黄忠敬，译. 北京：教育科学出版社，2001.

[104] 蒙培元. 心灵超越与境界 [M]. 北京：人民出版社，1998.

[105] 蒙培元. 情感与理性 [M]. 北京：中国人民大学出版社，2009.
[106] 〔美〕内尔·诺丁斯. 批判性课程：学校应该教哪些知识 [M]. 李树培，译. 北京：教育科学出版社，2016.
[107] 潘洪建. 教学知识论 [M]. 兰州：甘肃教育出版社，2004.
[108] 潘洪建. 致知与致思：课程改革的知识论透视 [M]. 济南：山东教育出版社，2006.06.
[109] 裴娣娜. 现代教学论（第二卷）[M]. 北京：人民教育出版社，2005.
[110] 〔美〕帕梅拉·博洛廷·约瑟夫. 课程文化 [M]. 余强，译. 杭州：浙江教育出版社，2008.
[111] 钱穆. 中华文化十二讲 [M]. 北京：九州出版社，2012.
[112] 钱穆. 中国文化精神 [M]. 北京：九州出版社，2012.
[113] 容中奎. 传统与现代的交锋：百年中国乡村教育变迁的的实践表达 [M]. 杭州：浙江大学出版社，2010.
[114] 桑兵. 近代中国的知识与制度转型 [M]. 北京：经济科学出版社，2013.
[115] 桑国元. 文化人类学与课程研究——方法论的启示 [M]. 北京：中国书籍出版社，2013.
[116] 孙邦华. 西学东渐与中国近代教育变迁 [M]. 北京：中国社会科学出版社，2012.
[117] 石中英. 教育学的文化性格 [M]. 太原：山西教育出版社，1999.
[118] 石中英. 知识转型与教育改革 [M]. 北京：教育科学出版社，2001.
[119] 唐代兴. 生存与幸福——伦理建构的知识论原理 [M]. 北京：中国社会科学出版社，2010.
[120] 孙宽宁. 课程理解的理想与现实 [M]. 济南：山东人民出版社，2009.
[121] 吴永军. 课程社会学 [M]. 南京：南京师范大学出版社，1999.
[122] 吴康宁等. 课堂教学社会学 [M]. 南京：南京师范大学出版社，2000.08.
[123] 吴刚. 知识演变与社会控制：中国教育知识史的比较社会学分析 [M]. 北京：教育科学出版社，2002.
[124] 王飞. 跨文化视野下的教学论与课程论 [M]. 济南：山东人民出版

社，2014.

[125] 万伟. 课程变革中的教师文化 [M]. 南京：南京师范大学出版社，2010.04.

[126] 徐冰鸥. 意识形态解蔽与教育批判——阿普尔教育哲学思想研究 [M]. 北京：高等教育出版社，2014.

[127] 徐继存. 教育学的学科立场 [M]. 北京：北京师范大学出版社，2014.12.

[128] 〔美〕小威廉·E. 多尔. 后现代课程观 [M]. 王红宇，译. 北京：教育科学出版社，2015.

[129] 〔美〕小威廉·E. 多尔. 混沌、复杂性、课程与文化：一场对话 [M]. 余洁，译. 北京：教育科学出版社，2014.

[130] 〔美〕肖恩·加拉格尔. 解释学与教育 [M]. 张光陆，译. 北京：教育科学出版社，2009.

[131] 杨明全. 课程论 [M]. 北京：北京师范大学出版社，2010.

[132] 〔德〕雅斯贝尔斯. 什么是教育 [M]. 邹进，译. 上海：上海三联书店，1991.

[133] 〔德〕雅斯贝尔斯. 时代的精神状况 [M]. 王德峰，译. 上海：上海译文出版社，2007.

[134] 衣俊卿. 文化哲学十五讲（第二版）[M]. 北京：北京大学出版社，2004.

[135] 叶飞. 现代性视域下的儒家德育 [M]. 北京：北京师范大学出版社，2011.

[136] 〔古希腊〕亚里士多德. 尼格马可伦理学 [M]. 廖申白，译注. 北京：商务印书馆，2003.

[137] 〔美〕约翰·富兰克林·博比特. 课程 [M]. 刘幸，译. 北京：教育科学出版社，2017.

[138] 〔美〕约翰·杜威. 我们怎样思维·经验与教育 [M]. 姜文闵，译. 北京：人民教育出版社，2005.

[139] 〔美〕约翰·杜威. 人的问题 [M]. 傅统先，译. 上海：上海人民出版社，2014.

[140] 余文森. 个体知识与公共知识——课程变革的知识基础研究 [M]. 北京: 教育科学出版社, 2010.

[141] 尤西林. 人文精神与代性 [M]. 西安: 陕西人民出版社, 2006.

[142] 尤西林. 阐释并守护世界意义的人 [M]. 西安: 陕西人民出版社, 2006.

[143] 尤西林. 心体与时间 [M]. 北京: 人民出版社, 2009.

[144] 袁祖社. 社会理性的生成与培育 [M]. 北京: 中国社会科学出版社, 2011.

[145] 〔日〕佐藤学. 学校见闻录: 学习共同体的实践 [M]. 钟启泉, 译. 上海: 华东师范大学出版社, 2014.10.

[146] 〔日〕佐藤学. 教师的挑战: 宁静的课堂革命 [M]. 钟启泉, 陈静静, 译. 上海: 华东师范大学出版社, 2012.

[147] 赵林. 告别洪荒——人类文明的演变 [M]. 武汉: 武汉大学出版社, 2006.

[148] 赵汀阳. 论可能生活: 一种关于幸福和公正的理论 [M]. 北京: 中国人民大学出版社, 2004.

[149] 赵汀阳. 惠此中国: 作为一个神性概念的中国 [M]. 北京: 中信出版社, 2016.

[150] 张岱年, 程宜山. 中国文化论争 [M]. 北京: 中国人民大学出版社, 2006.

[151] 张凤阳. 现代性的谱系 [M]. 南京: 江苏人民出版社, 2012.

[152] 张华. 课程与教学论 [M]. 上海: 上海教育出版社, 2000.

[153] 张立昌, 郝文武. 教学哲学 [M]. 北京: 中国社会科学出版社, 2009.

[154] 张世英. 哲学导论 [M]. 北京: 北京大学出版社, 2002.

[155] 张祥龙. 从现象学到孔夫子 (增订版). 北京: 商务印书馆. 2011: 5.

[156] 郑金洲. 教育文化学 [M]. 北京: 人民教育出版社, 2000.

[157] 周勇. 文化转向与课程改革: 以王国维、胡适和钱穆为中心 [M]. 上海: 华东师范大学出版社, 2015.

[158] 朱红文. 人文社会科学导论 [M]. 北京: 教育科学出版社, 2011.

（二）期刊

[1] 安富海. 地方性知识的教育意蕴 [J]. 社会科学战线, 2014 (02).

[2] 安延明. 狄尔泰的体验概念 [J]. 复旦学报（社会科学版）, 1990 (05).

[3] 蔡辰梅. 教育变革中教师自我认同的时间困境及其重建 [J]. 教育研究, 2015 (07).

[4] 陈向明. 教师的课程意识和课程知识为何重要 [J]. 基础教育课程, 2012 (07).

[5] 陈铁成. 基础教育课程知识价值取向的"名"与"实" [J]. 现代中小学教育, 2013 (09).

[6] 陈铁成, 熊梅. 基于现代课程知识观反思的"全人生幸福"课程知识价值观的构建 [J]. 东北师范大学（哲学社会科学版）, 2013 (01).

[7] 陈晓端, 龙宝新. 回归事件：后现代有效教学的使命 [J]. 陕西师范大学学报（哲社版）, 2007 (02).

[8] 程良宏. 教师的课程理解及其向教学行为的转化 [J]. 全球教育展望, 2013 (01).

[9] 程良宏. 从事实存在到实践生成：课程理解的转向 [J]. 全球教育展望, 2014 (07).

[10] 程天君. 改革教育改革——从作为政治-经济改革到作为社会-文化改革 [J]. 湖南师范大学教育科学学报, 2012 (02).

[11] 董小平. 课程改革：从外围向中心转移 [J]. 教育发展研究, 2007 (08).

[12] 董小平. 教师参与课程领导：意蕴、缺失与构建 [J]. 中国教育学刊, 2008 (05).

[13] 丁钢. 价值取向：课程文化的观点 [J]. 北京大学教育评论, 2003 (01).

[14] 丁钢. 早期教育现代化的选择与失落：一个比较的视角 [J]. 高等教育研究, 2004 (03).

[15] 高伟. 知识论批判：一种教育哲学批判 [J]. 自然辩证法研究, 2012

（4）.

[16] 高伟. 中国教育改革的文化逻辑 [J]. 教育学报, 2014 (04).

[17] 葛春, 夏正宝. 课程知识的社会学分析范式述评 [J]. 全球教育展望, 2007 (04).

[18] 郭晓明. 知识与教化：课程知识观的重建 [J]. 华东师范大学学报（教育科学版）, 2003 (02).

[19] 郭晓明. 论知识在教材中的存在方式 [J]. 课程·教材·教法, 2004 (02).

[20] 郭晓明. 知识的意义性与"知识获得"的新标准 [J]. 华东师范大学学报（教育科学版）, 2004 (02).

[21] 郭元祥. 课程观的转向 [J]. 课程·教材·教法, 2001 (06).

[22] 郭元祥. 新课程背景下课程知识观的转向 [J]. 全球教育展望, 2005 (04).

[23] 郝文武. 知识伦理的终极追求和逻辑与结构 [J]. 华东师范大学学报（教科版）, 2015 (01).

[24] 何珊云. 文化的视角：美国课程史的转向及其意义 [J]. 教育学报, 2014 (01).

[25] 和学新, 金红霞. 课程知识的社会谋划——课程设计的社会学分析 [J]. 全球教育展望, 2013 (06).

[26] 胡金平. 知识人与政治人：陶行知教师角色理论的分析 [J]. 华东师范大学学报（教育科学版）, 2004 (02).

[27] 黄甫全. 学习化课程刍论：文化哲学的观点 [J]. 北京大学教育评论, 2003 (04).

[28] Joyce E. King, 闫予沨, 王成龙. 教育者应当在学科、社会和学生的文化中找到联结 [J]. 教育学报, 2014 (06).

[29] 姜美玲. 课程知识观的隐喻转变：从"水桶"到"探照灯"[J]. 全球教育展望, 2005 (03).

[30] 金生鈜. 课程知识的合法性基础的解构 [J]. 高等教育研究, 2015 (03).

[31] 金生鈜. 何以回到教育事情本身 [J]. 高等教育研究, 2015 (03).

[32] 靳玉乐,董小平. 课程知识的客观表征与主观建构——兼论课程与教学的内在整合 [J]. 教育研究, 2009 (11).

[33] 金志远. 课程知识选择:内涵分析 [J]. 教育科学研究, 2011 (01).

[34] 金志远. 课程的"知识困境"及文化转向 [J]. 教育科学研究, 2013 (09).

[35] 金志远. 民族教育课程知识选择的国家主体与国家认同 [J]. 民族教育研究, 2012 (12).

[36] 金志远. 课程与教学论:文化学研究的学科之眼 [J]. 教育理论与实践, 2013 (07).

[37] 李栋,田良臣. "转识成智":课程知识教学的"破"与"立" [J]. 教育理论与实践, 2015 (07).

[38] 李庆丰. 场域视角下的现代大学课程知识选择的实践逻辑研究 [J]. 高等工程教育研究, 2014 (02).

[39] 李森,王天平. 论教学方式及其变革的文化机理 [J]. 教育研究, 2010 (12).

[40] 李政涛. 文化自觉、语言自觉与"中国教育学"的发展 [J]. 华东师范大学学报(教育科学版), 2010 (02).

[41] 李政涛. 基础教育改革的关键词应是"文化变革" [J]. 人民教育, 2008 (02).

[42] 李政涛. 如何"在中国"进行基础教育改革 [J]. 基础教育, 2010 (09).

[43] 李政涛. "在中国"和"在世界":"生命·实践"教育学的学术景象 [J]. 2010 (09).

[44] 刘启迪. 文化型课程改革及其文化品格刍议——课程文化的实践命题 [J]. 当代教育科学, 2006 (16).

[45] 孟建伟. 从科学哲学走向科学文化哲学 [J]. 自然辩证法研究, 2003 (06).

[46] 潘洪建. 知识问题研究二十年:教育学的视角点 [J]. 高等师范教育研究, 2003 (01).

[47] 潘洪建. 知识形式:基本蕴涵、教育价值与教学策略 [J]. 课程·教

材·教法，2014（11）.

[48] 潘洪建. 知识旨趣：基本蕴涵、教育价值与教学策略［J］. 当代教育与文化，2014（04）.

[49] 苏珊珊，董小平. 课程知识的运作：过程、问题与方法［J］. 教育理论与实践，2011（07）.

[50] 孙有平，张磊. 体育课程知识的本质与意义的本体论追问［J］. 体育学刊，2013（04）.

[51] 陶东风. 从两种世俗化角度看中国当代文化［J］. 中国文学研究，2014（02）.

[52] 杨明全. 论课程知识的文化本质——基于东西方文化诠释与比较［J］. 全球教育展望，2013（12）.

[53] 杨明全."七艺"考略：西方古典课程的传统与流变［J］. 全球教育展望，2015（07）.

[54] 杨明全. 儒家伦理课程对现代文化价值观的形塑：新加坡的经验［J］. 比较教育研究，2014（06）.

[55] 杨明全. 以人文促教化：我国传统儒学课程考辨［J］. 课程·教材·教法，2017（06）.

[56] 杨明全. 基础教育国际课程的认识误区与本土化抉择［J］. 中国教育学刊，2018（01）.

[57] 于世华. 课程知识的可能价值［J］. 当代教育科学，2015（04）.

[58] 万明钢. 多元文化教育的新发展与课程改革［J］. 外国中小学教育，2000（02）.

[59] 王鉴. 多元文化教育论纲［J］. 西北师大学报（社会科学版），1998（03）.

[60] 王鉴. 知识的普适性与境域性［J］. 教育研究，2007（08）.

[61] 王铭铭. 教育空间的现代性与民间观念——闽台三村初等教育的历史轨迹［J］. 社会学研究，1999（6）.

[62] 王沛. 民族文化认同：内涵与结构［J］. 上海师范大学学报（哲学社会科学版），2011（01）.

[63] 王平. 课程文化变迁路径探析［J］. 中国教育学刊，2010（4）.

[64] 王作亮．乡村文化变迁及其对乡村少年影响［J］．中国教育学刊，2011（12）．

[65] 吴支奎、周兴国．多样化：课程知识选择的理性路向［J］．教育科学，2011（01）．

[66] 吴黛舒．文化变异与中国教育的文化抉择［J］．教育理论与实践，2002（08）．

[67] 吴亮奎．乡土文化：现代学校变迁中逝去的挽歌［J］．湖南师范大学教育科学学报，2013（04）．

[68] 肖川．课程知识的特征与生成过程［J］．教育发展研究，2007（03）．

[69] 肖凤翔．教育中的知识价值［J］．南京师范大学学报（社会科学版），1996（04）．

[70] 谢地坤．狄尔泰与现代解释学［J］．哲学动态，2006（03）．

[71] 徐超富．转识成智：现代教学的认知价值追求［J］．华东师范大学学报（教科版），2014（04）．

[72] 徐冰鸥，潘洪建．知识内容：基本蕴涵、教育价值与教学策略［J］．教育研究，2013（09）．

[73] 衣俊卿．文化哲学的主题及中国文化哲学的定位［J］．求是学刊，1999（01）．

[74] 衣俊卿．作为社会历史理论的文化哲学［J］．哲学研究，2010（02）．

[75] 俞吾金．启蒙的缺失与重建——对中国当代文化发展的思考［J］．中华文化论坛，2011（01）．

[76] 赵荷花．人知融生互动——论课程知识观的应然走向［J］．河北师范大学学报（教育科学版），2012（06）．

[77] 赵汀阳．认同与文化自身认同［J］．哲学研究，2003（07）．

[78] 赵汀阳．知识、命运与幸福［J］．哲学研究，2001（08）．

[79] 赵汀阳．文化为什么成了问题［J］．哲学研究，2004（03）．

[80] 赵长林．知识论发展与课程知识观的嬗变［J］．教师教育研究，2004（04）．

[81] 张金运，张立昌．教学卓越的德性之维：基于共在的关系透视［J］．中国教育学刊，2018（03）．

[82] 张金运，张立昌. 基于文化素养养成的课程知识理解 [J]. 中国教育学刊，2017（01）.

[83] 张良，刘茜. 论教师作为课程知识的统整者 [J]. 教育发展研究，2012（22）.

[84] 张良，张寅. 论课程知识观的传统及其改造 [J]. 高等教育研究，2016（02）.

[85] 张良，靳玉乐. 论课程知识的内在价值及其实现 [J]. 2016（03）.

[86] 张心科. 现代课程知识的重构历程 [J]. 语文建设，2013（04）.

[87] 邹诗鹏. 文明的力量——防御虚无主义的六大原则 [J]. 学术月刊，2014（08）.

[88] 朱文辉. 精神洁癖与幻想乌托邦：课程知识选择的双重病症 [J]. 教育研究与实验，2012（05）.

[89] 朱炜钰. "资本"的一种非经济学解读——布迪厄的"文化资本"概念 [J]. 社会科学，2005（06）.

[90] 朱新卓. 知识与生存——教育认识论新论 [J]. 高等教育研究，2015（09）.

[91] 周伟洲. 中华文化与中华民族共有精神家园的建设 [J]. 民族研究，2008（04）.

（三）学位论文

[1] 陈铁成. 现代课程知识观的反思与重构 [D]. 东北师范大学，2013.

[2] 程良宏. 教学的文化实践属性研究 [D]. 华东师范大学，2017.

[3] 董小平. 课程知识的认识发生过程研究 [D]. 西南大学，2010.

[4] 冯加渔. 自传课程研究 [D]. 华东师范大学，2015.

[5] 付德军. 理解生命——狄尔泰生命解释学探析 [D]. 复旦大学，2010.

[6] 樊亚娇. 儒家课程思想的后现代转向 [D]. 西南大学，2011.

[7] 郭晓明. 课程知识与个体精神自由 [D]. 南京师范大学，2003.

[8] 郝明君. 知识与权力——课程作为政治文本研究 [D]. 西南大学，2006.

[9] 黄黎明. 知识教学的文化哲学研究 [D]. 西南大学，2008.

[10] 黄忠敬. 知识·权力·控制——基础教育课程文化研究 [D]. 华东师范大学, 2002.

[11] 李召存. 课程知识的意义性研究 [D]. 华东师范大学, 2007.

[12] 李传英. 幼儿园课程知识的文化哲学研究 [D]. 西南大学, 2011.

[13] 刘万里. 大学校园空间的文化性研究 [D]. 哈尔滨工业大学, 2009.

[14] 潘洪建. 知识视域中的教学革新 [D]. 西北师范大学, 2002.

[15] 邱福明. 语文课程知识的存在论研究 [D]. 山东师范大学, 2013.

[16] 阎亚军. 知识教学与学生发展 [D]. 华东师范大学, 2006.

[17] 殷世东. 课堂育人的文化品性研究 [D]. 西南大学, 2016.

[18] 张良. 课程知识观研究——从表征主义到生成主义 [D]. 华东师范大学, 2015.

[19] 周彦. 试论语文课程知识在教材中的呈现 [D]. 南京师范大学, 2014.

[20] 周敏. 语文课程"动姿化"知识研究 [D]. 湖南师范大学, 2010.

（四）报纸文献

[1] 李政涛. 人工智能时代：教育的变与不变 [N]. 人民政协报, 2011-11-01 (009).

[2] 石中英. 教育改革如何坚持文化自信 [N]. 中国教育报, 2016-10-29 (001).

[3] 邬志辉. "重城轻乡"的教育发展观念必须纠偏 [N]. 中国教育报, 2015-05-05 (005).

[4] 杨东平. 农村教育拒绝浮华 [N]. 中国青年报, 2015-05-04 (009).

（五）外文文献

[1] Atkins D E, Brown J S, Hammond A L. A review of the open educational resources (OER) movement: Achieve-ments, challenges, and new opportunities [M]. Creative common, 2007.

[2] Beck U. Beyond class and nation: reframing social inequalities in a globalizing world [J]. The British Journal of Sociology, 2007. 58 (4).

[3] Chalmers, L. & Keown, P. Communities of practice and professional development [J]. International Journal of Lifelong Education, 2006, 25 (2).

[4] Girous. H. A. Curriculum Theory, Textual Authority, and the Role of Teachers as Public Intellectuals [J]. Journal of Curriculum & Supervision, 1990. 5.

[5] Geneva Gay. Culturally Responsive Teaching: Theory, Research, and Practice [M]. Teachers College Press. 2000: 118.

[6] James. A. Banks. Cultural diversity and education: foundations, curriculum, and teaching (5th edition) [M]. Pearson, 2005.

[7] MR Matthews. The role of history and philosophy of science [M]. N.Y: Rutledge, 1994.

[8] Mulder F. The advancement of Lifelong Learning through Open Educational Resources in an open and flexible (self) learning context1 [J]. Open Education Research, 2007, (05).

[9] Muller J. Reclaiming Knowledge: social theory, curriculum and education policy [M]. London: Rout ledge Falmer, 2000.

[10] Stephens. Sidney. Handbook for Culturally Responsive Curriculum [M]. ERIC. 2001.

[11] Ted T. Aoki. Legitimating Lived Curriculum: Towards a Curricular Landscape of Multiplicity [J]. Journal of Curriculum & Supervision, 1993, 8 (3).

[12] William E. Doll. Complexity and the culture of the curriculum [J]. Educational Philosophy & Theory, 2008, 40 (1): 190 – 212

[13] Young. M. The Curriculum of the future [M]. London: Falmer Press, 1998.

[14] Young. M. The return to subjects: a sociological perspective on the UK Coalition government's approach to 14 – 19 curriculum [J]. Curriculum Journal, 2011. 22 (2).

[15] Young M. Overcoming the Crisis in Curriculum Theory: A Knowledge-Based Approach [M]. Journal of Curriculum Studies, 2013. 45 (2).

后　记

　　本书是在我博士论文的基础上修改而成的。这种修改既吸收了评审过程中的修改意见，同时也对原有问题进行了进一步的澄清。这一过程是痛苦的，好在导师曾经多次鼓励我一定要坚持，不要放弃内心最真实的表达，同时也不要奢望得到一个确定无疑的结论。因此，这本书反映了我的思考过程，尽管书中的观点尚不成熟，但我试图将课程知识与文化命运进行一种整合性的思考。

　　永远不能忘记在博士学习四年之中，我的导师张立昌教授对我生活上的关怀、学业上的引领。张老师是一个充满人文关怀的理想主义者，他给予我的不仅仅是方法上的指导，同时让我不断探索并形成自己的教育学语言。在论文写作中，他总是手把手地指点，从框架结构的设定到语言的修饰，点滴的进步中都包含有导师无尽的心血。尽管由于我自身天资愚笨，论文的写作并没有达到预期的标准，但在这个思考与写作的过程中，导师一直与我"共在"。

　　在"共在"关系之中，我能够亲身感受到导师的人格魅力与乐观的性格。张老师曾经当过多年的中学校长，他不仅具有卓越的管理才能和实践智慧，同时也是一个善于思考、乐于思考的理论者。在一次次的交流中，导师不仅关注细节的修改、思维的训练，更是从理想的塑造角度对我提出期望，叮嘱我做一个有责任、有担当的人。能够从师四年，我是幸运的，我将这些教诲铭记于心，以此作为未来前进的动力。

　　感谢陈晓端教授长期以来对我从事基础理论研究的引领与帮助。至今尤记得博士入学面试的时候，陈老师在路上停下车过问我的情景，对于我这个无名的学生这已是莫大的鼓励。陈老师是我本科教学论的入门教师，也是我第一次接触到教育学理论的老师。十多年前，陈老师留学归来，中西思想汇聚的教学论课堂唤起了我的学习热情。至今，这些课堂画面仍是我教育记忆的一部分。无论是本科课堂，还是博士的研讨课，陈老师的教学都是严谨的，一方面注重规范性，另一方面在教学艺术上极富感染力，让我感受到一位卓越教育者的风范。

感谢教育学院各位老师对我的栽培之恩。至今想来，郝文武教授的教育哲学、胡卫平教授的教育研究方法、刘鹂教授在本科时教授的现代教育技术，这些课程奠定了我的教育学知识基础。感谢田建荣教授、常亚慧副教授、尚晓青副教授、冯加渔博士对我论文写作的指导和帮助。感谢我的师兄张斌副教授，同学胡金木副教授、许倩倩博士对我的关心。教育学院帮助过我的老师很多很多，虽不能全都列举，但你们是我无法忘记的。

感谢跟我一起成长的各位同学，刘文芳、姚小鸽、许双成、毛红芳、咸富莲、张生虎、孙磊、徐波、何勇刚、高嵩、李沁。跟你们一起学习、讨论，促进了我的进步，同时更让我看到了自身的不足。感谢我的舍友王航，他以丰富的历史知识、深厚的人文情怀让我深受启发，并让我体认到文化的多样性与丰富性。

感谢我的同学程良宏博士。作为十几年来的兄弟，他一直在前方引领着我前行。从本科时起，我们就一起筹划教育学社的活动，开展辩论赛，进而建立了深厚的友谊。后来虽然在不同的地方读书与工作，但我们的友谊不变。这种友谊不仅仅因为我们是同窗，更是因为我们都从事的是课程与教学论的学习与研究。每当我写出论文初稿后，良宏兄都毫无保留地给我指点，让我一次次靠近学术之门。感谢我的本科同学雷伟、王秀铭，他们经常邀我一起聚餐、聊天，让我感受到了浓浓的同窗情谊。

感谢我的朋友和同事邓国民博士、汪玉兰博士对我一直以来的帮助。在贵阳工作之后，你们给予我很多生活上的关心。

感谢贵阳学院教育科学学院院长杜和平、书记刘烨，感谢你们给我的理解与鼓励！尤其感谢杜院长、余水教授到西安来请我聚餐，让我在求学期间感受到工作单位无尽的温暖。同时也要感谢余文武教授、戴岳教授、李卫英教授、涂显镜副教授、叶国萍副教授、余小龙博士给我的关心与帮助。

　　感谢这些年一直做我坚强后盾的家人，是你们用无尽的关爱与包容成就我的梦想。感谢我的妻子杨洋女士，感谢你在儿子出生不足四个月让我远赴西安求学，你一个人为这个家庭付出了太多太多，让我深感愧疚。在这四年中，虽然家中十分贫穷，但你从未抱怨，总是将乐观与希望传达给我。因为有你和儿子，我有了家，有了心灵的港湾。

　　感谢我的父母，他们作为中国最底层的乡村教师，给我树立了榜样。博士四年，父亲虽然身体不好，但一直给我无尽的鼓励，让我去完成学业。感谢我的姐姐，是你一直在背后支持弟弟的梦想。感谢我的岳母，谢谢你在孩子出生与成长中给予的帮助！

　　感谢我的母校陕西师范大学教育学院。作为一名师大培养的本科生，我在2001年进入雁塔校园，在这里开始教育学的学习。工作6年后，我有幸在2014年重回母校，继续我的学业。回望过去的岁月，师大的8年，正是我追逐梦想的8年，那里也是我选择将教育学作为一生志业的地方。从此开始，无论漂泊何地，师大都是我心灵的栖居之地。

　　人生有时候越成长，越觉得生命的不易。正是在艰难的人生之路中，生命的印迹才真实地留下来。这些印迹也成为我生命意义的构成。

张金运
2019年7月于贵阳

图书在版编目(CIP)数据

课程知识的文化性研究/张金运著. -- 北京：社会科学文献出版社，2019.11
 ISBN 978-7-5201-5377-5

Ⅰ.①课… Ⅱ.①张… Ⅲ.①课程-文化研究 Ⅳ.①G423.04

中国版本图书馆 CIP 数据核字（2019）第 180246 号

课程知识的文化性研究

著　　者 / 张金运

出 版 人 / 谢寿光
组稿编辑 / 王玉霞
责任编辑 / 王玉霞
文稿编辑 / 黄　丹

出　　版 / 社会科学文献出版社·城市和绿色发展分社（010）59367143
　　　　　 地址：北京市北三环中路甲29号院华龙大厦　邮编：100029
　　　　　 网址：www.ssap.com.cn
发　　行 / 市场营销中心（010）59367081　59367083
印　　装 / 三河市龙林印务有限公司

规　　格 / 开　本：787mm×1092mm　1/16
　　　　　 印　张：16.25　字　数：255千字
版　　次 / 2019年11月第1版　2019年11月第1次印刷
书　　号 / ISBN 978-7-5201-5377-5
定　　价 / 88.00元

本书如有印装质量问题，请与读者服务中心（010-59367028）联系

▲ 版权所有 翻印必究